Willem J.J. Glashouwer

So entstand die Welt

CLV
Christliche
Literatur-Verbreitung e.V.
Postfach 1803 · 4800 Bielefeld 1

Schutzblatt vorne:
Solange es Menschen auf der Erde gibt, bestaunen sie den endlosen nächtlichen Sternenhimmel und sinnen nach über die Welt, in der sie leben.

Schutzblatt hinten:
Die klimatischen Veränderungen nach der gewaltigen Katastrophe, die die Erde traf, verursachten niedrige Temperaturen mit Schnee- und Eisbildung. Trotzdem hatten viele Pflanzen- und Tierarten die genetische Möglichkeit, sich anzupassen.

Inhaltsverzeichnis

Originaltitel: Het onstaan van de wereld

Postfach 1803 · 4800 Bielefeld 1
Druck und Bindung: Druckhaus Gummersbach

ISBN 3-89397-320-0

VORWORT

Ist die Bibel vertrauenswürdig, nicht nur, wenn sie über das Seelenheil, sondern auch, wenn sie über Geschichte und Natur spricht? Sind die ersten elf Kapitel der Bibel (1. Mo. 1-11) für einen wissenschaftlich informierten und denkenden Menschen glaubwürdig?

Etwa 140 Jahre nach der Veröffentlichung von Darwins „Die Entstehung der Arten durch natürliche Zuchtwahl" ist die Evolutionstheorie tief im Denken und Leben unserer Kultur verwurzelt. Die Erschaffung irdischen Lebens durch einen allmächtigen Schöpfer, wie sie nach den Aussagen der Bibel vor einigen tausend Jahren geschehen ist, erscheint den meisten Menschen als völlig unvereinbar mit den naturwissenschaftlichen Ergebnissen. Ein in den Grundzügen fertiges, oft nahezu problemlos erscheinendes Bild der Evolution wird uns von der Grundschule an vorgestellt: Zufall, Zeit und Naturgesetze haben dafür gesorgt, daß sich im Laufe von vielen Millionen Jahren das Leben in der heutigen Form entwickelte.

Tatsächlich weist aber eine wachsende Anzahl von Befunden aus den Naturwissenschaften darauf hin, daß die Evolutionstheorie vorschnell zur Tatsache erhoben wurde. Diese Ergebnisse haben zur Folge, daß selbst führende Evolutionisten zentrale Aussagen der Evolutionstheorie in Frage stellen. Der bekannte Romanschriftsteller und wissenschaftliche Autor Arthur Koestler faßt die Situation gut zusammen: Der Einwand, daß beispielsweise ein Auge niemals durch ‚blinden Zufall' hätte entstanden sein können, „hat sich um die Mitte dieses Jahrhunderts immer mehr durchgesetzt, so daß es kaum einen prominenten Evolutionisten mehr gibt, der nicht bestimmte ketzerische Auffassungen über einen ganz bestimmten Aspekt der orthodoxen Lehre geäußert hätte, wobei er gleichzeitig die Ketzereien anderer entschieden von der Hand wies. Obwohl diese Kritiken und Zweifel zahlreiche Breschen in die Mauer geschlagen haben, steht die Burg der neodarwinistischen Orthodoxie noch immer aufrecht – vorwiegend deshalb, so behauptet man, weil niemand eine befriedigende Alternative anzubieten habe" (A. Koestler, The Ghost in the Machine, New York, 1967, S. 115 f.).

Einer dieser kritischen Evolutionisten ist G. A. Kerkut, Leiter der physiologischen und biochemischen Abteilung der Universität Southampton. Er postuliert, daß es keinen Beweis für die Auffassung gibt, daß Leben spontan aus lebloser Materie entstanden sei. Ebenso hält er es für unmöglich, daß alle vorhandenen Lebewesen sich stammesgeschichtlich aus einem Einzeller entwickelt haben. Warum die Evolutionstheorie weithin so unkritisch akzeptiert wird, erklärt er folgendermaßen: „Die meisten Studenten lernen viele der gängigen Auffassungen in der Biologie kennen, während sie noch zur Schule gehen und in einem Alter sind, in dem die meisten Menschen, insgesamt gesehen, unkritisch sind. Wenn sie sich dann mit dem Thema (der Evolution) eingehender befassen, haben sich in ihren Gedanken verschiedene Halbwahrheiten und Mißverständnisse festgesetzt, die geeignet sind, sie daran zu hindern, den gesamten Sachverhalt auf neue Weise anzugehen. Zudem haben die meisten Studenten, wenn sie nach dem gleichen Schema unterrichtet worden sind, gewöhnlich auch den gleichen Erziehungshintergrund, so daß sie in Gesprächen und Diskussionen die gleichen irrtümlichen Standpunkte einnehmen und sich in den Dingen einig sind, die auf diesen Irrtümern beruhen" (G. A. Kerkut, Implications of Evolution, Oxford, 1960, S. 156).

Das vorliegende Buch möchte auf populärwissenschaftliche Weise eine Einführung geben in ein wissenschaftliches Erklärungsmodell, das sich als Alternative zur Evolutionstheorie versteht und als Kreationismus bezeichnet wird. Der Kreationismus geht von der historischen Glaubwürdigkeit der Bibel einschließlich der ersten elf Kapitel des Buches Genesis aus und behauptet, daß die naturwissenschaftlichen Befunde im Zusammenhang mit der Entstehung des Universums, des Lebens, der geologischen Schichten usw. durch ein Schöpfungs- und (Sintflut-)Katastrophenmodell wesentlich besser und widerspruchsfreier zu deuten sind als durch die Evolutionstheorie. Für eine differenzierte Auseinandersetzung mit dieser Thematik sei auf das Literaturverzeichnis verwiesen.

Dieses Buch entstand im Rahmen einer von W. J. J. Glashouwer im Niederländischen herausgegebenen Publikationsreihe „Die offene Bibel", die parallel zu den Büchern auch entsprechende Filmprogramme veröffentlichte, die von der niederländischen Rundfunk- und Fernsehanstalt „Evangelische Omroep" im Fernsehen gesendet wurden.
Im Deutschen sind aus dieser Reihe neben der vorliegenden Veröffentlichung folgende Bücher erschienen:

W. J. J. Glashouwer, So entstand die Bibel, Bielefeld, 1987
W. J. J. Glashouwer (Hrsg.), So entstand Israel, Neuhausen-Stuttgart, (vergriffen)
W. J. J. Glashouwer (Hrsg.), So entstand das Christentum, Bielefeld, 1989

G. Alberts

Ist die Bibel historisch glaubwürdig?

Mädchen: „Schatz, sieh doch nur, wie herrlich dieser Sonnenuntergang ist!" Junge: „Die Sonne geht gar nicht unter. Durch die Rotation der Erde sieht es nur so aus, als ob die Sonne untergeht. In Wirklichkeit aber steht die Sonne still, und die Erde dreht sich. Außerdem ist die Sonne nicht rot. Wir haben es hier mit einem Effekt der Lichtbrechung zu tun, der durch die Erdatmosphäre verursacht wird." Die Bibel redet glücklicherweise nicht in wissenschaftlicher Sprache, sondern in ganz normaler, alltäglicher Sprache. Seit René Descartes jedoch hat nicht die Bibel, sondern das eigene Denken des Menschen das letzte Wort.

Cogito ergo sum

In der Nacht vom 10. zum 11. November des Jahres 1619 sitzt in einem Heereszelt ein Franzose, der als Söldner die Schlachten miterlebte, die französische und deutsche Fürsten während des dreißigjährigen Krieges gegeneinander führten. Dieser Franzose - *René Descartes*- war nicht deshalb Soldat geworden, weil er den Krieg so sehr liebte, sondern weil er als solcher Gelegenheit hatte, in der Welt umherzukommen. Und für die Welt hatte Descartes ein brennendes Interesse. Jahrelang war er damit beschäftigt gewesen, allerlei Gebiete der Wissenschaft zu studieren, von Geometrie bis Alchemie. Doch je mehr er lernte, um so unglücklicher wurde er. So viele Sachen standen im Widerspruch zueinander. Der Eine behauptete dieses und der Nächste gerade wieder das Gegenteil. Zum Schluß begann Descartes, alles in Frage zu stellen.

Gibt es denn nichts, worauf man sich verlassen kann? Keinen festen Bezugspunkt, auf den man trauen kann? Aber plötzlich fährt ihm wie ein Blitz der Gedanke durch den Kopf: Je pense, donc je suis! Cogito ergo sum! Ich denke, also bin ich! Ich kann an allem zweifeln, ja sogar an der Tatsache, daß Gott es gibt oder daß die Welt existiert, aber an einer Sache kann ich nicht zweifeln, nämlich, daß ich in diesem Augenblick zweifle. Allerlei Denkvorgänge spielen sich in meinem Kopf ab. Ich kann also sicher sein, daß ich denke! Also gibt es auch ein denkendes Wesen, und wenn ich denke, gibt es mich auch.

Von diesem festen Punkt aus baute Descartes weiter. Es ist für dieses Buch nicht so wichtig zu wissen, was Descartes weiter gedacht hat - nicht nur in diesem Zelt, sondern auch in seinem Haus in dem freien Holland, wo Freidenker wie er eine sichere Zuflucht suchten und fanden. Es ist dann auch in Holland, in der Stadt Leiden, wo im Jahre 1637 die erste Ausgabe von seinem *„Discours de la méthode"* erscheint, in der er seine Grundgedanken entfaltet. Sein prinzipieller Ausgangspunkt war der Anfang einer stillen Revolution, die auch heute noch nicht ausgefochten ist: der Mensch wählt seinen Ausgangspunkt nicht mehr in Gott, sondern in seinem eigenen Denken. Nur das, was er mit seinem Verstand durchschauen und begreifen kann, wird akzeptiert. Nicht eine übernatürliche Offenbarung, eine Kirche oder die Heilige Schrift haben das letzte Wort, sondern die Rede, der Verstand, das logische Denken. Dieser Prozeß hat schon vor Jahrhunderten innerhalb der Kirche selbst seinen Anfang genommen und fand

Im Mittelalter machte Thomas von Aquin eine Trennung zwischen dem Gebiet der Natur, das mit dem Verstand und den Sinnen erkannt werden kann, und dem Gebiet des Übernatürlichen, das durch Offenbarung erkannt wird, wo Kirche und Glaube das letzte Wort haben. Thomas von Aquin gilt immer noch als einer der wichtigsten Autoritäten der römisch-katholischen Kirche.

seinen Höhepunkt in *Thomas von Aquin,* der im Mittelalter lebte (1225–1274). Als kirchlicher Theologe und Philosoph entwickelte er, beeinflußt von der griechischen Philosophie, diesen Gedanken: Der Mensch muß zwischen zwei Gebieten zu unterscheiden lernen. Auf der einen Seite die Welt um ihn herum, die „Natur", die er mit seinen Augen sehen kann, die er mit seinen Händen betasten und über die er mit seinem Verstand nachdenken kann. Und auf der anderen Seite die übernatürliche Welt, das Gebiet der „Gnade", des Glaubens, wo Gott ist. Diese zwei Gebiete widersprechen sich nicht, sagte er, sind aber dennoch voneinander zu trennen. Diese Lehre Thomas von Aquins hatte, wie sich mehr und mehr herausstellte, noch in der späteren Geschichte Folgen, die von ihm nicht beabsichtigt waren. So durfte sich irgendeine „neutrale" Wissenschaft nur mit der sichtbaren Wirklichkeit beschäftigen, während gelehrt wurde, daß die Bibel sich als geistliches und moralisches Buch ausschließlich mit der höheren, unsichtbaren Welt befasse. Thomas hat diese Trennung zwischen „Natürlichem" und „Übernatürlichem" (oder: Gnade) in seiner *Summa Theologica* weiter ausgearbeitet und war der Meinung, daß der griechische Philosoph und Naturwissenschaftler Aristoteles auf dem Gebiet der Natur die Autorität vertrat. Die Kirche seiner Tage hat dieses Schema übernommen. Und so war – und ist – Thomas von Aquin immer noch eine der allerwichtigsten Autoritäten in der römisch-katholischen Kirche.
Wie kam Thomas zu all diesen Ideen? Thomas hatte ein großes Vertrauen zur menschlichen Rede, zum Verstand. Er lehrte, daß beim Fall des Menschen im

Garten Eden wohl dessen Wille verkehrt geworden sei, nicht aber sein Verstand. Obwohl bei Thomas Wissen und Glauben noch miteinander zu vereinbaren waren, dauerte es nicht lange, bis zwischen diesen zwei Gebieten Konflikte entstanden. Das Gebiet des Verstandes nahm immer mehr Gottes Gebiet in Besitz. Gottes Gebiet wurde immer kleiner und verschwand schließlich ganz. Und so konnte es geschehen, daß viel später, während der französischen Revolution, die Göttin der Rede und des Verstandes im Triumphzug durch die Straßen von Paris mitgeführt wurde ...

Einer der ersten Konflikte zwischen der Kirche und der verselbständigten „neutralen" Wissenschaft entstand durch *Galilei* (1564–1642). Es ging da um die Frage: Dreht sich die Sonne um die Erde, oder ist es gerade umgekehrt: Dreht sich

Galilei (oben) kam mit der Kirche seiner Tage in Konflikt. Er war der Meinung, daß die Sonne stillsteht und die Erde sich dreht, doch die Kirche – beeinflußt von Thomas von Aquin und Aristoteles – sagte: „Es ist genau umgekehrt!" Weil er seine Behauptungen dementierte, entging er dem Märtyrertod. Jedoch auf seinem Sterbelager sagte er: „Und sie bewegt sich doch!" Die Revolution des Thomas, Descartes und anderer führte dazu, daß während der französischen Revolution die Göttin des Verstandes ihren Triumphzug durch die Straßen von Paris hielt (rechts). Hier unterrichtet sie die Theologie, die auf ihren Knien und mit der Bibel in der Hand vor ihr liegt. Wir sehen hier die Titelseite der „Encyclopédie" (1751–1780) – des größten Werkes der französischen Aufklärung.

etwa die Erde um die Sonne? Galilei hielt sich an Kopernikus, dessen Werk schon im Jahre 1616 von der Inquisition verboten worden war und behauptete, daß die Sonne stillsteht und die Erde sich dreht. Doch die Kirche, beeinflußt von Aquin und Aristoteles, erwiderte: Davon kann keine Rede sein! Es ist genau umgekehrt! Während dieser Debatte wurde auch die Bibel zu Rate gezogen. Man behandelte den Text aus Josua 10, 12–14, wo geschrieben steht, daß Josua Sonne und Mond befahl anzuhalten, damit der Tag verlängert wurde und Josua die Feinde Israels schlagen konnte. Siehst du wohl, sagten die Vertreter der Kirche zu Galilei, auch die Bibel lehrt, daß die Erde stillsteht und die Sonne sich bewegt. Um sein Leben zu retten, widerrief Galilei im Jahre 1632 seine Behauptungen, denn auf Ketzerei stand von Seiten der Kirche die Todesstrafe. Aber auf seinem Sterbelager sagte er:

Die amerikanischen Astronauten lasen 1968 in ihrer Apollokabine während der Heiligen Nacht 1. Mose 1: „Am Anfang schuf Gott Himmel und Erde ...". Als im Jahre 1961 der russische Astronaut Gh. Titow aus dem All zurückkehrte, sagte er: „Ich bin Gott nicht begegnet" ... Kopernikus (unten) vermutete als erster, daß die Erde einer der Planeten ist, die sich um die Sonne drehen. Galilei berief sich dann auch auf ihn.

„Und sie bewegt sich doch."
Da die Bibel keine wissenschaftliche Sprache spricht, ist es natürlich sehr fraglich, ob sie wirklich lehrt, daß die Sonne sich bewegt. Die Bibel spricht die Sprache der alltäglichen Wahrnehmungen, wie Menschen sie normalerweise umgangssprachlich gebrauchen, wie auch wir Menschen des 20. Jahrhunderts seelenruhig sagen, daß die Sonne auf- und untergeht. Und doch wissen wir genau, was wir meinen.

Der Sprachgebrauch der Bibel

Wie der Mensch in seinem alltäglichen Leben, spricht auch die Bibel eine alltägliche Sprache, nicht die Sprache des Laboratoriums oder des Studierzimmers, nicht wissenschaftliche, sondern vor- oder besser über-wissenschaftliche Sprache. Wir dürfen also in der Bibel kein „wissenschaftliches Weltbild" erwarten.
Dennoch enthält die Bibel ein „Weltbild" (das ist eine bestimmte Vorstellung von der Wirklichkeit der Welt). Es gibt nämlich verschiedene Arten von Weltbildern, die wir etwa wie im Folgenden unterscheiden könnten:
(a) „Schaubild": Das ist das Weltbild der alltäglichen Umgangssprache. Das Weltbild des subjektiven Zuschauers, ein Weltbild, in dem wir sprechen von „der Sonne, die aufgeht und untergeht". Man könnte es auch „das naive Weltbild" nennen.
(b) „Modellbild": Das ist das naturwissenschaftliche Weltbild, im besonderen die Vorstellung von der Form der Erde (nicht platt, sondern kugelförmig) und ihrem

Bis Kopernikus diese Entdeckung machte, galt das geozentrische Weltbild (d.h. mit der Erde als Mittelpunkt). So arbeitete in Alexandrien der Astronom Claudius Ptolemäus (etwa 85–160) dieses System aus mit unserem Planeten als Zentrum des Alls (diese Abbildung stammt aus dem 17. Jh.). Kopernikus ersetzte dieses System durch ein heliozentrisches Weltbild (helios = Sonne).

Platz im Weltall, innerhalb des Sonnensystems, der Milchstraße usw. Dieses Weltbild beschreibt uns die Welt nicht, wie sie sich uns in subjektiver Weise zeigt, sondern in Form von in wissenschaftlicher Sprache formulierten Modellen.
(c) „Glaubensbild“: Dies ist ein Weltbild im Sinne einer Weltanschauung, die sich vor allem mit Fragen des Ursprungs, des Sinnes und der Bestimmung dieser Welt beschäftigt.
Diese Einteilung ist sinnvoll, weil sie uns hilft, zwei Dinge deutlich zu unterscheiden:

1. Die Bibel liefert kein Modellbild, also weder ein veraltetes noch ein modernes wissenschaftliches Weltbild. Die Bibel kann daher in dieser Hinsicht mit keinem wissenschaftlichen Weltbild in Konflikt kommen.
2. Die Wissenschaft liefert kein Glaubensbild; d.h. sofern sie ihre eigenen Grenzen nicht überschreiten will. Das wissenschaftliche Weltbild kann uns nichts über Ursprung, Sinn und Bestimmung dieser Welt sagen, weil diese Fragen außerhalb des Gebietes wissenschaftlich verifizierbarer Exprimente liegen.
Das heute wissenschaftliche „geschlossene Weltbild“ (in dem Wunder und übernatürliche Einflüsse keinen Platz mehr haben) ist demnach eigentlich kein Modellbild mehr, sondern eher ein Glaubensbild. Es entspricht einer materialistischen, evolutionistischen oder (neo-) positivistischen Philosophie, also nicht einer wissenschaftlichen Forschung als solches. Darum kommt auch das biblische Glaubensbild nicht mit dem strikten Modellbild der Wissenschaft in

Konflikt, sondern allein mit dem Glaubensbild bestimmter philosophischer Strömungen.
Wenn Gott uns in der Bibel Dinge über Natur und Geschichte mitteilt, bezweckt er damit niemals, unsere wissenschaftliche Neugier zu befriedigen, sondern Gott möchte, daß wir begreifen, wie er die Welt sieht und in ihr seine Pläne verwirklicht.
Vor allem in 1. Mose 1 finden wir eine Reihe guter Beispiele, die die Unterschiede zwischen Glaubensbild und Modellbild in ein noch helleres Licht rücken.
1. „Im Anfang schuf Gott Himmel und Erde" (Vers 1). Nach dem Modellbild wäre es überflüssig, die Erde hier extra zu nennen, weil sie ein normaler Himmelskörper ist; einer unter Trillionen anderen. Doch das biblische Glaubensbild stellt die Erde

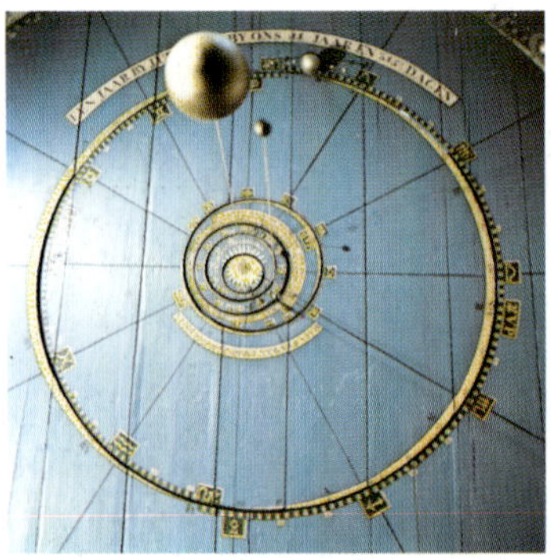

Zwischen 1774 und 1781 fertigte in Franeker (Niederlanden) der Friese Eise Eisinga sein berühmtes Planetarium an, in dem die Bewegungen von Sonne, Mond und Planeten gewissenhaft nachgeahmt wurden. Die Ordnungen und Gesetzmäßigkeiten, die das Weltall beherrschen, machen es möglich, daß dieses Modell heute noch immer genauestens funktioniert.

gerade in den Mittelpunkt, denn sie ist der Ort, wo die Menschen wohnen und wo Gott sein Heil realisiert.
2. In Vers 11 ff. sehen wir eine Einteilung des Pflanzenreiches. Aber wir finden auch hier keine Klassifikation, wie sie in ein Modellbild gehören würde, sondern wir sehen ein Glaubensbild. Die Pflanzen, die lebenswichtig sind für Mensch und Tier, werden nur erwähnt und sind dabei genau nach ihren verschiedenen Bedeutungen für sie eingeteilt (vergl. Vers 29 ff.).
3. Auch bei den Himmelskörpern (Vers 14–19) finden wir wieder die Sprache des Schau- und Glaubensbildes. In der Sprache des Modellbildes würde es nicht richtig sein zu sagen, daß die Himmelskörper am Firmament des Himmels stehen, doch vom Standpunkt des Schaubildes aus gesehen stehen sie sehr wohl am „Firmament" („Himmelsgewölbe"). Außerdem: Nach dem Modellbild haben die Himmelskörper vielleicht viele wichtige Bedeutungen im All, doch das Glaubensbild von 1. Mose 1 nennt nur die für die Menschen wichtigen Funktionen der Himmelskörper – und diese Funktionen üben sie nur am Firmament aus; außerhalb davon gibt es nicht Tag und Nacht, Jahreszeiten und Jahre, wie wir sie kennen. So sind beispielsweise die Sterne im Schaubild nur „kleine Lichter", obwohl es nach dem Modellbild Sterne gibt, die viele Male größer sind als die Sonne.

Wie ging es weiter in der Geschichte?
Glücklicherweise spricht die Bibel eine normale Umgangssprache; darum haben viele Menschen zu allen Zeiten und überall die Bibel verstehen können. Man stelle

sich vor, daß die Bibel in einer wissenschaftlichen Sprache geschrieben worden wäre. Was für eine wissenschaftliche Sprache hätte dies aber sein sollen? Die des 16. Jahrhunderts, oder die des 19. Jahrhunderts, oder die des 20. oder 21. Jahrhunderts?

Hiermit ist natürlich noch nichts über das Problem gesagt, welches Galilei beschäftigte: Hat die Sonne in den Tagen Josuas wirklich stillgestanden? Oder, um es wissenschaftlich auszudrücken, wurde die Rotationsgeschwindigkeit der Erde wirklich dermaßen abgebremst. Oder hat ein anderes Wunder stattgefunden, so daß die Sonne am Himmel sichtbar blieb und der Tag viel länger dauerte als normal? Galilei glaubte das übrigens sehr wohl. Und das ist auch die Frage, um die es geht: Ist die in der Bibel festgehaltene Tatsache glaubwürdig oder nicht? Bei der

Der Krebsnebel im Sternbild des Taurus (Stier) zeigt die Überbleibsel eines Sternes, der im Jahre 1054 explodierte. Neben der großen Ordnung, die im All herrscht, sind größere und kleinere Katastrophen keine Unmöglichkeit. Im Weltall weisen u.a. Planetoiden, Kometen und Planetenringe auf solche Katastrophen hin. Doch die Erde hat auch gigantische Umwälzungen mitgemacht.

Antwort auf diese Frage steht Galilei nicht auf der Seite der kritischen Modernisten, sondern bei denen, die auch heute die Bibel noch historisch ernst nehmen. Galilei glaubte an den Bericht aus Josua 10! Er dachte nur anders über die Interpretation dieses Wunders.

Nach der Trennung zwischen Natur und Übernatur durch Thomas von Aquin, nach dem Konflikt zwischen Galilei und der Kirche und nach der Umwälzung durch Descartes, der Verstand und Denken zur höchsten Autorität des Menschen erhob, geht die Entwicklung im Eiltempo weiter. Die „neutrale" Wissenschaft, die nicht mehr unter Gottes Autorität steht, kommt auf. Der menschliche, natürliche Verstand nimmt die zentrale Stelle ein, und „Gottes Gebiet" schrumpft immer mehr zusammen.

Im menschlichen Denken werden Naturwissenschaft und menschliche Freiheit immer mehr verabsolutiert. Der große Philosoph Immanuel Kant (18. Jh.) erkannte deutlich, daß diese Verabsolutierung alle höheren Werte bedrohte und vor allem den Umgang mit Gott in Frage stellte. Deshalb grenzte er die „sakrale" (gerade um sie zu beschützen) ein für allemal scharf von der „säkulären" Wissenschaft ab.

So wurde die Trennung zwischen Glaube und Wissenschaft in der westlichen Welt endgültig, denn durch die „Hilfe" von Thomas von Aquin, Descartes und Kant (und vielen anderen) war es nun nicht länger notwendig, daß der Glaube wissenschaftlich (oder sogar historisch) exakt sei. Von dem Augenblick an, wo die Wissenschaft sich von Gottes Wort löste, fing sie an, ein eigenes Leben zu führen

und sich von den Aussagen der Bibel zu unterscheiden. Das geschah nicht, weil etwa die Wissenschaft immer mehr „entdeckte", daß bestimmte Bibelteile naturwissenschaftlich oder historisch unglaubwürdig seien, sondern deshalb, weil sie selbst von einer anderen Denkrichtung bestimmt wurde.
Wie ist die Situation heute? Die Wissenschaft ist auf allen Gebieten sehr fortgeschritten. Wahre Wunderwerke der Technik wurden errichtet. Der autonome Mensch, der Mensch ohne Gott, hat auch die großen Fragen des Lebens „gelöst".
Im vorigen Jahrhundert gab *Charles Darwin* (1809–1882) die erlösende Antwort auf die quälenden Fragen der Menschen: Wie bin ich entstanden, wo komme ich her, wie entstand die Welt? Bis dahin glaubte man noch weithin, daß Gott alles geschaffen habe, doch Darwin lehrte, daß alles durch Evolution, Zufall und eine

Charles Darwin (rechts) löste die Frage: wie ist alles entstanden? Evolution, Zufall und Zeit machten es, sagte Darwin. Gott wird nicht mehr gebraucht. Sigmund Freud (ganz rechts) löste die Frage: wie kann man als Mensch glücklich leben? Durch die Psychoanalyse können die sexuellen Frustrationen, die die Ursache für seelische Konflikte bilden, aus dem Unterbewußtsein geholt und verarbeitet werden, sagte Freud. Gott wird nicht mehr gebraucht. Karl Marx (unten) löste die Frage: wie bekommt man eine glückliche Gesellschaft? Die alten Gesellschaftsnormen müssen verworfen werden, damit die Güter dieser Erde gleichermaßen auf alle verteilt werden können, meinte er. Auch bei ihm wird Gott nicht mehr gebraucht.

Unmenge von Zeit entstanden sei. Gott brauchte man dazu nicht (auch wenn Darwin ihn ab und zu erwähnt).
Zur selben Zeit publizierte *Karl Marx* (1818–1883) sein Kommunistisches Manifest und lehrte darin den Menschen, wie man die Gesellschaft durch Revolution erneuern kann, damit eine rechtschaffene Gesellschaft entstehe, in der die Güter dieser Erde in gleicher und gerechter Weise über alle Menschen verteilt werden. Gott und seine Gesetze sind dazu nicht nötig.
Schließlich löst *Sigmund Freud* (1856–1939) die Frage, wie man als Mensch glücklich leben kann, wie man seelische Konflikte und Frustrationen löst. Er bringt durch die Psychoanalyse das Unterbewußtsein mit seinen sexuellen Trieben an die Oberfläche. Die Beichte, Seelsorge und der persönliche Umgang mit Gott im Gebet sind nach Freud für das persönliche Glück des Menschen nicht mehr notwendig.
Das bahnbrechende Werk dieser drei Gelehrten ist heute unwiderruflich veraltet, hat aber den Grund gelegt zu einer Wissenschaft, die sich in unserem Jahrhundert sprunghaft weiterentwickelte. Wenn auch die Gebiete, in die sie eingedrungen sind, sehr unterschiedlich sind, haben sie doch eines gemein: Bei allen Dreien fehlt Gott, ja er wird sogar oft scharf angegriffen. Der Gott der Bibel wurde auf die Seite gesetzt. Wir leben in einer „geschlossenen" Welt, in der die Gesetze von Ursache und Wirkung alles erklären. Es bleibt kein Raum mehr für einen allmächtigen Gott, der alles regiert.

Historische Glaubwürdigkeit nicht wichtig?

Nun gibt es Menschen, die sagen: Warum regt man sich über diese Entwicklung bloß so auf? Es kann doch nur recht sein, daß es zu einer Trennung zwischen Glaube und Wissenschaft gekommen ist! Auf der einen Seite die Wissenschaft, auf der anderen Seite eben der Glaube. Und man behauptet, der Glaube würde dadurch doch nicht weniger wert sein; hat er doch mit dem Gefühl, der Meditation, mit der Mystik und den religiösen Gefühlen des Menschen zu tun. Das müsse man doch scharf trennen vom Verstand und vom Denken.

Auch in unserem Jahrhundert haben die Theologen diese Trennung vollkommen vollzogen. Sie haben den „Glauben" (oder was es sein soll) von der Frage nach der historischen Glaubwürdigkeit der Tatsachen, die die Bibel nennt, abgetrennt. Die

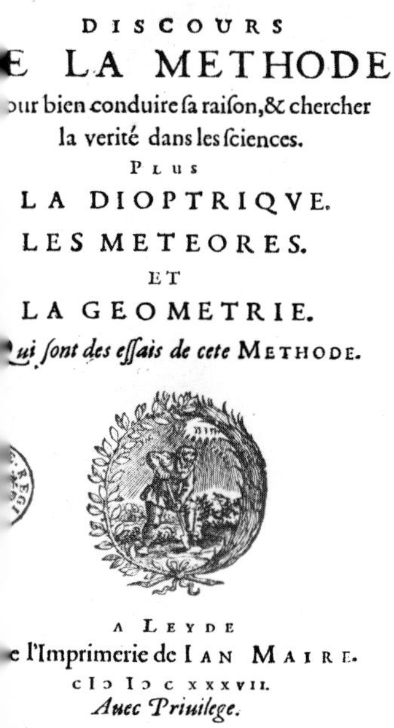
DISCOURS
E LA METHODE
ɔur bien conduire sa raison,& chercher
la verité dans les sciences.
PLUS
LA DIOPTRIQVE.
LES METEORES.
ET
LA GEOMETRIE.
ui sont des essais de cete METHODE.

A LEYDE
e l'Imprimerie de IAN MAIRE.
cIↄ Iↄ c xxxvii.
Avec Privilege.

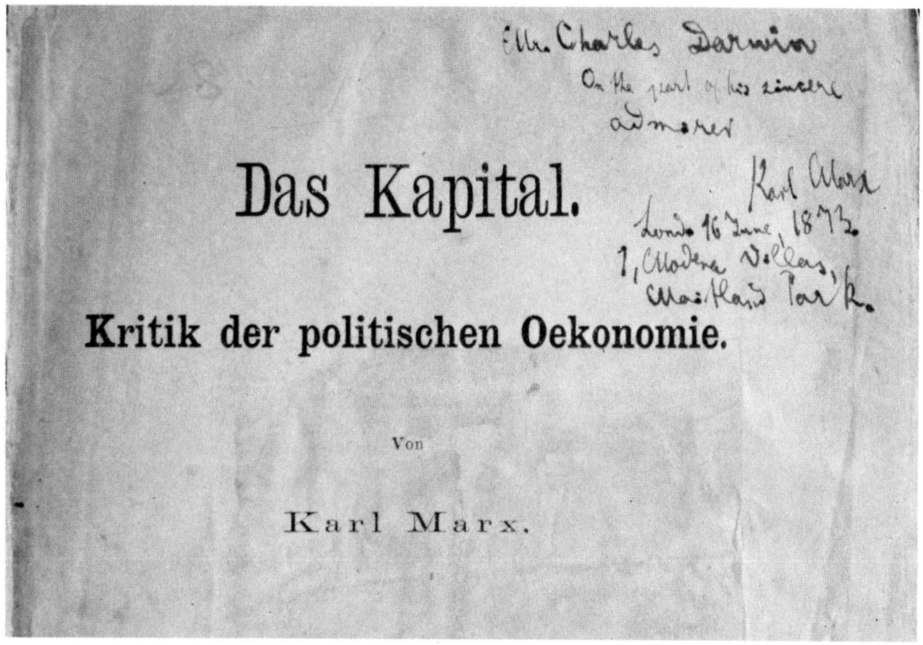
Mr. Charles Darwin
On the part of his sincere admirer
Karl Marx
London 16 June 1873.
1, Modena Villas,
Maitland Park.

Das Kapital.

Kritik der politischen Oekonomie.

Von

Karl Marx.

Die Titelseite des Buches von Descartes, das im Jahre 1637 gedruckt wurde (oben). Der Verstand, der von Descartes den höchsten Wert zugesprochen bekam, führte den Menschen innerhalb weniger Jahrhunderte zu dem Punkt, wo er Gott als Erklärung für die Entstehung der Dinge nicht mehr nötig hatte. Im Jahre 1867 veröffentlichte Marx sein berühmtes Buch „Das Kapital" (rechts). Weil er Darwin bewunderte, schickte er ihm ein Exemplar davon.

sind doch nicht mehr wichtig für den „Glauben".

Huxley (1825–1895), der große Vorkämpfer und Verteidiger von Darwin, hat das schon vorausgesagt. Er sagte spottend: „Du wirst sehen, daß die Zeit kommt, wo die Wissenschaft bewiesen haben wird, daß alle Tatsachen des Glaubens unrichtig sind und daß dennoch (ja, gerade dann) der Glaube für ewig seinen Triumphzug halten wird! Erhaben über die Tatsachen, und demnach unantastbar für Kritik ..."

Der Glaube ist nun für viele Menschen in der Tat zu einem Sprung in die Finsternis geworden. Man sagt: Beweisbar ist es nicht, du mußt es glauben. Wenn man den Glauben beweisen könnte, wäre das kein Glaube mehr. Das ist an und für sich richtig. Doch biblisch gesehen bedeutet glauben: Ich wage es persönlich, den Tatsachen, die uns in der Bibel mitgeteilt werden, zu vertrauen. Denn es geht sehr wohl um Tatsachen – um „Heilstatsachen". Es geht nicht nur um die Lehre von Jesus, sondern auch um die Person des Christus, der von den Toten auferstanden ist (2. Timotheus 2,8). Wenn das keine glaubwürdige historische Tatsache sein würde, wäre das Christentum nicht entstanden.

Die Tatsache der Auferstehung ist das Zentrum des christlichen Glaubens. Jesus ist von den Toten auferstanden mit einem Körper, der in einen unsterblichen Zustand verwandelt wurde. Wäre das nicht so geschehen, hätten nur wenige Menschen für die Sache des Herrn geradegestanden. Dann hätten seine furchtsamen Jünger sich wohl Angenehmeres ausdenken können, als den Märtyrertod für etwas zu sterben, das nur eine Lüge oder ein Märchen ist. Dann haben während der ganzen Geschichte des Christentums zahllose Menschen mit einer Fabel gelebt und sind mit einer Fabel gestorben. Dann haben sie sich ihr ganzes Leben lang an etwas geklammert, das einfach nicht wahr ist, an ein Märchen, an eine schöne Geschichte. Der Apostel Paulus schreibt darüber. Er sagt: „Wie kommen etliche unter euch dazu zu sagen, es gäbe keine Auferstehung der Toten? Gibt es wirklich keine Auferstehung der Toten, so ist auch Christus nicht auferstanden, und dann ist euer Glaube vergeblich. Dann sind die anderen Apostel und ich falsche Zeugen Gottes, denn dann haben wir behautet, daß Gott Christus auferweckt hat, obwohl das nicht geschehen ist." „Was dann übrigbleibt", sagt Paulus „ist nur ein Christus als Vorbild für unser Leben. Und dann sind wir die Elendsten unter allen Menschen." „Nun aber", fährt er triumphierend fort, „ist Christus von den Toten auferstanden, als Erstling der Entschlafenen" (1. Kor. 15,12–28).

Das leere Grab in dem Garten in Jerusalem. Obwohl es nicht sicher ist, daß dies die authentische Stelle ist, wo Jesus von den Toten auferstand, vermittelt es einen guten Eindruck davon, wie es gewesen sein könnte. Der christliche Glaube ist ein Vertrauen darauf, daß die in der Bibel erwähnten Ereignisse geschichtlich tatsächlich stattgefunden haben. „Wenn Christus nicht von den Toten auferstanden ist, ist euer Glaube vergebens", schrieb der Apostel Paulus später.

Die Apostel verkündeten nicht an erster Stelle, eine bestimmte Glaubens- oder Sittenlehre, sondern die historische und unleugbare Tatsache der Auferstehung, deren Zeugen sie gewesen waren. Sie verkündeten nicht so sehr eine Lehre, wohl aber einen auferstandenen Herrn: „Diesen Jesus hat Gott auferweckt, des sind wir alle Zeugen" (Apostelgesch. 2,32; siehe auch Apostelgesch. 1,8,22; 3,15; 4,33; 5,32; 10,39 ff.; 13,31).
Durch diesen einzigartigen Charakter des Evangeliums unterscheidet sich das Christentum von beinahe allen anderen religiösen und philosophischen Strömungen dieser Welt. Das Evangelium ist eine Lehre, bei der die geistliche Glaubwürdigkeit unmittelbar von der historischen Glaubwürdigkeit abhängig ist. Neben einigen außerbiblischen Quellen, die das Leben Jesu historisch bestätigen, enthält die Bibel den wichtigsten Bericht dieser Heilstatsachen. Damit ist die Glaubwürgigkeit des Christentums direkt von der historischen Glaubwürdigkeit der Bibel abhängig.

Ist nur die Auferstehungsgeschichte historisch?

Nun sind derer viele, die heutzutage Christen genannt werden möchten, wohl dazu bereit, die fundamentale Bedeutung der allerwichtigsten Heilstatsachen anzuerkennen, behaupten aber dennoch, daß der Glaube auf Christus gegründet ist und nicht beispielsweise auch auf Adam. Sie sagen, daß man ein Christ ist, wenn man an Christus glaubt, und daß es nicht notwendig sei, etwa an die Historizität von Adam zu glauben. Aber entspricht das den Tatsachen? Es ist sicherlich richtig, daß wir hinsichtlich unseres Heils nicht von Adam abhängig sind. Im Gegenteil: Adam war der erste Mensch, der gemeinsam mit seiner Frau der Verwirklichung göttlicher Pläne im Wege stand. In diesem Sinne „glauben" wir nicht an Adam, genausowenig wie Christen sonst an irgendeinen sündigen Menschen „glauben". Doch nicht „glauben" an jemanden bedeutet nicht gleichzeitig zu glauben, daß es ihn nicht gegeben hat. Wir glauben nicht an Adam, aber wir glauben wohl, daß Adam tatsächlich gelebt hat. Wir glauben, daß die Bibel dieses ausdrücklich bestätigt und auch zeigt, warum es von Bedeutung ist, an der Historizität Adams festzuhalten.

Die Prinzipien der biblischen Hermeneutik würden wertlos, wenn wir annehmen müßten, daß bestimmte historische Teile der Bibel als buchstäblich glaubwürdig betrachtet werden müßten und andere historische Beschreibungen wiederum nicht. Welchen Grund hätten wir, die Auferstehungsgeschichte als historisch glaubwürdig anzunehmen und 1. Mose 1–11 nicht, und das, obwohl uns dieselben Evangelien, die von der Echtheit der Auferstehung berichten, auch mit Nachdruck die Historizität von 1. Mose 1–11 versichern?

Die Apostel waren nicht in erster Linie die Verkündiger einer neuen Lehre, sondern sie bezeugten den auferstandenen Herrn. So wie Christus über die Erschaffung des Mznschen durch Gott sprach, sprachen auch die Apostel über die Erschaffung Adams als Erstling unter den Menschen, von dem das ganze menschliche Geschlecht abstammt.
(Beato Angelico: Noli me tangere. Berühre mich nicht.)

Einige Beispiele:

(a) Christus wußte, daß die Erschaffung von Mann und Frau zu Anfang der Schöpfung geschah und nicht vier Milliarden Jahre danach (Matth. 19,4; Markus 10,6; vgl. 1. Mose 1,27).

(b) Christus wußte um die Harmonie zwischen den beiden sogenannten widersprüchlichen Schöpfungsberichten in 1. Mose 1 und 1. Mose 2 (Matth. 19,4 ff. und Markus 10,6 ff.; vgl. 1. Mose 1,27 und 2,24).

(c) Christus gründete die Unauflösbarkeit der Ehe auf die historische Glaubwürdigkeit des Schöpfungsberichtes (Matth. 19,6; Markus 10,8 ff.).

(d) Christus wußte, daß der Kosmos nicht von Ewigkeit her war, sondern seinen Anfang hatte in der Zeit (Matth. 24,21), und daß die Welt von Gott gegründet wurde und sich nicht nach und nach durch einen „natürlichen Prozeß" entwickelt hat (Markus 13,19; Joh. 17,24; vgl. 1. Mose 1,1).

(e) Christus betonte die Unveränderlichkeit der geschaffenen Lebensformen (Matth. 7,16 + 18; vgl. Mose 1,11 ff.; 20–25); siehe weiter Kap. 5.

(f) Christus verwies auf den Sabbat als den Ruhetag zum Gedenken an Gottes vollendete Schöpfung (Markus 2,28, vgl. 1. Mose 2,2 ff.).

(g) Christus verwies auf Noah als historische Person und auf die Sintflut als ein historisches Ereignis (Lukas 17,26 ff.; Matth. 24, 37–39; vgl. 1. Mose 6 + 7).

Es war hauptsächlich der Apostel Paulus, der über den Tod und die Auferstehung Christi unter den Völkern gepredigt hat, und auch er hält offensichtlich fest an der Historizität der Geschehnisse und Personen, die in 1. Mose 1–11 genannt werden. Er schreibt über die Schöpfung des Adam, über sein Leben und über einen historischen Sündenfall (Röm. 5, 12–19; 1. Tim. 2,13 ff.; vgl. 1. Mose 2,22–24 + 3,6), über die Art und Weise wie Adam und Eva geschaffen wurden (1. Kor. 11,8 ff.; 15,45 + 47; vgl. 1. Mose 2,7 + 22), über Evas Ursprung und ihre Vereinigung mit Adam (Eph. 5,28–31; vgl. 1. Mose 2,22–24) und über die Verführung Evas durch die Schlange (2. Kor. 11,3; vgl. 1. Mose 3,4).

Der Hebräerbrief sagt es schließlich mit folgenden Worten: „Durch den Glauben erkennen wir, daß die Welt durch Gottes Wort gemacht ist, so daß alles, was man sieht, aus nichts geworden ist" (Hebr. 11,3). Es gibt noch einen weiteren Grund, weshalb die Bibel selbst dafür plädiert, 1. Mose 1–11 historisch ernst zu nehmen. Wenn es keinen historischen Adam gegeben hat, dann hat es auch keinen historischen Sündenfall gegeben. Und wenn das stimmt, dann ist das, was wir heute die Sündhaftigkeit des Menschen nennen, also etwas, das ihm schon beinahe solange anhaftet, wie es ihn gibt, nichts anderes als ein Überrest tierischen Verhaltens, den der Mensch bei seiner Entwicklung aus dem Tierreich mitbekommen hat. Wenn das stimmt, dann ist der Gott, der verantwortlich ist für die Entstehung des Menschen aus diesem Tierreich, auch für dessen Sündhaftigkeit verantwortlich und für all die sich daraus ergebenden Folgen in der Weltgeschichte. Wenn das stimmt, dann ist keine wirkliche Erlösung des Menschen möglich, denn wenn seine Sündhaftigkeit ein unlöslicher Bestandteil seines Menschseins ist, dann gibt es keine echte, moralische Schuld und keine Möglichkeit, von dieser Schuld befreit zu werden. Dann ist kein stellvertretendes Leiden und Sterben möglich, dann ist Christus vergeblich gestorben, dann gibt es auch keine Erlösungsbotschaft. Wer das Evangelium ernst nehmen möchte, wird auch die Geschichte des Sündenfalls von Adam und Eva ernst nehmen müssen, denn dieser Sündenfall – die eigene, freiwillige Entscheidung des Menschen für das Böse und gegen Gott an einem bestimmten Punkt in Zeit und Raum – begründet die Notwendigkeit unserer Erlösung, wie das Evangelium sie uns verkündigt.

Was ist bibeltreue Wissenschaft?
Ist die Ausübung von Wissenschaft an sich etwas Falsches? Nein, im Gegenteil. Gerade unter dem Einfluß der Reformation hat die Wissenschaft gewaltige Fortschritte gemacht. Aber *Newton* und andere Naturforscher vergangener Jahrhunderte wie *Pascal, Francis Bacon* und *Faraday,* waren sehr wohl davon überzeugt, daß das, was in der Bibel steht, wahr ist. Und davon gingen sie auch aus, als sie ihre Wissenschaft ausübten. Sie gingen aus vom Schöpfer und seiner Schöpfung. Sie begannen, ihm zu folgen und über das nachzudenken, was er zuerst gedacht hatte. Moderne Wissenschaftler sind sich dessen bewußt. Im Jahre 1962 erkannte der Atomwissenschaftler *Robert Oppenheimer,* daß die moderne Wissenschaft aus dem christlichen Glauben hervorgegangen ist. Auch der Philosoph *Alfred Whitehead* sagte, daß der christliche Glaube die Mitte der Wissenschaft sei.
Francis Schaeffer schreibt: „Natürlich waren nicht alle Gelehrte Christen. Aber sie lebten in einer christlichen Gesellschaft und wurden davon beeinflußt. Darum hatte ihre Arbeit einen Grund, auf dem sie wachsen und gedeihen konnte. Die Überzeugung, daß der Kosmos von einem weisen Gott geschaffen wurde, bewirkte, daß die Gelehrten sich voller Vertrauen an die Arbeit machten, um mehr über das All herauszufinden. Ohne diese Voraussetzung wäre die Wissenschaft nie entstanden. Weil ihr dieser Beweis fehlt, ist zum Beispiel die chinesische Wissenschaft nie zur Blüte gekommen. Dasselbe kann von den Arabern gesagt werden. Ohne christliche Basis verloren sie ihr Interesse an der Wissenschaft."

Echte (das ist christliche) Wissenschaft entnimmt den tiefsten Grund und Inhalt ihres Wissens nicht dem Rationalismus, Empirismus, Idealismus, Evolutionismus, Existenzialismus, (Neo-) Marxismus oder (Neo-) Positivismus oder welchem -ismus auch immer, sondern der Bibel und ist darum von zwei Kennzeichen geprägt:

(a) Sie berücksichtigt biblische Tatsachen.

Wir denken dabei vor allem (wenn wir uns mit der Entstehung der Welt befassen) an die Schöpfungswoche, den Sündenfall und die weltweite Sintflut. Wer diese biblischen Tatsachen ignoriert, übergeht Fakten, die für die Wissenschaft von grundlegender Bedeutung sind.

(b) Sie berücksichtigt biblische Normen.

Paulus in Athen (links, gemalt von Arazzo Raffaellesco): ... fand einen Altar, darauf war geschrieben: „Dem unbekannten Gott. Nun verkündige ich euch, was ihr unwissend verehrt. Gott, der die Welt gemacht hat und alles, was darinnen ist ... und er hat gemacht, daß von *Einem* aller Menschen Geschlechter stammen, die auf dem ganzen Erdboden wohnen, und hat bestimmt, wie lange und wie weit sie wohnen sollen, damit sie Gott suchen sollten, ob sie wohl ihn fühlen und finden möchten; und fürwahr, er ist nicht ferne von einem jeglichen unter uns" (Apg. 17,23b–27).
Der Sündenfall und die Verbannung aus dem Paradies sind während der Jahrhunderte von vielen Künstlern dargestellt worden, oft mit zeitgenössischen „Ausschmückungen". In der Bibel selbst finden wir keine „primitiven" Vorstellungen.

Die Bibel ist nicht nur eine Schatzkammer vorwissenschaftlicher Informationen im Hinblick auf Natur und Geschichte, die man in der wissenschaftlichen Forschung berücksichtigen muß, sie enthält auch die Normen, die Maßstab sind für die Wissenschaft. Die Bibel hat göttliche Autorität über das Leben des Menschen und damit auch über seine wissenschaftliche Arbeit. Darum muß die Wissenschaft ihre Ausgangspunkte, Annahmen und Methoden an der Bibel prüfen und, wenn möglich, sie sogar aus ihr erkennen. Beispielsweise wird die Wissenschaft wohl über Naturgesetze sprechen können, jedoch niemals in einem absolutistischen Sinne, so als ob übernatürliche Wunder dadurch von vornherein unmöglich sein würden.

Das Weltbild der Bibelverfasser

Auch wenn wir es in der Bibel nur mit einem Schau- und Glaubensbild zu tun haben, so kann man doch bemerken, daß auch die Bibelverfasser ein Weltbild gehabt haben müssen; natürlich ein altmodisches, primitives Modellbild, das sich in keiner Weise mit dem Modellbild der Naturwissenschaftler des 20. Jahrhunderts messen kann. Dabei kommt die Frage auf: Treffen wir in der Bibel nicht auf Spuren dieses archaischen und vollkommen unrichtigen Weltbildes? Eines Weltbildes, in dem man sich die Erde als eine ebene Fläche vorstellte, die durch das Meer eingerahmt wurde, über die sich das halbkugelförmige Firmament spannte und unter der sich die Umwelt befand (das sog. „Drei-Etagen-Weltbild")?
Mit diesen Fragen müssen wir uns in der Tat befassen. Nun ist es aber noch nicht

Es gibt viele primitive Weltbilder wie dieses: eine flache Erde, im Wasser treibend, und rundherum das Himmelsgewölbe, das sogenannte „Drei-Etagen"-Weltbild. Biblische Verfasser wie Mose und Daniel lernten die Auffassungen anderer Völker ganz genau kennen, nämlich die der Ägypter und Babylonier. Doch finden wir keine Spuren davon in der Bibel wieder.

einmal so selbstverständlich, daß Mose, David und auch Daniel tatsächlich meinten, daß die Erde eine ebene Fläche wäre und daß die sichtbare Welt sich aus „drei Etagen" zusammensetzte. Der Grieche Aristarchus von Samos meinte schon zur Zeit der Antike, daß sich die Erde um die Sonne drehe und nicht umgekehrt. Warum sollte solch ein außergewöhnlich weiser Mann wie Salomo nicht die gleiche Erkenntnis gehabt haben? Doch im Grunde geht es gar nicht um die Frage: primitives Weltbild oder nicht, sondern darum, ob Gott es zugelassen hat, daß Reste einer solch primitiven Vorstellung in die Bibel gelangt sind. Schon einmal glaubte man, dieses Weltbild in der Bibel entdeckt zu haben, z.B. bei einem Ausdruck wie: „Die Wasser unter der Erde" (2. Mose 20,4; 5. Mose 4,18), in denen zudem auch noch lebendige Wesen vorkommen sollen. Es ist unrichtig, daraus zu folgern, daß die Bibel damit meint, es gäbe unter der Erde Gewässer, in denen Fische schwimmen. Wenn das so wäre, wie konnte es den Israeliten dann verboten werden, Abbildungen von diesen mysteriösen Fischen unter der Erde zu machen, wenn sie solche Fische noch nie gesehen hatten, weil diese Wasser doch nur Fabeln waren?

Die Erklärung ist viel einfacher. Die Bibel meint mit den Wassern unter der Erde, daß der Meeresspiegel niedriger ist als die Erdoberfläche, genau wie die Bibel den Ausdruck „unter dem Berg" gebraucht im Sinne von „am Fuße des Berges" (2. Mose 24,4; 32,19; 5. Mose 4,11; Josua 11,17; 13,5 und Richter 7,8). In diesem Licht können wir auch Psalm 24,1 ff. betrachten („Der Herr hat den Erdkreis über den Meeren gegründet") wo „über" sinngemäß mit „oberhalb" oder „an" übersetzt werden muß; so wurde der Begriff auch in 5. Mose 3,12, Josua 5,1 und Psalm 137,1 übersetzt.

Wenn die Bibel tatsächlich ein primitives Weltbild enthalten würde, müßten wir Tausende von Fehlern und Irrtümern historischer, kosmologischer und biologischer Art aufdecken können. Waren die Bibelverfasser nicht zum großen Teil wenig gelehrte Leute? Und wenn sie auch eine gediegene Erziehung genossen hatten, wie etwa Mose am ägyptischen oder Daniel am babylonischen Hof (Apg. 7,22; Daniel 1,4), ging es ihnen dann besser? Im Gegenteil, dann würden wir in der Bibel viel von den Überlieferungen und Kosmologien der Ägypter und Babylonier und anderer antiker, kulturell hoch entwickelter Völker wiederfinden. Mose kannte den ägyptischen Schöpfungsbericht sowie Daniel die babylonische Sintflutgeschichte. Doch die Geschichte der Ägypter brachte Mose nicht durcheinander, und die der Babylonier verwirrte Daniel nicht, genausowenig wie die Geschichten der Griechen den Apostel Paulus beeinflußt haben (siehe weiter Kap. 2). Außerhalb der Bibel finden wir wissenschaftlich falsche Angaben hinsichtlich der stofflichen Welt, wie z.B. bei den frühchristlichen Verfassern Ambrosius und Augustinus. Vielleicht hatten die Bibelverfasser eine primitive Weltanschauung – wir finden diese aber nicht in der Bibel.

Es ist atemberaubend zu sehen, wie Gott sein Wort bewahrt hat und wie der heilige Geist die Bibelverfasser inspiriert hat (siehe hierzu den 1. Teil dieser Reihe: Die Entstehung der Bibel).

Isaac Newton veröffentlichte mehr theologische als wissenschaftliche Schriften. Er beschrieb als erster die Gesetze der Schwerkraft und konstruierte um 1670 das erste Spiegelteleskop, um damit den Himmel zu studieren (Oben). Die Babylonier hinterließen uns ihre „Forschungsergebnisse" auf Tontafeln. Sie beschrieben die Erde und die Planeten so, wie sie sie sahen (unten).

Schlußfolgerung

Was haben wir nun vor in diesem Buch? Wir glauben, daß die sogenannten primitiven Elemente, die in der Bibel enthalten sein sollen, entweder auf falsches Lesen oder Verstehen der Bibel zurückzuführen sind oder auf Unkenntnis hinsichtlich des Urtextes, des Charakters des biblischen Weltbildes, des Sprachgebrauchs der Bibel oder der realen wissenschaftlichen Tatsachen. Wir sind der Meinung, daß die Bibel überraschend viele Angaben enhält, die von grundlegender Bedeutung für viele wissenschaftliche Bereiche sind. Auf diese Angaben als solche kann man noch keine komplette Wissenschaft aufbauen. Dazu ist eine sorgfältige und ausführliche Forschung notwendig, die nach wissenschaftlichen Normen und Methoden ausgeführt werden muß. Aber wir meinen, daß der ernsthafte Wissenschaftler die vorwissenschaftlichen biblischen Angaben nicht ignorieren darf, wenn er zu einem richtigen wissenschaftlichen Modellbild kommen will. Wir wollen der Bibel eine ehrliche Chance geben. Wir möchten 1. Mose 1–11 lesen und nachforschen, welche Informationen diese Kapitel enthalten, damit wir ein richtiges Bild von der Entstehung der Welt bekommen. Diese Informationen versuchen wir aufzuarbeiten und durch die vielen Ergebnisse, die die wissenschaftliche Forschung geliefert hat, zu ergänzen.

Die Entstehung des Weltalls

Im zwanzigsten Jahrhundert ist der Mensch zum ersten Mal ins All vorgestoßen (links). Eine gewaltige Leistung! Doch uns hat die alte Bibel mehr Erkenntnisse über die Entstehung des Alls vermittelt als die moderne Raumforschung.
Rechts: Die Sphinxe kommen nicht nur in Ägypten vor (wie hier auf Seite 27 in der Ebene von Gizeh), sondern auch in Griechenland und bei anderen antiken Völkern des Nahen Ostens. Es wird vermutet, daß in der Sphinx der komplette Tierkreis abgebildet wurde, von Jungfrau bis Löwe.

Astrologie
Solange es Menschen auf der Erde gibt, haben sie sich voller Ehrfurcht gefragt, was wohl die Bedeutung der vielen Lichter am Firmament sei: der Sterne, der Planeten, des Mondes und der Sonne. Schon sehr früh kamen Ägypter, Chinesen und Babylonier dazu, den Himmel in zwölf Teile aufzuteilen.
Jeder dieser Teile (die Zeichen des Tierkreises) bekam einen eigenen Namen, wie Jungfrau, Waage, Skorpion, Schütze, Widder usw., mit dem Löwen als letztem. Der Tierkreis, ein Kreis am Himmelsgewölbe, der aus diesen zwölf Teilen bestand, war die Bahn, die die Sonne (von der Erde aus gesehen) während eines Jahres am Himmel beschrieb. Obwohl heutzutage diese Einteilung oft mit dem Widder beginnt, scheint es, daß man in der Antike mit der Jungfrau anfing und mit dem Löwen aufhörte, wie man auf den Tempelmauern von Dendera und Esna sehen kann, wo zwischen dem Zeichen des Löwen und der Jungfrau eine Sphinx steht: halb Löwe - halb Jungfrau. Die Einteilung in Sternbilder vereinfachte es, Beobachtungen zu beschreiben. Die Einteilung in zwölf Teile ergab auch die Einteilung des Jahres in zwölf Monate, denn man entdeckte, daß die Sonne nach einer Periode von etwa vier Wochen im nächsten Tierkreiszeichen angekommen war. Gleichzeitig entsprach ein Monat etwa der Umlaufperiode des Mondes, woher auch die Namensverwandschaft rührt.
Doch man benutzte die Lichter am Himmel nicht nur für die Einteilung der Zeit in Jahre, Monate, Wochen und Tage. Man fing auch an, die Himmelskörper als Grundlage für Götzendienst und Wahrsagerei zu gebrauchen. Die Sterndeutung

Der Zikkurat war ein babylonischer Tempel, der auch als Sternobservatorium benutzt wurde. Die Astrologie gab es schon sehr früh, sie ist eigentlich so alt wie die Menschheit. Diese Abbildung zeigt die Ausgrabung des Zikkurat des Tempels Bel. Der Turm von Babel ist sehr wahrscheinlich ein Zikkurat gewesen, also im Grunde ein Zentrum des Götzendienstes.

oder Astrologie ist schon uralt. Schon bald nach der Sintflut wurden Sonne, Mond, Sterne und Planeten als Götter verehrt, die das Schicksal der Menschen bestimmen. Es könnte gut möglich sein, daß der Turm von Babel, der in 1. Mose 11 genannt wird, ein babylonischer „Zikkurat" war. Das ist ein viereckiger Turm mit sieben Treppen, welche die sieben, damals bekannten Planeten darstellen sollten, und mit einer Spitze, an deren vier Seiten die zwölf Tierkreiszeichen abgebildet waren. Also nicht ein Turm, der so hoch war, daß er praktisch bis an den Himmel reichte, sondern (nach einer vielleicht besseren Übersetzung) ein Turm „mit dem Himmel auf der Spitze", um den die Menschen sich versammelten und ansässig wurden. Neben dem Kult der Mondgöttin im Nahen Osten nahm auch die Sonnenanbetung größere Ausmaße an. In Ägypten heißt der Sonnengott *Re* (oder *Ra*). Oft wird er als Mensch mit einem Falkenkopf dargestellt. Die Stadt Heliopolis (das biblische On) wurde ihm geweiht. Manchmal geht Re Bündnisse mit anderen Göttern ein, so z.B. mit dem Gott von Theben, *Amon*.
Während der sogenannten 18. Dynastie geschieht etwas Bemerkenswertes in diesem ägyptischen Sonnenkult. Zu den bedeutsamsten Königen dieser Dynastie gehören Fürsten wie *Amenophis* und *Thutmosis*, auch regiert zu dieser Zeit die Königin *Hatschepsut* (siehe ausführlicher Teil III dieser Reihe: So entstand Israel). Während der Regierungszeit von Pharao Amenophis IV oder Echnaton IV wird die Verehrung von Amon-Re durch den Atonkult ersetzt. Der Pharao verändert seinen eigenen Namen in *Echnaton*, d.h. „Der wohltätig ist für Aton". Er verläßt Theben, den traditionellen Ort des Amonkultes, und gründet eine neue Stadt, die er

Achet-Aton nennt. Das bedeutet: „Lichtland des Aton". Es ist das heutige Tell-el-Amarna. Dort wohnt der König mit seiner schönen Frau *Nofretete*. – Die Verehrung des Aton hielt aber nicht lange an. Der Sohn des Herrscherpaares, der erst Tut-Ench-Aton hieß, veränderte seinen Namen in *Tut-Ench-Amon* und kehrte zurück nach Theben. Obwohl er ein unwichtiger Fürst war, ist er deswegen bekannt geworden, weil sein Grab, und damit auch viele Kunstschätze, völlig unversehrt wiederentdeckt wurden.
An den Wänden des Grabes von einem der Edelleute Echnatons wurde die große Hymne an den Gott Aton gefunden. Diese Hymne wurde mit Psalm 104 verglichen.

Sonne, Mond und Sterne wurden schon früh als Götter verehrt. In Ägypten wurde durch Pharao Echnaton die Sonne zum einzigen Gott proklamiert.
Oben: Amon-Re, der traditionelle Sonnengott. Die Aton-Hymne Echnatons (unten) besingt die Sonne als Schöpfer des Lebens.

Aton-Hymne

„Wenn du (Aton) am westlichen Horizont untergehst, ist die Erde finster wie der Tod.
Jeder Löwe kommt aus seinem Versteck hervor, und alle Schlangen beißen ..." „Bei Tagesanbruch, wenn du aufgehst am Horizont, um am Tage als Aton zu scheinen, vertreibst du die Finsternis und schenkst deine Strahlen ... Das ganze Land geht seiner Arbeit nach, das Vieh ist zufrieden auf seiner Weide, die Bäume und Pflanzen blühen, die Vögel fliegen aus ihrem Nest. Ihre Flügel sind ausgestreckt zur Verherrlichung deines Geistes. Alle Tiere stehen auf ihren Pfoten, alles, was fliegt und sich hinsetzt: sie leben, wenn du vor ihnen erscheinst."
„Wieviel sind deiner Werke (Aton), sie sind verborgen vor dem Angesicht der Menschen. O, alleiniger Gott, dem kein anderer gleich ist, du schufst die Welt nach deinen Wünschen, während du allein warst."
„Alle haben Nahrung und ihre Tage sind gezählt."
„Du Aton des Tages, groß in Majestät, du schenkst fernen Ländern ebenfalls das Leben, denn du hast einen Nil in den Himmel gestellt, damit er für sie hinabfließen und den Bergen Wellen geben darf ..."

Psalm 104

„Die Sonne weiß ihren Niedergang. Du machst Finsternis, daß es Nacht wird; da regen sich alle wilden Tiere, die jungen Löwen, die da brüllen nach Raub ..." (V. 19b–21a).
„Du (Jahwe) lässest Wasser in den Tälern quellen, daß sie zwischen den Bergen dahinfließen, daß alle Tiere des Feldes trinken und das Wild seinen Durst lösche. Darüber sitzen die Vögel des Himmels und singen unter den Zweigen. Du feuchtest die Berge von oben her, du machst das Land voll Früchte, die du schaffest. Du lässest Gras wachsen für das Vieh und Saat zu Nutz den Menschen ..." (V. 10–14).
„Herr, wie sind deine Werke so groß und viel! Du hast sie alle weise geordnet, und die Erde ist voll deiner Güter" (V. 24).
„Es warten alle auf dich, daß du ihnen Speise gebest zur rechten Zeit ... Verbirgst du dein Angesicht, so vergehen sie ..." (V. 29).
„Mit Fluten decktest du es wie mit einem Kleide, und die Wasser standen über den Bergen ...
Du lässest Wasser in den Tälern quellen, daß sie zwischen den Bergen dahinfließen; ... (V. 6 + 10).

Die Teile der Aton-Hymne stammen aus „Tell El-Amarna and the Bible", von Charles F. Pfeiffer, Seite 38 u. f.

Wie wir sehen, bestehen tatsächlich frappierende Ähnlichkeiten; doch das ist nicht so verwunderlich bei einem Loblied auf die Schöpfung. Es gibt aber dennoch einen gewaltigen Unterschied. Bei Israel ist der Herr der Schöpfer des Himmels und der Erde, auch der Sonne, des Mondes und der Sterne. In der Aton-Hymne jedoch, ist der Gott, der verehrt wird, selber nur Erschaffenes. Aton ist im Grunde, genau wie Amon, die Sonne. Israel sah aber ein, daß die Sonne nichts anderes ist als etwas Geschaffenes, ein willenloses Werkzeug in Gottes Hand. „Die Himmel erzählen die Ehre Gottes, und die Feste verkündigt seiner Hände Werk; ... Er hat der Sonne ein Zelt am Himmel gemacht; sie geht heraus wie ein Bräutigam aus seiner Kammer und freut sich wie ein Held, zu laufen ihre Bahn. Sie geht auf an einem Ende des Himmels und läuft um bis wieder an sein Ende, und nichts bleibt vor ihrer Glut

Der Sonnengott fährt in seinem Boot am Himmelsgewölbe entlang (rechts). Die Sonne spielte in den ältesten Götzendiensten eine zentrale Rolle. In Babylonien waren Astrologie und Horoskope schon sehr früh bekannt (unten).

verborgen" (Psalm 19,1, 5b–7).
Tatsächlich haben sich manche von dem monotheistischen Charakter der Gottesverehrung Echnatons beeindrucken lassen und glaubten sogar, bestärkt durch Psalm 104, daß Mose den Monotheismus Israels aus diesem Monotheismus Echnatons entwickelt habe. Zu dieser Annahme kann man höchstens aufgrund der üblichen Chronologie der antiken Geschichte kommen, doch im dritten Band dieser Reihe werden wir aufzeigen, daß es Argumente gibt, die uns veranlassen zu glauben, daß Echnaton Hunderte von Jahren nach Mose gelebt hat. Außerdem ist es gar nicht so eindeutig, daß Psalm 104 mit Mose in Verbindung gebracht werden kann. Doch das Wichtigste ist: Mose hat den Monotheismus Israels nicht „erfunden". Der Glaube an den einen Gott, den Schöpfer des Himmels und der Erde, war schon seit Jahrtausenden unter den Vorfahren der Israeliten bekannt (siehe Teil I dieser Reihe). Es gab also ein Volk, das nicht mitmachte beim Kult um die Himmelskörper. Das ist das Volk Israel, das jüdische Volk. Wie klar es für Israel war, daß Gott der Schöpfer aller Dinge ist und nicht irgendein Sonnengott oder eine Mondgöttin, wird aus dem 1. Buch Mose, Kap. 1 ersichtlich. Die Erschaffung der Lichter geschah am ersten Tag der göttlichen Schöpfungswoche.
Erst am vierten Tage schafft Gott Sonne, Mond und Sterne, so daß es für Israel deutlich war, daß die Himmelskörper keine Götter sind, sondern daß Gott selber Ursprung des Lichtes und des Lebens ist. Die Namen Sonne und Mond werden nicht einmal genannt; wir hören nur von dem „großen Licht" und dem „kleinen Licht".

Echnaton und seine schöne Frau Nofretete (rechts). Sie führten die Wende in der ägyptischen Sonnenverehrung herbei und wechselten die Residenz von Theben nach Achet-Aton, dem heutigen Tell-el-Amarna. Einige meinen, daß Echnaton an einer Art Stoffwechselstörung litt, wodurch sein Körper mißgebildet war. Durch die natürliche Darstellungsweise in der damaligen Kunst wird das auch nicht verheimlicht. Es ist deutlich auf Abbildungen von ihm erkennbar.
Unten: Bei den Völkern der Antike werden Sonne, Mond und Sterne als Götter verehrt, die Licht, Leben und alles andere erschufen. Für Israel ist Jahwe Gott. Er schuf das Licht und das Leben. Erst am vierten Schöpfungstag schuf er Sonne, Mond und Sterne.

Darum verbietet die Bibel Astrologie. Es gibt nur einen, der die Zukunft in seinen Händen hält und auf den ein Mensch in Zuversicht bauen darf: Jahwe, der Herr (5. Mose 18,9–14; Jes. 8,19 + 20 und hauptsächlich 47,12–15).
Wer die Bibel weiterliest, entdeckt auch, wie das Wort Gottes ist, das die Welt erschaffen hat und noch erhält. „Im Anfang war das Wort, und das Wort war bei Gott, und Gott war das Wort. Dasselbe war im Anfang bei Gott. Alle Dinge sind durch dasselbe gemacht, und ohne dasselbe ist nichts gemacht, was gemacht ist. In ihm war das Leben, und das Leben war das Licht der Menschen" (Joh. 1, 1–4; siehe auch Kol. 1,15–20). Jesus Christus ist das Wort und damit die Quelle des Lichtes und des Lebens. Er ist das Schöpfungswort, das sprach. Alles ist aus Gott, dem Vater, von welchem alle Dinge sind (1. Kor. 8,6), während der Geist Gottes über dem Wasser schwebte. Im ersten Kapitel der Bibel läßt der dreieinige Gott, Vater, Sohn und Heiliger Geist, alles entstehen, was ist.

Andere Schöpfungsvorstellungen

„Am Anfang schuf Gott Himmel und Erde" (1. Mose 1,1). Das steht in Kontrast zu einer großen Zahl von Meinungen, die sich im Laufe der Jahrhunderte in das menschliche Herz eingeschlichen haben. Das steht ferner im Gegensatz zu der altgriechischen Meinung, daß das All oder auf jeden Fall doch die Urmaterie, ewig sein würde. Die griechischen Philosophen konnten sich keinen Anfang des Weltalls oder eine Schöpfung aus dem Nichts vorstellen. Dieses Bibelwort steht auch im Kontrast zu den Auffassungen, die uns in den alten Überlieferungen der Ägypter

Es ist eine merkwürdige Tatsache, daß alle Völker des Altertums den Himmel in gleicher Weise aufteilen – in die 12 Tierkreiszeichen. Im Laufe der Geschichte werden die Zeichen selber durch den Einfluß allerlei mythologischer, magischer Vorstellungen ihrem Ursprung entfremdet.

begegnen. Die Ägypter hatten vier verschiedene Schöpfungsvorstellungen, wie z.B. die des Gottes *Ta-tsjenen* und des Urberges, der in Memphis zu finden ist (1). Dann ist da *Atum*, der Urgott und Schöpfergott, dessen Heimat in Heliopolis zu finden ist. Hiermit wird auch der Gedanke von dem Welt-Ei in Verbindung gebracht, das den Kosmos im Keim enthält. Dieses Ei wird durch eine Gans gelegt, die „der große Kikirikischreier" genannt wird und mit Atum gleichgesetzt werden kann (2). Dann gibt es in Ägypten auch noch *Neferte*, die Göttin der Lotosblume (3) und *Ptah*, der durch Gedanken und Worte kreativ wirkt (4). Diese beiden letzten Vorstellungen finden wir wieder in Memphis.

In der Bibel finden wir nichts von diesen Schöpfungsvorstellungen, genausowenig wie von der der Babylonier. Die Babylonier und Assyrer haben ihre Schöpfungsvorstellung sehr wahrscheinlich von den Sumerern übernommen, die sie im Zweistromland antrafen, als sie dort einige Jahrtausende v. Chr. einfielen. Die Kultur der Sumerer war so hoch entwickelt, daß die semitischen Eindringlinge viel von ihr übernommen haben. Die Hauptgötter der Sumerer waren *Enlil, Enki* und *An;* bei den Babyloniern hießen sie *Enlil, Ea* und *Anu*. Die babylonische Schöpfungsvorstellung finden wir auf sieben Tontafeln, von denen jede 125 bis 160 Zeilen aufweist. Dieser Mythos trägt den Namen *Enuma Elisch* (= „Damals dort oben", nach den Anfangsbuchstaben). Die Tontafeln stammen aus dem 9. Jh. v. Chr., doch der Schöpfungsmythos ist natürlich viel älter. Die Bibel jedoch berichtet uns nichts von der Vielgötterei und Immoralität dieser babylonischen Schöpfungsgeschichte. Auch von den Schöpfungsideen aus Indien finden wir in

der Bibel nichts wieder. Wir denken hier besonders an die vier Veden (aus der Zeit um 1250 v. Chr.) mit ihren Vorstellungen von einer Urmaterie und von verschiedenen Göttern wie *Agni,* dem Feuergott, und *Sarvitar,* dem Sonnengott. Auch gibt es in der Bibel keinen Hinweis auf eine Art göttlichen Elternpaares mit einem Himmelvater und einer Erdmutter. Genausowenig finden wir so etwas wie den Gott *Pradzjapati,* der als ein goldener Keim die Urwasser durchzog.
In den späteren Upanishaden findet man den Gedanken einer sich selbst fortpflanzenden Natur, die sich aus drei Elementen zusammensetzt, ja bei den Hindus finden wir sogar die Vorstellung, daß die Erde auf Elefanten ruht, die wiederum auf einer großen Schildkröte stehen. Auch finden wir in der Bibel nichts von früheren wissenschaftlichen Versuchen der alten griechischen Wissenschaftler

Ägypten kennt viele verschiedene Schöpfungsvorstellungen.
Rechts: Das Buttern des Milchozeans, ein Gemälde, das aus Indien stammt aus dem 18. Jh. Der Gott Vischnu steht als Stock, der zum Buttern gebraucht wird, auf der Schildkröte Avatare. Das Tauziehen zwischen Göttern (links) und Dämonen (rechts) buttert das Milchmeer zu einer Götterspeise. Die Schildkröte spielt eine bedeutende Rolle in den Schöpfungsmythen der Hindus.

zur Erklärung der Welt. Der milesischen Naturphilosophie und der Philosophie des Pythagoras. *Thales* lehrte, daß das Wasser der Urkeim ist, aus dem die Welt entstand, *Heraklit* hingegen vertrat die Meinung, daß dieser Keim im Feuer zu finden sei. *Anaximenes* wiederum nahm an, daß die Luft (Pneuma) den Ursprung der Welt bildete. Und *Pythagoras* meinte sogar, daß alles von der Zahl abzuleiten sei. Das spätere Denken der Menschen schien sehr viel erhabener zu sein: Es gab keine Götzen mehr aus Holz oder Stein. Aber hat die moderne Philosophie die Wirklichkeit tatsächlich besser verstanden? Es scheint fast, als ob jede menschliche Philosophie in ihrer letzten Konsequenz letztlich immer wieder entweder im Atheismus („Es gibt keinen Gott") oder im Pantheismus („Alles ist Gott") endet. Die Bibel bestreitet diese beiden Extreme, aber nicht, indem sie selber anfängt zu philosophieren. 1. Mose 1,1 philosophiert nicht über Gott und sein Dasein, sondern Gott wird einfach vorgestellt und der Atheismus damit verworfen. Gleichzeitig stellt sich die Bibel auch gegen den Pantheismus: Gott war schon vor der Schöpfung da, d.h. er steht außerhalb und über seiner Schöpfung, obwohl durch seine Kraft alle Dinge getragen und durch seine Befehle alle Dinge regiert werden. Für Vielgötterei oder für einen unpersönlichen, pantheistischen Weltgeist ist kein Raum in dieser majestätischen Vorstellung des einen, wahren Gottes, der die Welt erschuf. Die Bibel sagt, daß Gott die Erde und den Himmel gründete. Er schuf keine losen Teilchen, die sich in Jahrmillionen nach und nach zu Sternen und Planeten zusammenballten, sondern: „Wenn er spricht, so geschieht's; wenn er gebietet, so steht's da" (Psalm 33,9).

„Big-Bang"

Wir sind Menschen des 20. Jahrhunderts. Wissenschaft und Technik beherrschen unser Leben. Wir glauben nicht, daß die Himmelskörper Götter sind. Wir wissen es besser. Obwohl ... auch heutzutage lassen wieder Millionen von Menschen ihr Leben durch das bestimmen, was nach ihrer Meinung in den Sternen geschrieben steht. In dieser Hinsicht unterscheiden sie sich leider doch nicht so sehr von ihren Vorfahren. Astrologie, Horoskope und Sterndeuterei sind überall zu finden. Jedes „Klatschblättchen" und die meisten Zeitungen haben ihre eigenen Horoskope. Kettchen mit dem Tierkreiszeichen, unter dem man geboren wurde, werden häufig als Amulette um Hals oder Handgelenk getragen. Doch andererseits wissen wir in unserem Jahrhundert der Wissenschaft und Technik, daß die Sonne, wie auch die

Sterne, glühende Gasmassen sind. Wir statten dem Mond einen Besuch ab und postierten sogar „Kontrollposten" auf dem Mars. Obwohl die Raumforschung noch in den Kinderschuhen steckt, sind die bisherigen Ergebnisse atemberaubend. Je mehr Wissen wir erlangen, desto mehr drängt sich uns die Frage auf: Wie ist das alles entstanden?

Gibt es tatsächlich eine unendlich kreative Intelligenz, die wir Gott nennen? Hat dieser Gott tatsächlich alles so gemacht, wie es uns die Bibel berichtet, oder gibt es eine bessere Erklärung? Die wissenschaftliche Forschung der letzten hundert Jahre hat tatsächlich zwei ganz unterschiedliche Auffassungen hervorgebracht. Das Schöpfungsmodell und das Evolutionsmodell. Im ersten Fall geht man von einem göttlichen Schöpfer aus, der in kurzer Zeit und vor noch nicht allzu vielen Jahren das Weltall, die Erde und das Leben schuf. Eine Erde, die in ihrem relativ kurzen Bestehen gewaltige Katastrophen erlebt hat.

Beim Evolutionsmodell hingegen geht man davon aus, daß das Weltall Milliarden von Jahren alt ist, daß die Erdoberfläche allmählich entstand und daß sich das Leben auf dem Planeten Erde nach und nach spontan aus lebloser Materie entwickelte.

Wie sieht die Entstehung von Himmel und Erde nach diesem Evolutionsmodell aus? Die weitverbreiteste Meinung ist die „big-bang"-Theorie, nach der das All mit einem „großen Knall" seinen Anfang nahm. Einem Urknall, aus dem heraus sich allmählich die zahllosen Milchstraßen entwickelt haben sollen. Eine andere Auffassung ist die „steady-state"-Theorie, nach der das All ewig sein soll, doch so,

Ein Sonnenaufgang auf dem Mars (oben). Der Mensch des zwanzigsten Jahrhunderts stellte einen Kontrollturm auf den Mond und auf den Planeten Mars. Für ihn ist es keine Frage mehr, ob Sterne und Planeten Götter sind. Der Mensch hat seinen Fuß auf den Mond gesetzt (unten), den nächstgelegenen Himmelskörper. Als erste – und bisher einzige – landeten die Amerikaner auf dem Mond. Seit 1969 haben sie das mehrmals wiederholt.

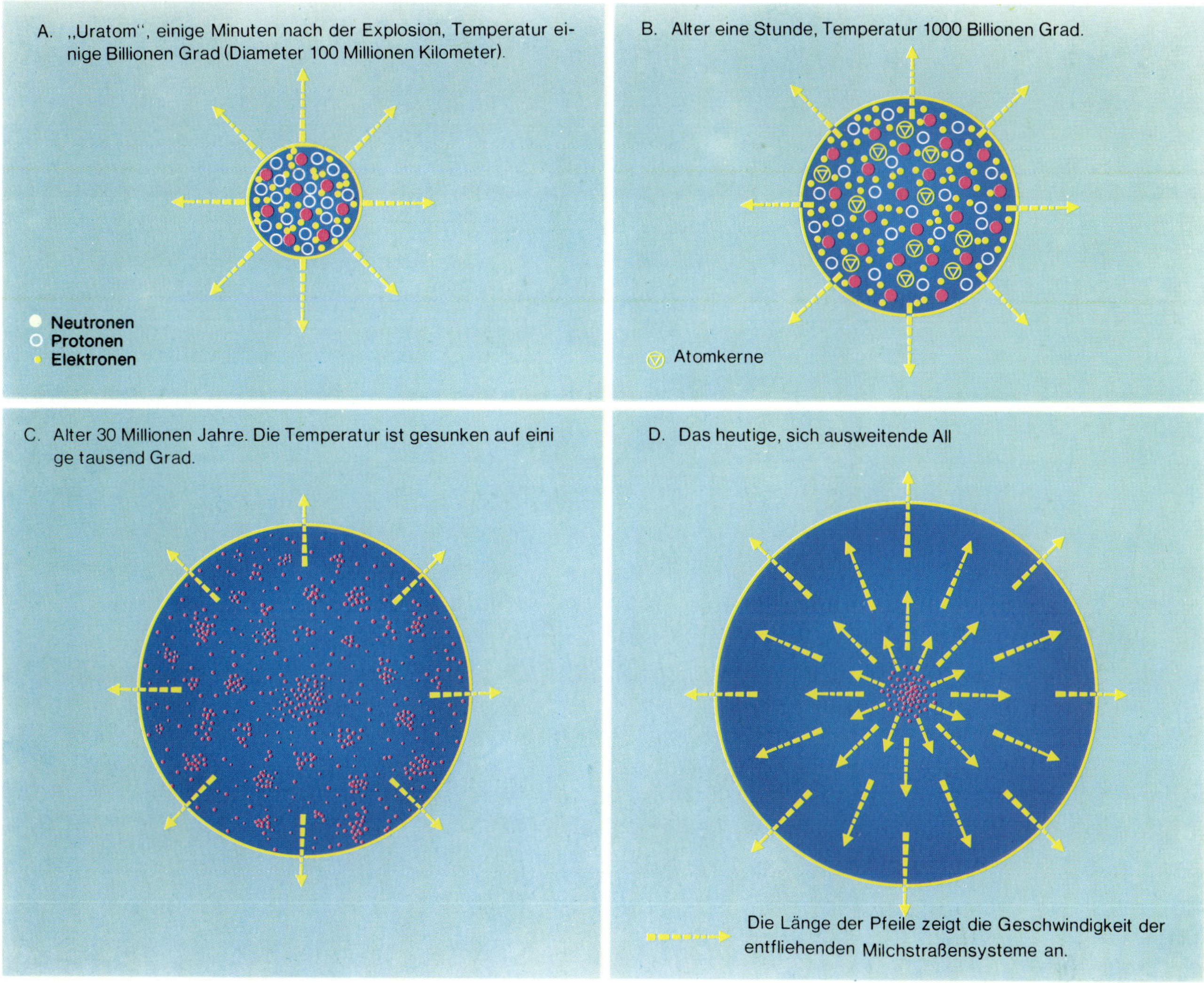

Eine vereinfachte Vorstellung des „big-bang", des „großen Knalls", mit dem die Geschichte des Alls anfing. Das Uratom oder kosmische Ei enthielt eine gigantische Menge zusammengeballter Materie, wodurch das Ei bald nach seiner Entstehung explodierte. Eine Atombombe ist verglichen mit dieser Urexplosion nur eine Platzpatrone.

daß an den Grenzen immer Materie im Nichts „verschwindet", während in der Mitte immer neue Materie entsteht.
Der Begründer dieser Lehre, *Fred Hoyle,* zog seine Theorie vor einer Reihe von Jahren selber wieder zurück, weil er ihre Unmöglichkeit einsah, so daß wir diese Theorie im Weiteren außer Betracht lassen können. Wir müssen uns darüber im klaren sein, daß diese Theorien keine wissenschaftlichen Theorien im strikten Sinne des Wortes sind; das heißt, sie sind keine direkte Folge von reproduzierbaren Wahrnehmungen oder Experimenten. Sie sind reine Spekulation, denn naturwissenschaftlich können wir nichts über den Ursprung der Welt sagen. Die Naturwissenschaft beschäftigt sich mit bestehenden Objekten und wiederholbaren Erscheinungen. Doch über den ersten Ursprung dieser Objekte und Erscheinungen kann sie nichts aussagen, da diese sich ihrer Wahrnehmung entziehen.
Durch die „big-bang"-Theorie entsteht eine Reihe fundamentaler Probleme. Dr. *Slusher,* Dozent für Astronomie an der Universität von Texas, sagte hierzu: „An erster Stelle steht die Frage, wo die zusammengeballte Materie herkam, die im Anfang explodierte. Bei dieser Explosion soll eine Gaswolke entstanden sein, die sich mit einer gewaltigen Geschwindigkeit in alle Richtungen ausbreitete.
Aber wenn das stimmt, wie konnte durch die enorme Schnelligkeit dann jemals die rotierende Bewegung der Gasmassen entstehen, die wiederum Sterne und Planeten formen mußten? Diese Geschwindigkeit ist viel zu groß, um Rotation in Gang zu bringen, und würde sich vor allem im All nicht verringern. Selbst wenn die Geschwindigkeit sich verringert hätte, so daß sich rotierende Massen hätten

Prof. Harold Slusher, Atrophysiker an der Universität von Texas in El Paso (unten). Er führt eine große Menge Einwände gegen die „big-bang-Theorie“ und das wachsende All an.
Rechts: Der Urknall, wie sich ihn ein Künstler vorstellte. Dieser Knall soll nach der Evolutionstheorie vor etwa 20 Millionen Jahren stattgefunden haben.

formen können, wie erklärt sich dann, daß sie sich wieder gesteigert hat und Sternensysteme sich beinahe mit Lichtgeschwindigkeit von uns entfernen, worauf ja die ‚big-bang‘-Theorie gegründet ist?“
Man nimmt diese enorme Geschwindigkeit aufgrund der sogenannten „Rotverschiebung“ an. Genauso wie das Geräusch eines Rennwagens für uns tiefer klingt, wenn er sich schnell entfernt und höher, wenn er sich uns naht, so ist im Lichtspektrum auch eine Verschiebung der sogenannten Spektrallinien zum Rot wahrnehmbar, wenn Licht von Objekten ausgesandt wird, die sich mit einer großen Geschwindigkeit von uns entfernen. Auch wenn wir annehmen, daß diese Rotverschiebung tatsächlich auf eine hohe Geschwindigkeit hinweist (obwohl auch andere Erklärungen dafür gefunden wurden), bleibt immer noch die Frage: Warum sollten sich diese Objekte immer von uns weg bewegt haben? Wir sind selber doch auch in Bewegung!
Übrigens: Wenn lichtausstrahlende Objekte sich mit großer Geschwindigkeit auf uns zu bewegen, dann gibt das eine „Blauverschiebung“. Auch diese Erscheinung wurde bei Sternensystemen wahrgenommen. Wie ist das möglich, wenn alle Materie von einem Punkt aus explodiert ist? Aber ganz abgesehen von diesen Einzelheiten, wie kann solch ein einmaliges, kompliziert geordnetes Weltall entstanden sein durch eine solch destruktive Kraft wie die einer Explosion? Eine Explosion bedeutet doch nur zunehmende Unordnung. Und wenn man weiß, daß das Weltall aus Sonnen- und Sternensystemen besteht, die alle selber und zudem noch in Beziehung zueinander in Bewegung sind, und das mit unterschiedlichen

Geschwindigkeiten, dann ist es einfach atemberaubend zu sehen, wie alles einander im Gleichgewicht hält. Und das soll die Folge der brutalen Kraft einer Explosion sein? Anzunehmen, daß dieses raffinierte Gleichgewicht der Kräfte die Folge eines Urknalls ist, ist vergleichbar mit der Annahme, daß man ein Felsengebirge durch eine Atomexplosion auf eine solche Weise sprengen kann, daß sich die Überreste des Gesteins nach dessen Niederfallen von selbst zu einer Stadt mit Häusern, Hochbauten, Büros und Straßen ordnen.

Entropie

Das fundamentalste Problem jeder „natürlichen" Erklärung zur Entstehung des Weltalls wird jedoch durch die Gesetze der Thermodynamik verursacht.

Ein hoher Ordnungsgrad, der sich selbst überlassen wird, verfällt mit der Zeit in ein Chaos. So geschah es mit mit diesen Autowracks, die früher wunderschöne Autos gewesen sind. So wird es mit den Hochhäusern im Hintergrund geschehen, ja, schließlich würden sogar das All und alle Sterne verbrennen und erlöschen, wenn sie sich selbst überlassen werden. Kurz gesagt: die „Entropie" nimmt zu.

Wissenschaftliche Resultate bleiben immer subjektiv. Kein Naturgesetz scheint besser bestätigt zu sein als die Hauptgesetze der Thermodynamik. Der erste thermodynamische Hauptsatz besagt, daß keine Masse oder Energie heute neu entsteht oder verlorengeht. Das zweite Hauptgesetz sagt, daß jedes System, wenn es sich selbst überlassen wird, zu immer niedrigeren Formen der Ordnung gelangt, daß die Energie in ihm zu immer tieferen Niveaus der Verfügbarkeit übergeht und daß dieses System durch das Fehlen von Arbeitsenergie schließlich einen Zustand völliger Unordnung erreicht. Mit anderen Worten: die „Entropie" nimmt zu.
Der berühmte Science-Fiction-Autor *Isaac Asimov* ist sich dieses grundlegenden Problems sehr genau bewußt. Er hat folgende „Lösung" dafür gefunden:
„Im Jahre 1956 behandelte ich in einer Geschichte, die ich ‚Die letzte Frage' nannte, das Problem der Entropie und das zweite Hauptgesetz der Thermodynamik. Darin beschrieb ich, wie die Entropie im All systematisch zunimmt. Das Universum läuft ab wie eine gewaltige große Uhr, die einmal aufhören wird zu ticken. Dieser Gedanke beunruhigt die Menschen, die auf Erden leben, von Zeit zu Zeit. Am Schluß der Geschichte wird von einem riesigen Computer erzählt. Dieser Computer wird von einem der Menschen befragt: Kann der Prozeß der wachsenden Entropie umgedreht werden? Kann die Entropie wieder abnehmen? Kann das Weltall, das sozusagen ‚abläuft', wieder ‚aufgezogen' werden? Und der Computer antwortet: ‚Wir haben nicht genügend Angaben zur Verfügung, um diese Frage beantworten zu können.' Dann beschreibe ich in Kürze die Entwicklung der Menschheit, die Entwicklung des Computers und die des Alls.

Die Menschheit lernt durch das All zu reisen und verbreitet sich überall im Raum. Ja, der Mensch verliert sogar seinen Körper und wird zur Energiemasse im Kosmos. Zur gleichen Zeit wird der Computer immer mächtiger, immer komplizierter und immer weniger materiell, während das Weltall seinem Ende ‚entgegentickt'.
Am Ende schließlich befindet sich der Computer selbst nicht mehr in diesem All, sondern in etwas, was ich ‚hyperspace' (Über-All) nenne. Daher kann er jede Frage, wo auch immer sie im Weltall gestellt wird, beantworten. Das ‚Über-All' ist überall, immer, überall nah und überall gleich fern. Was du auch fragst, der Computer antwortet. Von Zeit zu Zeit gibt es jemanden, der den immer mehr wissenden und fast allmächtigen Computer fragt: Kann die Entropie umgedreht

In einer der beliebtesten Science-Fiction-Geschichten von Isaac Asimov (unten) spielt ein Computer eine wichtige Rolle (rechts). Die Lösung für das Problem der Entropie, die er am Schluß gibt, ist: nur eine unendliche Intelligenz mit kreativer Kraft außerhalb unseres Raum-Zeit-Kontinuums kann den Prozeß der wachsenden Entropie aufhalten.

werden? Und jedesmal sagt dieser: ‚Wir haben nicht genügend Angaben, um diese Fragen beantworten zu können.'
Schließlich läuft die Zeit des Universums ab, und es ist in seinem schlußendlichen Gleichgewichtszustand angelangt. Die Sonnen und Sterne sind ausgebrannt. Die Menschheit ist in dem Computer im ‚Über-All' als Energie aufgegangen. Somit besteht nur noch das unsichtbare, allwissende, allmächtige Gehirn, zu dem sich der Computer entwickelt hat. Eigentlich müßte dieses Gehirn auch aufhören zu existieren. Doch der Computer wird immer noch durch die eine ungelöste Frage in Gang gehalten: Wie kann die Entropie umgedreht werden? Unendlich viel Zeit vergeht, in der der Computer alle verfügbaren Angaben immer wieder neu überdenkt, bis er schließlich die Antwort findet. Und nach einer weiteren endlosen Zeit entdeckt er dann den Weg, wie der ganze Prozeß von neuem seinen Anfang nehmen kann. Sobald er an diesem Punkt angelangt ist, brütet er nach über das Chaos, das aus dem Universum geworden ist, und schließlich spricht er. Und er sagt: ‚Es werde Licht.' Und es ward Licht." Und damit endet die Science-Fiction-Geschichte. Asimov sagt eigentlich damit: „Die einzige Lösung für die Frage der Entropie ist eine unendlich schöpferische Intelligenz, die sich außerhalb unseres Weltalls im ‚hyperspace' befindet und mit schöpferischer Kraft sagen kann: ‚Es werde Licht.'" Und damit sind wir wieder beim Anfang unseres Kapitels angelangt. Die Bibel sagt: „Am Anfang schuf Gott Himmel und Erde." Das will sagen: man kann die Zeit nicht endlos zurückprojizieren, es gibt ein „am Anfang". Und es gibt Gott, eine „unendlich schöpferische Intelligenz", die aus dem Nichts entstehen

lassen kann. Er spricht, und es ist da. Im Anfang: Himmel und Erde; Raum, Materie, Energie, Zeit.

,,Es ist aber der Glaube eine gewisse Zuversicht des, das man hofft, und ein Nichtzweifeln an dem, das man nicht sieht. In solchem Glauben haben die Alten Zeugnis empfangen. Durch den Glauben erkennen wir, daß die Welt durch Gottes Wort gemacht ist, so daß alles, was man sieht, aus nichts geworden ist" (Hebräer 11, 1–3).

Die Entstehung unseres Sonnensystems

Es ist natürlich eher möglich, über Ursprung und Alter unseres eigenen Sonnensystems Forschungen zu betreiben als über das ganze Universum.

Eine Nachtaufnahme des Sternenhimmels, kurz nach Sonnenuntergang. Der Planet Venus ist deutlich zu sehen. Links von der Sonne ist er „Abendstern", rechts „Morgenstern". Die Oberflächentemperatur der Venus beträgt aufgrund eines Brutkasteneffekts durch die gewaltige Wolkendecke etwa 500 Grad Celcius. Einige meinen, daß Venus erst „rezent" in unserem Sonnensystem gelandet ist.

Und doch hat es sich allmählich als Unmöglichkeit herausgestellt, auch nur eine einzige sinnvolle Theorie aufzustellen, die die Entstehung des Sonnensystems auf einem natürlichen Wege erklären könnte. Die Ursache dafür liegt in den merkwürdigen Eigenschaften des Sonnensystems selber, die jedes natürliche Entstehen auszuschließen scheinen:

(1) Die Sonne enthält mehr als 99 % aller Materie des Sonnensystems, doch nur 2 % seines Eckmomentes (d.i. die Eigenschaft, die die Sonne sich drehen läßt und alle Planeten um sie herum).

(2) Merkur und Pluto haben starke exzentrische und sehr in der Höhe unterschiedliche Umlaufbahnen, und die Planetoiden haben das in noch viel stärkerem Maße, während die Kometen unseres Sonnensystems überhaupt keine Gemeinsamkeit aufweisen, was Richtung, Form und Fläche ihrer Umlaufbahn anbelangt.

(3) Die Umdrehungen von Venus und Uranus sowie von etwa einem Drittel aller planetarischen Satelliten in unserem Sonnensystem verlaufen im Vergleich zu den anderen Himmelskörpern des Sonnensystems in entgegengesetzter Richtung.

(4) Die Durchschnittsmonddichte ist um ein Drittel geringer als die der Erde – und das, obwohl jede Theorie über unser Sonnensystem Mond und Erde logischerweise aus demselben Ursprung entstehen läßt.

Ließe es sich beweisen, daß die Erde ziemlich jung ist (siehe Kapitel 3), wäre das der deutlichste Hinweis dafür, daß auch das übrige Weltall verhältnismäßig jung sein muß. Das geringe Alter würde auch das beste Argument sein gegen jede natürliche

Erklärungsweise der Entstehung unseres Sonnensystems: Es stand einfach nicht genügend Zeit zur Verfügung, ganz abgesehen von den eben genannten vier Problemen und den Hauptgesetzen der Thermodynamik.

Ein junges Weltall?

Es gibt in der Tat Argumente dafür, daß das Weltall noch jung ist. Selbst wenn es hundert Millionen Jahre alt wäre, würde es im Verhältnis so außergewöhnlich jung sein, daß sowohl die „big-bang" als auch die „steady state"-Theorie sofort hinfällig würden. Doch wahrscheinlich ist das Weltall noch viel jünger! Vielleicht ist der Leser erstaunt über ein junges Weltall, wo er doch so an Berichte über zehntausende Millionen von Jahren, die das Universum alt sein soll, gewöhnt ist. Er muß dabei aber bedenken, daß das stärkste „Argument" für ein hohes Alter des

Es kommen in den Systemen Sterne völlig unterschiedlicher Gestalt vor. Sterne innerhalb eines Milchstraßensystems rotieren mit verschiedenen Geschwindigkeiten, so daß das System sich ganz allmählich „falten" kann. Da dieser Prozeß bei einigen spiralförmigen Milchstraßensystemen noch nicht beendet ist, kann das bedeuten, daß das All noch verhältnismäßig jung ist. Es gibt verschiedene andere Tatsachen, die gegen ein altes Weltall sprechen.

Weltalls das vermeintlich hohe Alter der Erde ist (denn hinsichtlich der Erde kann man wenigstens so etwas wie direkte Altersbestimmungen durchführen), und daß der beste „Grund" für die Annahme eines hohen Erdalters die Evolutionslehre ist, die ja für die vermeintliche Entwicklung des Lebens auf der Erde Milliarden von Jahren ansetzt.

Wenn man über die Möglichkeit eines jungen Weltalls redet, hört man oft das Gegenargument, daß die gewaltigen Abstände im All ein niedriges Alter des Weltalls unmöglich machen. Man sagt, daß es Sterne oder Sternsysteme gibt, die Milliarden von Lichtjahren von uns entfernt sind, und daß das Licht dieser Sterne (Sternsysteme) *folglich* Milliarden von Jahren benötigte, um uns zu erreichen, und darum müsse das All mindestens genauso alt sein. Doch man kann aus Entfernungen nicht einfach das Alter schlußfolgern. Abgesehen von der Frage, wieviel Gewißheit man über die Entfernungen im All hat, muß man bedenken, daß das Wort „Lichtjahre" irreführend ist. Es suggeriert eine Zeitrelation, während es genau genommen nur ein Entfernungsmaß ist. Wenn man behauptet, daß ein Stern, der Milliarden von Lichtjahren entfernt ist, den wir aber dennoch wahrnehmen, *deshalb* Milliarden von Jahren alt sein muß, vergißt man den besonderen Charakter des Schöpfungsaktes.

Gott schuf die Himmelskörper ausdrücklich wegen ihrer Funktion für die Erde (1. Mose 1,14–18), so daß es vom allerersten Anfang an zahllose Sterne gegeben haben muß, deren Lichtstrahlen die Erde *sofort* erreichten. Daß dadurch ein „scheinbares Alter" angezeigt wird, ist unvermeidlich bei jedem plötzlichen Schöpfungsakt.

Inzwischen gibt es immer mehr positive Zeichen dafür, daß das Weltall verhältnismäßig jung sein muß. Besonders der bereits erwähnte Prof. *Slusher* hat darauf hingewiesen. Er sagt:
(1) Es gibt einen ernsten Mangel an chemischen Unterschieden zwischen analysierten Sternen, die aber eigentlich in einem alten Weltall vorhanden sein müßten.
(2) Milchstraßensysteme scheinen immer in Paaren oder Gruppen („Haufen") vorzukommen. Diese müssen einen rezenten Ursprung haben, weil sie sonst schon lange aufgrund ihrer gewaltigen Geschwindigkeiten auseinandergefallen wären.
(3) Einige Milchstraßensysteme sind durch Brücken lichtabgebender Materie verbunden. Manchmal entfernen sich diese Systeme aber auch so schnell voneinander (einige Tausend Kilometer in der Sekunde), daß diese Paare

Eine Sonnenfinsternis ist eine faszinierende Erscheinung (unten). Sonne, Mond und Planeten sollen aus einer Gaswolke entstanden sein. Die Planeten Uranus (rechts) und Venus drehen sich jedoch im Vergleich zu anderen Planeten in entgegengesetzter Richtung um ihre Achse. Wenn sie alle aus einer Gaswolke entstanden sein sollen, ist diese Tatsache schwer erklärbar.

anscheinend rezent geformt worden sind – und das offensichtlich als vollständige Milchstraßensysteme!
(4) Die Sterne eines Milchstraßensystems rotieren mit unterschiedlichen Geschwindigkeiten, so daß ein System sich allmählich „zusammenfaltet", und zwar innerhalb einer oder höchstens einiger Umdrehungen, d.h. innerhalb von 100 bis 500 Millionen Jahren (das ist circa 0,5 bis 2,5 % des vermeintlichen Alters des Weltalls). Doch sehen wir zahlreiche spiralförmige Milchstraßensysteme, die anscheindend noch lange nicht „aufgezogen" sind.
(5) Wenn das Weltall in allen Richtungen mit Sternen übersät ist, warum ist dann der nächtliche Himmel nicht außergewöhnlich hell erleuchtet? Es scheint, daß die Lösung für dieses Paradoxon von *Olbers* (1826) stammt. Er nimmt an, daß die Dichte oder Helligkeit von Sternen auf große Entfernungen abnimmt; doch das wäre nur dann möglich, wenn das Weltall rezent entstanden wäre, denn dann würden die Sterne erst kurze Zeit gestrahlt haben.
(6) Neben „Haufen" von Milchstraßensystemen gibt es auch Sternhaufen, die so schnell auseinanderfallen (d.h., daß die Sterne sich von ein und demselben Punkt fortbewegen), daß man berechnen kann, daß sie in einigen Fällen nicht älter als einige Jahrtausende sein können. Da es keine Beweise dafür gibt, daß heutzutage neue Sterne entstehen, weist dieses Phänomen auf ein geringes Alter aller Sterne und „Sternhaufen" hin.
Doch wie bereits gesagt: auch das Alter der Erde ist von Bedeutung für die Altersbestimmung unseres Sonnensystems und des ganzen Universums. Darüber mehr im nächsten Kapitel.

Das Alter der Erde

Ein Photo von der Erde, aufgenommen von Apollo II (links). Deutlich sind Europa und Asien zu sehen. Wie alt ist die Erde? Kreationisten meinen: Es ist möglich, daß die Erde alt ist – die Bibel spricht nicht dagegen –, doch ein Alter von etwa 15 000 Jahren scheint akzeptabler. Die Erdkruste wird durch Gestein gebildet, das sich um einen flüssigen Kern verband. Es gibt mindestens sechs verschiedene Hypothesen über die innere Zusammenstellung der Erde.

Im Gegensatz zu den Evolutionisten sind Kreationisten (Anhänger des Schöpfungsmodells) offen für die Möglichkeit, daß unsere Erde bedeutend jünger ist, als vielfach angenommen wird. Es gibt zwar keine schlagkräftigen biblischen Beweise *gegen* eine alte Erde, dennoch scheinen die biblischen Angaben eher auf eine junge Erde hinzuweisen. Erstens ist es durch die Bibel klar, daß die Menschheit jung ist, sehr wahrscheinlich nicht älter als 15 000 Jahre und möglicherweise noch viel jünger. Es gibt ziemlich viele unterschiedliche Interpretationen der Geschlechtsregister in 1. Mose 5 und 11; sie lassen aber auf keinen Fall eine zeitliche Ausdehnung auf Hunderttausende oder gar Millionen von Jahren zu. Die Menschheitsgeschichte, wie sie in der Bibel zu finden ist, ist also im Vergleich zur evolutionistischen Datierung äußerst jung. Zweitens haben wir keinen Anlaß anzunehmen, daß die „Tage" in 1. Mose 1 etwas anderes waren als normale irdische Tage. In der Bibel meint das Wort „Tag", besonders, wenn nähere Bestimmungen wie: ein „Abend", und: ein „Morgen" dabeistehen, sicher niemals etwas anderes als einen normalen Tag. Der erste Schöpfungstag scheint also einfach fünf Tage vor dem sechsten Schöpfungstag zu liegen. Es gibt auch keine Andeutung dafür, daß der Schöpfungsakt von 1. Mose 1,1 lange vor dem ersten Schöpfungstag stattgefunden hat, wie man auch über die Auslegung des schwierigen zweiten Verses denken mag. Dieser zweite Bibelvers sagt: „Und die Erde war wüst und leer, und es war finster auf der Tiefe; und der Geist Gottes schwebte auf dem Wasser." Einige Ausleger meinen nun, daß dieser Vers eine Beschreibung des Zustandes der Erde ist, wie sie in Vers 1 erschaffen wurde. Andere Ausleger meinen, daß die Erde

Es gibt eine Parallele zwischen den ersten drei und den letzten drei Schöpfungstagen in der Bibel. Der erste Tag: Scheidung von Licht und Finsternis – der vierte Tag: die Lichtträger. Der zweite Tag: Scheidung zwischen den Wassern – der fünfte Tag: Meerestiere und fliegende Tiere. Der dritte Tag: das Trockene und die Pflanzen – der sechste Tag: die Landtiere und die Menschen.
Der Sündenfall von Adam und Eva im Paradies (unten) hatte Folgen für die ganze Schöpfung. In Römer 8 steht, daß durch die Sünde die Schöpfung der Vergänglichkeit unterworfen wurde (vergleiche die „Entropie").

zwar vollkommen und vollständig geschaffen wurde, jedoch nachher dunkel, wüst und leer wurde (was in der Bibel negative Ausdrücke sind, die vielleicht auf die Folgen eines göttlichen Urteils hinweisen), möglicherweise durch den Fall Satans. Hier ist es jetzt wichtig zu erkennen, daß man in keinem Fall die Erdschichten und die Fossilien in irgendeiner sehr langen Zwischenperiode zwischen 1. Mose 1,1 und Vers 2 „verstecken" kann. Diese Auslegung kam im vorigen Jahrhundert auf, um noch irgendwo Raum zu schaffen für die vermeintlichen Milliarden von Jahren, die die Erde schon hinter sich haben sollte.
Eine andere Lösung, die man herausfand, um sich diese Zeit zu verschaffen, war, daß man jeden der Schöpfungstage als gewaltige Zeitperiode darstellte, doch zu dieser Erklärung gibt die Bibel genausowenig Anlaß. Im Gegenteil, wie wir bereits sagten, können wir hier nicht anders, als an normale Tage denken. Das sehen wir auch in 2. Mose 20,8–11; 31,16 u.f., wo über den Sabbat gesprochen wird. Sechs Tage soll der Mensch arbeiten und an einem Tag darf er ruhen, weil Gott die Welt in sechs Tagen erschuf und dann einen Tag ruhte. Der Sabbat, der Ruhetag, der geheiligt werden soll, ist ein buchstäblicher Tag, genau wie die sechs Arbeitstage der Woche. Er gibt deshalb keinen Grund anzunehmen, daß die Tage aus 1. Mose 1, die für dieses Gebot zum Vorbild genommen wurden, andere als normale Tage waren.
Außerdem ist es genauso unwahrscheinlich anzunehmen, daß es bereits Tod und Verderben (wovon die Erdschichten und Fossilien doch so übermäßig zeugen) in unserer Welt gegeben hat vor der Erschaffung Adams und dem Sündenfall.

Nach Römer 5,12 ist der Tod durch die Sünde des Menschen in die Welt gekommen. Gott hatte die Erschaffung des Menschen von Ewigkeit her geplant. Warum sollte die Erde schon Millionen von Jahren existiert haben, bevor Gott anfing, seine Pläne zu verwirklichen? Darum sind alle Versuche, die Milliarden von Jahren in den biblischen Bericht hineinzupressen, von vornherein zum Scheitern verurteilt. Wichtig ist jedoch zu wissen, daß es gar nicht nötig ist, die Milliarden von Jahren zu akzeptieren, denn vieles weist darauf hin, daß die Erde wahrscheinlich nicht älter ist als etwa 15 000 Jahre.

Eine bekannte Methode, um das Alter der Überreste lebender Organismen zu bestimmen, ist die Radiokarbon-Datierungsmethode (C-14-Methode) (unten). Indem man das Stückchen Holz, Stoff oder Knochen zuerst verbrennt und vergast, kann man die Menge C 14 messen und durch diese Meßwerte das Alter errechnen (rechts).

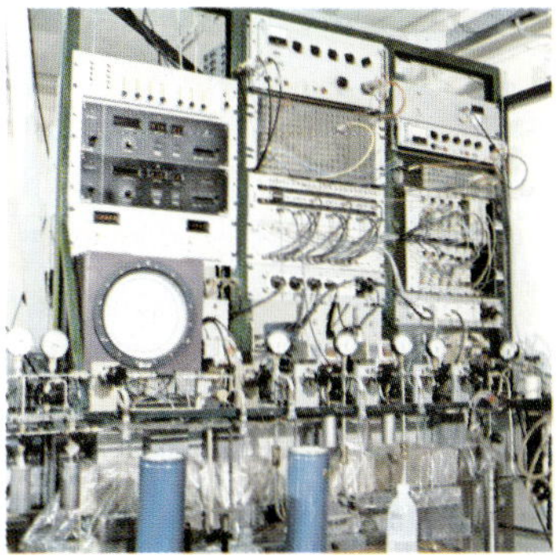

Die radiometrischen Datierungsmethoden für leblose (anorganische) Materie

Die wichtigsten Hinweise auf eine alte Erde werden radiometrischen Datierungen der ältesten Gesteine der Erde entnommen. Es gibt jedoch verhältnismäßig wenige solcher datierten Gesteine. In den weitaus meisten Fällen wird das Alter eines Gesteins auch gar nicht „bestimmt" durch die Radiometrie, sondern unter Zuhilfenahme der geologischen Zeittafel und des geschätzten Alters der Fossilien enthaltenden Erdschichten (siehe Kap. 6), die für das Evolutionsmodell erarbeitet wurden, ehe es die Radiometrie gab. Außerdem gibt es so viele Fehlerquellen in der Radiometrie, daß viele Datierungen von den Evolutionisten einfach nicht beachtet werden, vor allem dann, wenn sie nicht mit dem Alter der Gesteine übereinstimmen, wie es aufgrund des Evolutionsmodells anhand der geologischen Zeittafel angenommen wurde.

Ein weiterer wichtiger Punkt ist, daß man im Laboratorium nicht das Alter mißt, sondern nur die Radioaktivität einer Gesteinsprobe. Daraus dann ein Alter abzuleiten, gründet auf einer bestimmten Denkart, in die man eine Reihe theoretischer Annahmen einflechten muß. Das sich daraus ergebende Alter ist somit vollständig abhängig von der Richtigkeit der vorausgesetzten theoretischen Annahmen. Wir sehen das am deutlichsten bei den verschiedenen Uranium-Thorium-Blei-, der Rubidium-Strontium- und der Kalium-Argon-Methoden. Bei allen radiometrischen Methoden wird ein Mutterelement unter Abgabe von Alpha-, Beta oder Gammastrahlung allmählich in ein Tochterelement umgesetzt. Die Zeit, in der von einer willkürlichen Menge eines radioaktiven Elementes die Hälfte der Atome in Tochteratome umgesetzt wird, nennt man die Halbwertzeit; diese beträgt zum Beispiel für die Umsetzung von Kalium-40 etwa 1,3 Milliarden Jahre. Im Prinzip stellt man nur einfach für eine bestimmte Gesteinsprobe fest, in welchem Verhältnis die Mutter- und Tochterelemente vorkommen und berechnet daraus das Alter der Probe, ausgehend von folgenden Vorstellungen:

(a) Das Prozeßsystem ist geschlossen, d. h. es sind keine wesentlichen Substanzen des Gesteins verflogen oder versickert (was das Verhältnis der Elemente zerstören würde). Solche geschlossenen Systeme bestehen jedoch in der Natur gar nicht, und schon gar nicht über Zeiträume von Millionen von Jahren.

Das älteste Gestein, das nach der radioaktiven Datierungsmethode gemessen wurde, ist dieses Gestein aus West-Grönland (oben). Es soll etwa 3800 Millionen Jahre alt sein. Das feine Farbenspiel in der mikroskopischen Struktur von einem Brocken Olivin-Dolerit (unten): ein Beispiel basaltartigen Ergußgesteins von beeindruckender Schönheit.

(b) Die ursprünglichen Komponenten des Systems müssen bekannt sein, d.h. es ist sehr wichtig zu wissen, ob alles Tochtermaterial seit der Bildung des Gesteins aus dem vorhandenen Mutterelement entstanden ist. Wenn ein großer Teil des Tochterelementes schon von Anfang an im Gestein anwesend war, würde man auf ein viel zu hohes Alter schließen. Tatsächlich aber kann niemand auch nur eine einzige vernünftige Aussage über die ursprüngliche Zusammensetzung des Gesteins machen.

(c) Die Geschwindigkeit des Prozesses muß konstant sein oder höchstens auf bekannte Weise variieren. Tatsache ist aber, daß kein einziger Prozeß in der Natur völlig unabhängig ist von irgendeinem anderen natürlichen Prozeß, so daß, wenn bestimmte Faktoren variieren, sich auch die Prozeßgeschwindigkeit verändert. Doch wie die Veränderung in grauer Vorzeit vonstatten gegangen sind, ist uns zu wenig bekannt, so daß es praktisch unmöglich ist, das Alter von Gesteinsproben einigermaßen genau zu berechnen. Nun wirft man gerne ein, daß ganz verschiedene Methoden, auf ein und dieselbe Probe angewandt, doch ganz vergleichbare Resultate liefern.

Man bedenkt dabei aber nicht, daß systematische Fehler in den Annahmen sich bei verschiedenen Methoden gleichermaßen äußern können. Außerdem gibt es nicht viele Fälle, wo unabhängige Methoden gleiche Resultate zur Altersbestimmung für eine Gesteinsprobe erbringen. In sehr vielen Fällen haben sie sogar solch unterschiedliche Ergebnisse hinsichtlich des Alters hervorgebracht, daß man die aufgrund des Evolutionsmodells am wenigsten glaubwürdigen Zahlen verworfen hat. Außerdem sind die verschiedenen radiometrischen Methoden gar nicht wirklich unabhängig voneinander, so werden z.B. die Rubidium- und die Kaliummethoden gerade mit der Uraniummethode geeicht. Und alle diese Methoden zusammen werden schließlich an der evolutionistisch-geologischen Zeittafel gemessen. Wo ein Uraniumergebnis nicht mit der evolutionistischen Erdschichtendatierung übereinstimmt, wird das erste Ergebnis verworfen und nicht das zweite.

Es ist höchst interessant, die drei oben genannten Annahmen einmal im Lichte der Bibel zu betrachten. Die Bibel beschreibt nämlich einige Geschehnisse in der Vergangenheit, die von diesen Annahmen überhaupt nichts mehr übriglassen. Erstens erzählt die Bibel etwas über plötzliche Schöpfungsakte Gottes. Das

An vielen Stellen der Erde kann man die fantastischsten Felsenformationen antreffen wie hier in der Sinaiwüste (rechts). Manchmal stehen die Gesteinsschichten sogar aufrecht, wie hier. In Ergußsteinen können schöne Mineralien vorkommen wie in dem Torbernit (unten). Ihr Ursprung ist oft katastrophischer Art.

bedeutet, daß die Gesteine, die Ozeane und die Atmosphäre in einem Zustand entstanden, den wir jetzt unmöglich kennenlernen können. Die Anfangsmenge Helium in der Atmosphäre, die Menge Chemikalien und Wasser in den Ozeanen, das Anfangsverhältnis radioaktiver Elemente und ihrer Abfallprodukte, die Kraft des ursprünglichen magnetischen Feldes der Erde usw., können im Grunde genommen jeden nur denkbaren Wert gehabt haben.

Zweitens spricht die Bibel über mindestens eine gigantische Katastrophe, von der die Erde getroffen wurde. Diese Katastrophe wird „Sintflut" genannt. Später kommen wir noch ausführlich darauf zurück. Vielleicht spricht die Bibel sogar von mehreren größeren oder kleineren Katastrophen. Die Ursachen, die zu diesen Katastrophen führten, werden wir untersuchen, doch scheinen auf den ersten Blick außerirdische Ursachen nicht ausgeschlossen zu sein. Auf jeden Fall müssen solche Katastrophen gewaltige Veränderungen in den radioaktiven Prozessen und in der Zusammensetzung von Gesteinen, Ozeanen und der Atmosphäre bewirkt haben.

Den besten Beweis dafür, daß die radiometrischen Methoden als unglaubwürdig verworfen werden müssen, finden wir dort, wo ihre Resultate anhand von historischen Tatsachen überprüft werden können. Es gibt eine ganze Reihe von Fällen, wo man Radiometrie auf Gesteine angewandt hat, die erst vor kurzem entstanden waren, z.B. bei Vulkanausbrüchen. Hier stand das Alter der Gesteine, gegründet auf den historischen Tatsachen, im voraus mit Sicherheit fest. Dennoch lieferten die Resultate, gegründet auf die in den Proben vorhandenen Uranium-Blei-Verhältnisse, „Alter" von Milliarden von Jahren! Vulkanisches Gestein vom

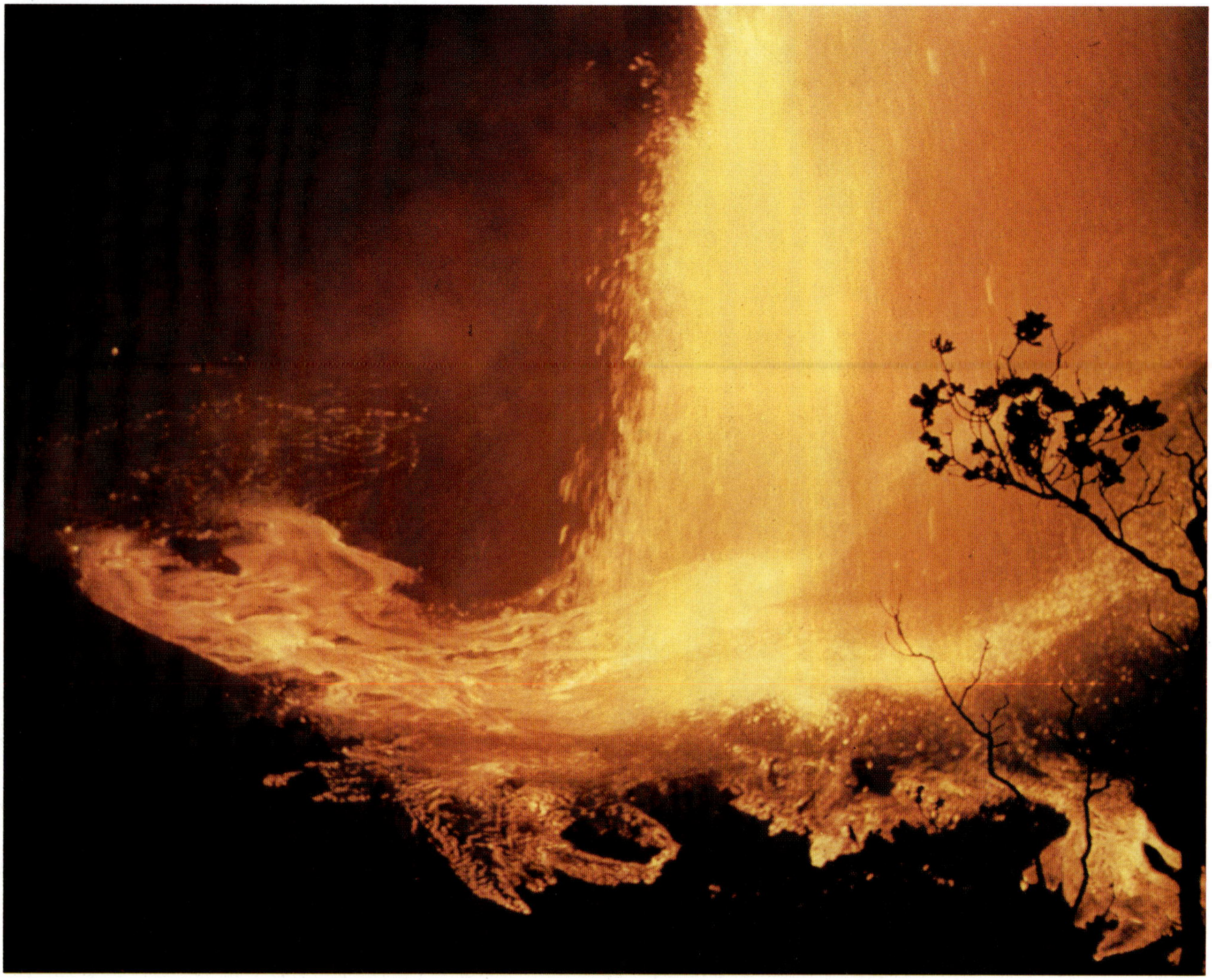

Durch einen Ausbruch in diesem Kilaueavulkan auf Hawaii, der noch regelmäßig aktiv ist, entstand vor etwa 200 Jahren ein Gestein, das also etwa 200 Jahre alt ist. Radiodatierungsmethoden haben jedoch Alter von etwa 22 Millionen Jahren erbracht! Bei Hualalei entstanden im Jahre 1801 Felsen, die nach diesen Methoden ein Alter von 160 bis 3000 Millionen Jahren ergaben!

Kilauea-Vulkan auf Hawai ist etwa 200 Jahre alt. Aber nach der angewandten Kaliummethode kam man auf ein „Alter" von 22 Millionen Jahren. Bei Hualalei entstanden im Jahre 1801 Felsen, mit der Kaliummethode wurde jedoch ein „Alter" von 160 Millionen bis 3 Milliarden Jahren ermittelt. Die Erklärung dafür ist, daß die Lava, als sie noch flüssig war, Argon aus der Luft aufnahm.

Die Radiokarbon-Datierungsmethode für lebendes (organisches) Material

Sowohl die Atmosphäre als auch die lebenden Organismen enthalten radioaktiven (C 14) und normalen Kohlenstoff (C 12) in einem bestimmten Verhältnis. In toten Organismen nimmt das C 14/C 12-Verhältnis allmählich ab, weil das vorhandene C 14 in C 12 zerfällt, mit einem Halbzeitwert von etwa 5730 Jahren. Aus dem in einem Fossil gefundenen C 14/C 12-Verhältnis würde man so das Alter dieses Fossils errechnen können, falls ein Gleichgewicht zwischen der Bildung und dem Zerfall von C 14 in der Atmosphäre bestünde. Dies ist aber nicht der Fall. Solch ein Gleichgewicht würde erst etwa 30 000 Jahre nach dem Einsetzen der C 14-Bildung erreicht werden. In dem Maße, wie die Bildungsgeschwindigkeit die Zerfallgeschwindigkeit übertrifft, kann man jedoch berechnen, daß unsere heutige Atmosphäre nicht älter als 10 000 Jahre sein kann und möglicherweise nicht einmal älter als 5000 Jahre (Man beachte: Die Atmosphäre ist nicht notwendigerweise genauso alt wie die Erde; die heutige Atmosphäre muß in dem Schöpfungsmodell nach der Sintflut datieren).
Außerdem hat sich gezeigt, daß praktisch alle gefundenen organischen Reste (auch

die, die nach der Evolutionslehre viele Millionen Jahre alt sind) mit dieser Methode datiert werden können und (nach dem korrigierten Nicht-Gleichgewichtsmodell) nicht älter sind als etwa sieben- bis zehntausend Jahre.
Der Erfinder der C 14-Datierungsmethode, der Evolutionist Dr. *Libby,* der den Nobelpreis dafür erhielt, sagt selbst: „Die Methode ist nicht brauchbar, um Alter von über 50 000 Jahren zu messen. Und in den dreißig Jahren, in denen wir uns mit dieser Methode beschäftigten, haben wir entdeckt, daß die Genauigkeit nach Meßwerten über 8000 Jahren stark abnimmt. Wenn wir darüber hinaus wollen, müssen wir fest annehmen können, daß die kosmische Strahlung konstant geblieben ist. Und das ist nicht sicher. Also ist die Methode lediglich bis 6000 v. Chr. ziemlich genau." Im korrigierten Modell wären es noch viel weniger als diese

8000 Jahre. – Ein anderer Sachkundiger auf diesem Gebiet ist *Dr. Melvin Cook,* ein Kreationist, der für den Nobelpreis vorgeschlagen wurde. Er sagte: „Es gibt viele Gründe dafür, daß die Methode nur brauchbar ist für die Bestimmung vom Alter bis 3000, höchstens 3500 Jahren."

Es entstehen unter dem Meeresspiegel durch Vulkanausbrüche regelmäßig neue Inseln, wie rechts eine der Vestmann-Inseln südlich von Island. Es wäre interessant, mittels radioaktiver Datierungsmethoden deren Alter zu bestimmen.
Unten: Der Erfinder der Radiokarbon-Datierungsmethode, der Nobelpreisträger Dr. W. Libby.

Anzeichen für eine junge Erde

Neben der Radiometrie gibt es etliche andere Methoden, die den Beweis für ein sehr geringes Alter der Erde erbringen. Einige davon sind zweifelsohne glaubwürdiger als die Radiometrie; andere haben direkt mit der Radiometrie selber zu tun, wie das erste Beispiel zeigt.
(1) *Helium in der Atmosphäre.* Bei der Umwandlung von Uranium oder Thorium in Blei werden Helium-Atomkerne (Alphateilchen) frei, welche Heliumgas an die Atmosphäre abgeben, und zwar etwa 300 000 Tonnen im Jahr.
Nun enhält die Atmosphäre etwa 3,5 Milliarden Tonnen Helium. Selbst wenn wir annehmen, daß all dieses Helium durch Radioaktivität entstanden ist, dann kommen wir doch nur auf ein Alter der Atmosphäre von etwas mehr als 10 000 Jahren! Man kann diese Tatsache nicht einfach dadurch umgehen, daß man behauptet, das meiste Heliumgas hätte sich der Anziehungskraft der Erde entzogen und sei ins All entwichen. Es gibt vielmehr starke Hinweise darauf, daß Helium nicht aus der Atmosphäre entweichen kann, sondern im Gegenteil fortwährend aus dem All in unsere Atmosphäre eindringt. Es scheint darum nur eine Schlußfolgerung möglich zu sein: unsere Atmosphäre ist sehr jung.

(2) *Meteoritenstaub.* Durch Experimente mit Erdsatelliten wurde ermittelt, daß jährlich Dutzende Tonnen Meteoritenstaub auf die Erde fallen; dieser Staub hat einen Nickelgehalt von 2,08 bis 2,80 %. Wenn unsere Erde 4,5 Milliarden Jahre alt sein würde, würden Dutzende bis Hunderte Tonnen Staub auf die Erde gefallen sein, und jeder Quadratmeter des Erdbodens wäre mit Dutzenden Metern Staub bedeckt. Außerdem kann man anhand des gesamten Nickelgehaltes in der Erdkruste feststellen, daß nur ein geringer Teil der vermeintlichen Menge nickelhaltigen Meteoritenstaubes auf die Erde gefallen ist, d.h. in einem winzigen Teil der vermeintlichen Periode von 4,5 Milliarden Jahren. Wie groß ist dieses Zeitteilchen? Nun, Flüsse bringen jährlich etwa 375 Millionen Tonnen Nickel zu den Ozeanen, und diese enthalten etwa 3500 Milliarden Tonnen davon. Wenn man

davon ausgeht, daß all dieser Nickel durch Flüsse dorthin gebracht wurde, würde dies innerhalb von 10 000 Jahren geschehen sein.

(3) *Ozeanchemie.* Derartige Berechnungen kann man mit vielen anderen, in den Ozeanen aufgelösten Chemikalien anstellen. Es liegt in der Natur der Sache, daß solche Berechnungen sehr voneinander abweichen, weil bei weitem nicht alle Chemikalien in den Ozeanen in gleichem Maße aus den Flüssen stammen, und weil ferner in der Vergangenheit (besonders, wenn wir an die Sintflut denken!) die jährlich herangebrachten Mengen sehr unterschiedlich gewesen sein können. So ergeben sich folgende Werte: Für Aluminium 100 Jahre, für Silizium 8000 Jahre, für Kupfer 50 000 Jahre, für Uranium 500 000 Jahre, für Silber 2,1 Millionen Jahre und für Magnesium 45 Millionen Jahre. In jedem Fall aber sind diese Zahlen weit entfernt von dem vermeintlichen Alter von 4,5 Milliarden Jahren. Das Gleiche gilt auch für die Menge der Sedimente auf dem Ozeanboden; an ihrer jährlichen Zunahme kann man berechnen, daß sie höchstens einige Dutzend Millionen Jahre alt sein können, wahrscheinlich aber viel jünger sind.

Dazu kommt, daß diese jährliche Zunahme von der Erosion der Landfläche der Erde herrührt. Man kann berechnen, daß die gesamte Landfläche der Erde

Der Rückgang der Wirkung des magnetischen Feldes um die Erde weist auch darauf hin, daß die Erde nicht älter als etwa 15 000 Jahre sein kann.

Dieser Barringer-Krater in Arizona (links) ist 1250 Meter breit und 175 Meter tief. Er ist durch den Einschlag eines gewaltigen Meteoriten entstanden. Wäre die Erde Millionen Jahre alt, müßte die Menge Meteoritenstaubes auf der Erde viel größer sein, als sie es tatsächlich ist.
Rechts: Schema der Erdatmosphäre mit den verschiedenen Schichten, jede Schicht mit anderen Wolkentypen und anderer Temperatur. Durch radioaktiven Zerfall in bestimmten Gesteinen wird fortwährend Helium an die Atmosphäre abgegeben. Man nimmt an, daß auch Helium aus dem All in unsere Atmosphäre hineingelangt ist durch den „Sonnenwind" und durch kosmische Strahlung. Trotzdem ist verhältnismäßig wenig Helium in der Atmosphäre. Das kann man nur erklären, wenn die Erdatmosphäre nicht Millionen, sondern nur Tausende Jahre alt ist. Auch das Nicht-Gleichgewicht zwischen gebildetem und auseinanderfallendem Radiokarbon in der Atmosphäre deutet darauf hin, daß diese nicht älter ist als etwa 10 000 Jahre.

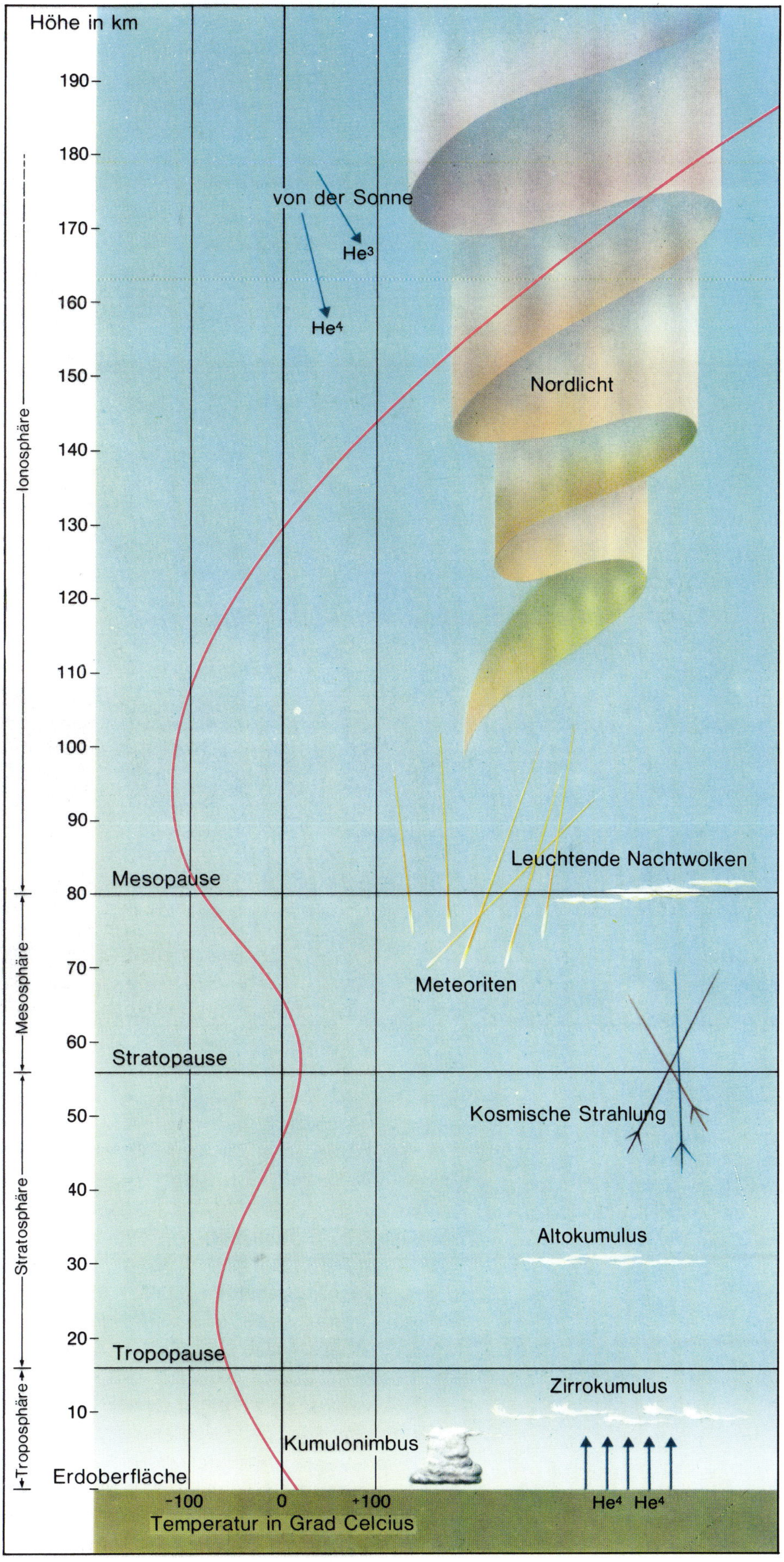

innerhalb von 14 Millionen Jahren bis auf Meeresspiegelhöhe wegerodiert sein würde, so daß unsere Erde um vieles jünger sein muß.
(4) *Erdmagnetismus*. Das Ergebnis von 140 Jahren sorgfältiger Messungen ist, daß die Intensität des erdmagnetischen Feldes mit einer Halbwertzeit von 1400 Jahren zerfällt. Zurückgerechnet würde das bedeuten, daß die Erde vor 10 000 Jahren ein magnetischer Stern und vor 52 000 Jahren ein Pulsarstern war! Das ist inakzeptabel und weist darauf hin, daß die Erde nicht viel älter sein kann als 10 000 Jahre. Man hat schon einmal versucht, sich dieser Schlußfolgerung zu entziehen, indem man Umkehrungen des erdmagnetischen Feldes in der Vergangenheit annahm; doch die manchmal vorhandenen Umkehrungen im Magnetismus von Gesteinen, die festgestellt wurden und die man gebraucht, um diese Auffassung zu

Im Laufe einiger Millionen Jahre, in denen nach der Evolutionstheorie Menschen auf Erden wohnen, müßte ihre Zahl, trotz aller Kriege und örtlicher Naturkatastrophen, jetzt etwa gleich sein mit der Zahl der Bakterien auf Erden. Das ist jedoch nicht der Fall. Dies deutet auf ein junges Alter des menschlichen Geschlechtes hin. Genaue populationsstatistische Forschungen weisen auch in diese Richtung.

unterstützen, kann man, wie sich gezeigt hat, einfacher durch physisch-chemische Prozesse erklären. Wer diese Schlußfolgerung bestreiten will, kann nur aufgrund der gleichen Annahmen, die von den Evolutionisten benutzt werden, ein viel höheres Alter für die Erde nachweisen. Übrigens: Die Abnahme des erdmagnetischen Feldes bedeutet zugleich eine Verringerung unseres Schutzes gegen kosmische Strahlung.
(5) *Populationsstatistik*. Berechnungen über die Wachstumsrate der Weltbevölkerung unter Zuhilfenahme der Verdoppelungszeit, der durchschnittlichen Familiengröße oder der jährlichen Zuwachsrate deuten darauf hin, daß die Menschheit etwa fünf- bis sechstausend Jahre alt ist (das ist die Zeitspanne von der Sintflut bis heute). Diese Art der Berechnung ist natürlich ungenau, zeigt aber auf jeden Fall deutlich, daß die Menschheit noch nicht Hunderttausende von Jahren auf der Erde existieren kann, denn dann müßten dort inzwischen genau so viele Menschen leben, wie es Bakterien gibt.
(6) *Mondforschung*. Man nimmt an, daß der Mond etwa genauso alt ist wie die Erde; darum dürfte man erwarten, daß wenn der Mond 4,5 Milliarden Jahre alt wäre, er seit langem erkaltet ist und deshalb auch kein magnetisches Feld mehr aufweist, wohl aber eine dicke Schicht Meteoritenstaub (vgl. Punkt 2; auf dem Mond gibt es keine Wind- und Wassererosion, so daß der Staub genauso liegenbleibt, wie er hinfällt). Aus Angst vor einer Staubschicht auf dem Mond von einigen Dutzend Metern Dicke wurde die erste Mondlandung lange Zeit hinausgeschoben. Die Mondforscher entdeckten jedoch, daß der Mond immer

Man meinte, daß man die Füße der Mondlandefähre mit großen Klappen versehen müßte, um zu verhindern, daß das Gerät im Staub wegsackt (oben). Wenn der Mond Millionen Jahre alt wäre, müßte der Raumstaub ja schließlich Dutzende Meter hoch liegen.
Unten: Öl und Erdgas liegen im Erdboden oft unter sehr hohem Druck gelagert. Wenn sie dort nicht einige Tausende, sondern Millionen von Jahren gelagert gewesen wären, würden sie in das Gestein aufgesogen sein.

noch eine starke Wärmeausstrahlung an seiner Oberfläche aufweist, ein magnetisches Feld hat und seismographisch aktiv ist (das bedeutet, daß der Mond noch einen flüssigen Kern hat. Demnach muß ein solch kleiner Körper wie er noch sehr jung sein); auch trägt er nur eine dünne Schicht Meteoritenstaub. Das stimmt überein mit Zehntausenden, nicht aber Milliarden von Jahren.

(7) *Geostatischer Druck,* d.i. der Druck von Erdschichten auf Material, das sich darunter befindet, wie Erdöl oder Erdgas. Dieser Druck ist so enorm, daß die Materialien, aus denen Öl entstand, sehr plötzlich und sehr tief begraben worden sein müssen. Es ist unmöglich, daß die Erdschichten während vieler Millionen Jahre unter diesem enormen Druck jene Materialien festgehalten haben könnten. Die Tatsache, daß wir überhaupt noch Gas- und Ölfelder haben, muß daher die Folge einer gigantischen Katastrophe sein, die nicht vor Millionen, sondern höchstens vor einigen Tausend Jahren stattgefunden haben muß.

(8) *Erkaltung der Erde.* Der Zeitraum, den der Globus benötigt hätte, um von einem flüssigen Zustand auf seine jetzige Temperatur abzukühlen, beträgt (ohne Radioaktivität) nur etwa 22 Millionen Jahre. Da radioaktive Elemente in der Erdkruste Wärme produzieren, vergrößert sich dieser Zeitraum auf 45 Millionen Jahre – aber auch damit sind wir noch unendlich weit entfernt von den Milliarden Jahren, die von den Evolutionisten postuliert werden. Wenn die Erde allerdings nicht im geschmolzenen Zustand ihren Anfang nahm, sondern mit einer viel niedrigeren Temperatur geschaffen wurde, wird diese Zahl von 45 Millionen Jahren natürlich sehr viel kleiner.

(9) *Radioaktive Halos.* Das sind ringförmige Zonen, die durch Strahlungsschäden in Gesteinskristallen entstanden sind. Diese Zonen werden von äußerst kleinen Mengen radioaktiver Elemente umgeben wie Uranium, Thorium und Polonium, die anhand der Form der Halos leicht identifiziert werden können. Die Halbwertzeiten der drei radioaktiven Formen (Isotopen) von Polonium sind jedoch äußerst niedrig, während Poloniumhalonen auf der ganzen Erde in Gesteinsschmelze sehr oft vorkommen. Doch wie ist es überhaupt möglich, daß solche Halos existieren, wo radioaktives Polonium doch schon längst verschwunden gewesen sein muß zu der Zeit, wo das Magma genügend abgekühlt war, um Kristallbildung zu ermöglichen? Dies deutet darauf hin, daß solche Gesteinsschmelze, aus der die ursprüngliche Erdkruste bestand, plötzlich entstanden ist (d.h. erschaffen wurde) – und daß solche Gesteine überall vorkommen, ist ein deutlicher Hinweis darauf, daß die ganze Erde in einem Augenblick geschaffen wurde.

Schlußfolgerung

Es gibt viele Gründe für die Annahme, daß die Erde ziemlich jung ist, vielleicht nicht älter als zehn- oder fünfzehntausend Jahre. Dabei wurde sie nicht allmählich, sondern in sehr kurzer Zeit in ihren jetzigen Zustand versetzt. Das geringe Alter der Erde unterstützt die Hinweise, daß auch unser Sonnensystem, ja das ganze Universum viel jünger ist, als vielfach angenommen wurde. Schon allein das geringe Alter der Erde würde genügen, um die Evolutionstheorie zurückzuweisen, weil die Evolutionisten doch selber davon ausgehen, daß die Entstehung des Lebens auf Erden Milliarden von Jahren gebraucht hat. Auf einem Globus von nicht mehr als 15 000 Jahren Alter kann es nicht anders sein, als daß die verschiedenen Lebensformen alle etwa zur gleichen Zeit oder kurz nacheinander, und nach Arten voneinander getrennt, entstanden sind – und das ist das Zeugnis der Bibel, das wir nun weiter erforschen wollen.

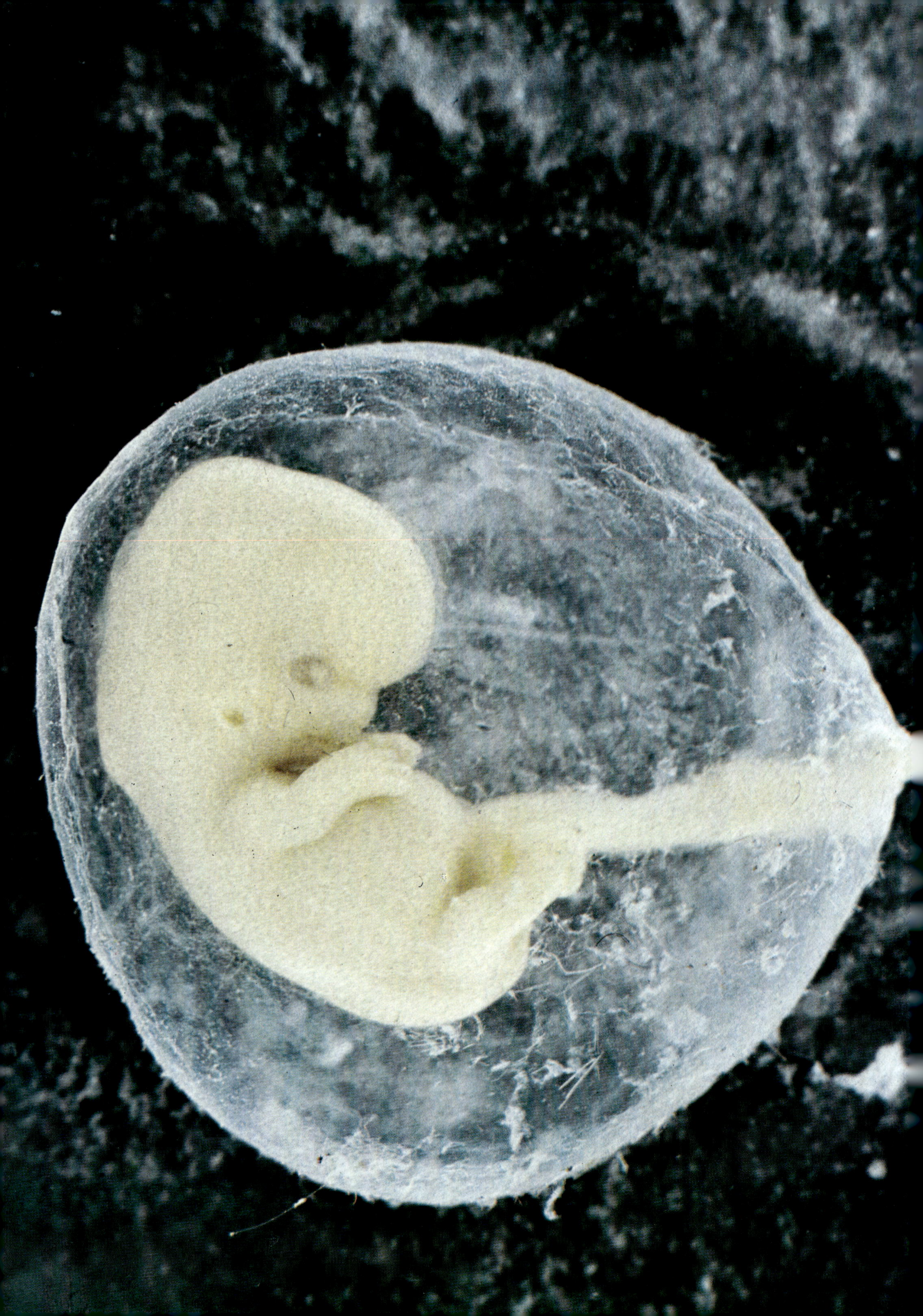

Vom Ursprung des Lebens

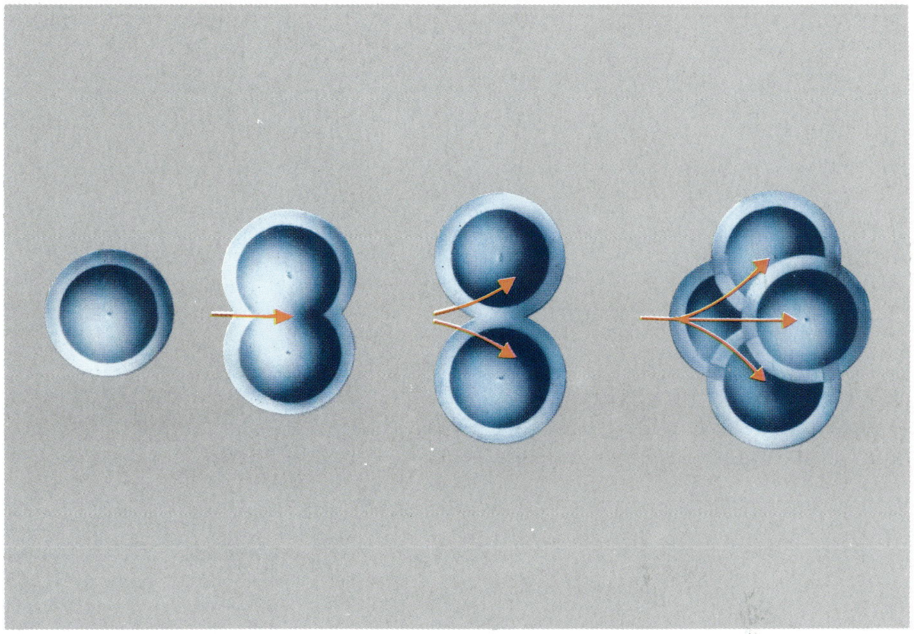

Dieses menschliche Embryo (links) ist 40 Tage alt. Das menschliche Leben, und eigentlich alles Leben auf Erden, ist einzigartig. Ein junger menschlicher Embryo ist nicht einfach ein Häufchen Schleim, das man achtlos wegwerfen kann. Sogar in einem sehr frühen Stadium kann man schon Hände, Füße und Augen unterscheiden. Das Leben wächst durch Zellteilung (rechts). Innerhalb von etwa 20 Minuten teilen sich die embryonalen Zellen. Dabei werden Kopien der Information, die im Zellkern gelagert ist, an Millionen Zellen weitergegeben, die während der embryonalen Entwicklung entstehen.

Die Enstehung eines jeden neuen Menschenlebens ist atemberaubend schön. Wenn die Befruchtung der Eizelle durch die Samenzelle stattgefunden hat, beginnt das Wunder der Zellteilung. Die Zellen teilen sich selbständig, so daß bereits nach einigen Tagen, für das bloße Auge sichtbar, lebendiges Gewebe zu erkennen ist. Etwa 21 Tage nach der Befruchtung ist das Embryo vier Millimeter lang und zwei Millimeter breit und hat im wesentlichen schon die Form eines menschlichen Wesens. Zwei Monate nach der Befruchtung hat sich das Gesicht schon ganz gebildet, und auch die Arme, Beine, Hände, Füße und Zehen sind teilweise vorhanden. In der zwölften Woche der Schwangerschaft sind alle Gliedmaßen ausgebildet. Die Fingernägel formen sich, und der Geschlechtshügel zeigt einen Unterschied in der Form. In vielen Ländern, auch in unserem Land, wird es heute erlaubt, daß solche Kinder zerstückelt aus der Gebärmutter entfernt werden. Leben, das wir nicht selber machen können, wird getötet. Abtreibung nennt man das. Wo dieser Mord verhindert wird, setzt sich die Entwicklung des Kindes fort – vier Monate, sechs Monate , bis neun Monate vorüber sind. Dann kommt der großartige Augenblick – die Geburt. So entsteht neues Leben beim Menschen, und so geschieht es im Prinzip auch in der Tierwelt.
Wir wollen noch einmal zum Anfang zurückkehren. Es begann mit der Zellteilung. Zellen teilten und vermehrten sich schnell. Diese Zellen wiederum begannen, Gewebe zu bilden, aus dem Muskelfleisch wurde oder Knorpel, Hirngewebe oder Haut. Woher „wissen" die Zellen, was sie zu tun haben? Woher „wissen" sie, welchen Platz sie schließlich im Körper einnehmen sollen? Sie wissen das

anscheinend sehr gut, denn alles kommt an die richtige Stelle. Zellen verfügen über „Kenntnisse", d.h. sie tragen Informationen in sich, die ihre Entwicklung in Zeit und Raum zu steuern vermögen.
Wir wollen uns eine solche Zelle etwas näher ansehen. So eine kleine Zelle ist eine unglaublich komplizierte Struktur, mit allerlei inwendigen „Orgänchen", die perfekt zusammenarbeiten, damit die Zelle funktioniert. Jede Zelle nimmt Nahrung auf und scheidet Abfallstoffe aus, besitzt also ein Stoffwechselsystem, und vermehrt sich durch Zweiteilung. In der Mitte der Zelle liegt der Zellkern. Dort ist die Information (oder wenigstens ein Teil davon) verborgen, die die Zelle benötigt, um zu wissen, was sie tun muß, und wie, wo und wann sie es tun muß. In diesem Zellkern liegen die Chromosomen. Chromosomen sind lange Schleifen,

Der Mensch ist die Krone von Gottes Schöpfung, nach seinem Bildnis gemacht. Die geistige Kluft zwischen ihm und der Tierwelt ist sehr tief. Der wesentlichste Unterschied liegt darin, daß der Mensch ein vernünftiges und sittliches Wesen ist, das seinem Schöpfer gegenüber verantwortlich ist. Wie Michelangelo sich die Erschaffung des Adam vorstellte, kann man an der Decke der Sixtinischen Kapelle des Vatikans in Rom sehen (oben).

deren wichtigster Bestandteil die sogenannte DNS (Desoxyribonukleinsäure) ist. Sie ist die eigentliche „Erbmasse", in der die Erbfaktoren eingeschlossen sind. Ein DNS-Molekül sieht schematisch etwa so aus wie eine verdrehte Leiter. Bei der Zellteilung zerfällt diese „Leiter" längsseits in zwei Teile, und jede Hälfte bildet eine neue zweite Hälfte. Diese Ketten tragen die für die Zelle notwendige Information. Chromosomen bestehen also aus Molekülen, und jedes Molekül besteht natürlich aus einer Reihe von Atomen. Die weitaus meisten Moleküle, die in lebendigen Zellen gefunden werden, bestehen aus Verbindungen von diesen sechs Atomen: C = Kohle, H = Wasserstoff, O = Sauerstoff, N = Stickstoff, P = Phosphor und S = Schwefel.

So sind wir unter Zuhilfenahme von Mikroskopen und allerlei technischem Wissen zum Kern des Lebens vorgestoßen und entdecken: es besteht lediglich aus einigen chemischen Elementen bzw. Atomen, also aus lebloser Materie. Wir haben „entdeckt", daß das Leben aus leblosem Material besteht. Das ist, was übrigbleibt, wenn wir die Zellen des Menschen auseinanderpflücken. In gewissem Sinne ist dies auch das Zeugnis der Bibel, denn sie sagt (1. Mose 2,7): „Da machte Gott der Herr den Menschen aus Erde vom Acker" und: „Erde bist du" (1. Mose 3,19). Aber ist Leben nicht etwas anderes als Erde? Ein toter Körper, eine Leiche, besteht wohl noch aus denselben Chromosomen, denselben Molekülen, denselben Atomen. Nur ... es geschieht nichts mehr, das Leben ist daraus geschwunden. Die Zellen und das Gewebe sind desorganisiert. Das Herz schlägt nicht mehr, die Augen sehen nicht

mehr, das Leben ist gewichen. Wie war dieser Mensch, und wie ist die ursprünglich leblose Materie jemals lebendig geworden?
1. Mose 2,7 sagt: „Da machte Gott der Herr den Menschen aus Erde vom Acker ... und blies ihm den Odem des Lebens in seine Nase. Und so ward der Mensch ein lebendiges Wesen." Das Leben, der unbekannte, unergründliche Faktor X, ist von Gott gegeben. Er, die ewige Quelle des Wissens, des Lichtes und des Lebens hat einen Teil seiner selbst mit dem Staub der Erde verknüpft. Gottes Atem traf die leblose Materie; Teile seines Wissens wurden als Information leblosen Atomen und Molekülen zuteil, und siehe da: es bildeten sich lebendige Zellen mit Chromosomen, die sich so organisieren, daß sie sich teilen; sie nehmen auf, sie scheiden aus, sie „leben"!

Das Pflanzenleben entstand bereits am dritten Tag (oben). In allem Leben ist die DNS (rechts) der Träger der Erbfaktoren. Im DNS-Molekül liegt die Reihenfolge der zu produzierenden Eiweißstoffe fest, programmiert in der Reihenfolge der vier Basen in der „Helix". Diese Information wird kopiert durch den Botschafter - RNS (gebildet durch den Nukleus). Dieser bildet eine lange Kette, die den Kern verläßt, um in einer Ribose („Eiweißfabrik") seinen Code zu übersetzen, unter Zuhilfenahme des Transfer-RNS, welches die Aminosäuren, die Bausteine der Eiweißstoffe anliefert. Jeder Typ Transfer-RNS führt seine eigene Aminosäure mit. Diese reihen sich zu Eiweißstoffen aneinander und rollen sich anschließend zusammen.

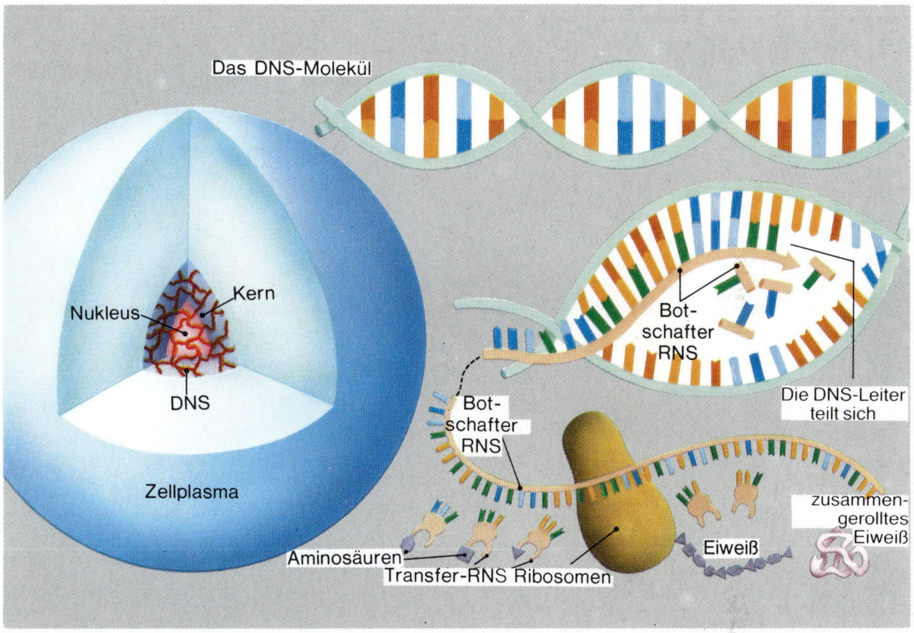

So erklären Christen und Juden, die beide glauben, daß die Bibel Gottes Wort ist, die Geschichte von der Entstehung des Lebens.
Das Leben entsteht schon am dritten Schöpfungstag: „Und Gott sprach: Es lasse die Erde aufgehen Gras und Kraut, das Samen bringe, und fruchtbare Bäume auf Erden, die ein jeder nach seiner Art Früchte tragen, in denen ihr Same ist. Und es geschah so. Und die Erde ließ aufgehen Gras und Kraut, das Samen bringt, ein jedes nach seiner Art ud Bäume, die da Früchte tragen, in denen ihr Same ist, ein jeder nach seiner Art. Und Gott sah, daß es gut war. Da ward aus Abend und Morgen der dritte Tag" (Vers 11-13).

Licht und Leben

Am ersten Sonntagmorgen der Weltgeschichte sprach Gott: „Es werde Licht" - und es ward Licht (1. Mose 1,3). Welches Volk des Altertums wäre je auf den Gedanken gekommen, über Licht auf Erden zu reden, ehe die Sonne da war? Für uns ist das kein Problem, jetzt, wo wir so vertraut sind mit vielen anderen Formen der Lichtproduktion (sowohl in der Natur als auch in den Laboratorien), ohne die Sonne.
Das Licht, über das am ersten Schöpfungstag gesprochen wurde, kam offenbar aus einer bestimmten Quelle, oder sagen wir: aus einer bestimmten Richtung. Das ist wenigstens zu vermuten, wenn wir bedenken, daß auch vor dem Erscheinen der Sonne in der Bibel von einem Wechsel zwischen Tag und Nacht die Rede ist. Wenn das Licht von einer bestimmten Seite kam und sich die Erde (was auf der Hand

Neben dem Licht der uns bekannten Planeten, kennt die Bibel auch das Licht, das am ersten Tag geschaffen wurde. Nun kennen wir heute immer noch Lichtformen, die von Lichtträgern unabhängig sind, wie zum Beispiel Elektrizität (Gewitter). Es erscheint nicht unwahrscheinlich, daß das Licht des ersten Schöpfungstages von einem bestimmten Punkt ausging, weil von Anfang an ein Unterschied zwischen Tag und Nacht bestand. Dieses Licht stand auch den Pflanzen am dritten Tag zur Verfügung.

liegt) von Anfang an um ihre Achse drehte, ist es deutlich, daß schon immer eine Seite des Globus im Licht und eine im Schatten war: „Und Gott sah, daß das Licht gut war. Da schied Gott das Licht von der Finsternis und nannte das Licht Tag und die Finsternis Nacht. Da ward aus Abend und Morgen der erste Tag" (1. Mose 1,4 + 5).

Damit waren wichtige Bedingungen für die Existenz von Leben auf der Erde geschaffen: Licht und Wärme. Die dritte Bedingung für das Leben auf der Erde ist das Firmament, und dieses erscheint denn auch am zweiten Schöpfungstag (Vers 6–8). Es war ein ganz besonderes Firmament, doch darüber mehr am Ende des Kapitels.

„Und Gott sprach: Es sammle sich das Wasser unter dem Himmel an besondere Orte, daß man das Trockene sehe. Und es geschah so. Und Gott nannte das Trockene Erde, und die Sammlung der Wasser nannte er Meer. Und Gott sah, daß es gut war" (Vers 9 + 10).

Dies ist eine vierte notwendige Vorbedingung für die Erschaffung des Lebens und des Menschen. Von der Warte der Menschen aus gesehen ist das Land der wichtigste Lebensraum, und dieses Land tritt nun aus den Wassern hervor.

Wenn wir hierzu Vers 2 heranziehen, sehen wir deutlich, daß 1. Mose 1 uns die Wasser als auf dem Globus ruhend vorstellt. Durch den Zusammenfluß der Wasser ausgelöst durch das Absinken von Teilen der Erdkruste kam die Erdkruste selbst als trockenes Land zum Vorschein. Auch dies ist eine Darstellung, die als vorwissenschaftliche Information mit unserem heutigen Modellbild harmonisiert,

Am dritten Schöpfungstag machte Gott eine Trennung zwischen den Wassern und dem Festland, damit das trockene Land zum Vorschein kommt (rechts). Der Ausdruck in der Bibel „Die Wasser unter der Erde" besagt lediglich, daß der Meeresspiegel niedriger ist als die Erdoberfläche und kann nicht zum Anlaß genommen werden, der Bibel ein sogenanntes „Drei-Etagen-Weltbild" anzuhängen. An demselben Tag, wo das trockene Land zum Vorschein kommt, befiehlt Gott der Erde: „Es lasse die Erde aufgehen Gras und Kraut, das Samen bringe, und fruchtbare Bäume auf Erden, die ein jeder nach seiner Art Früchte tragen, in denen ihr Samen ist. Und es geschah so" (1. Mose 1,11).

doch auf keinen Fall mit den primitiven Weltbildern des Altertums, die oft genau die umgekehrte Vorstellung vertraten: die Erde würde auf dem Wasser des Weltozeans dahintreiben (siehe Kap. 1 und 2). – Es gibt einen weiteren interessanten Aspekt in unserem Text. Die verwendeten Worte lassen den Eindruck entstehen, daß im Anfang alles Land ein Ganzes, einen Kontinent bildete. Es ist die Rede von „dem Trockenen" (Singular) und von einem Zusammenfluß des Wassers „an einer Stelle", d.h. zu einem Ozean, der den Kontinent umgab.
In der Tat finden wir in den Erdschichten Hinweise dafür, daß während der frühesten Erdgeschichte die Kontinente, wie wir sie heute kennen, ein Ganzes bildeten und erst später auseinandergeschoben wurden. Wir kommen später darauf zurück (Kap. 10). – Am vierten Tag erscheinen die Sonne, der Mond und die Sterne als Lichtträger am Firmament in ihren spezifischen Funktionen, die sie für die Erde haben (siehe Kap. 1). Obwohl Sonnenlicht für das Wachstum der Pflanzen unentbehrlich ist und die Pflanzen schon einen Tag vor der Sonne entstanden waren, ist dies kein Problem, wenn wir dabei an der buchstäblichen Auslegung von den „Tagen" festhalten. Die Pflanzen waren dann nur eine Nacht vom vierten Tag entfernt und hatten außerdem das Licht des ersten Tages. Im übrigen wird unter den Funktionen der Himmelskörper eine für das Wachstum von Pflanzen nicht erwähnt; wohl aber werden die Himmelskörper in ihrer Bedeutung für die Einteilung von Jahreszeiten und Jahren genannt, was auch für Saat und Ernte von Bedeutung ist.

Der Evolutionist stellt sich die Entstehung des Lebens etwa folgendermaßen vor: in einer chemischen Ursuppe entstanden, unter anderem durch Einfluß von Sonnenbestrahlung und Gewitterentladungen, primitive Bausteine des Lebens. Diese klebten zusammen, so daß die erste lebende Zelle entstand. Zellgruppen entstanden und bildeten mehrzellige pflanzliche und tierische Organismen. Primitives Pflanzenleben ließ durch Photosynthese eine Atmosphäre entstehen.

Der Urschleim

Wir haben bisher aus der Vogelperspektive die günstigen Umstände betrachtet, unter denen Leben auf der Erde entstand. Wie erzählen nun Menschen, die an das Zusammenwirken von Zufall und Zeit glauben, das heißt an Evolution, die Geschichte des Lebens? Sie sagen: Vor ein paar Milliarden Jahren gab es auf der damals noch jungen Erde eine völlig andere Atmosphäre als heute: ohne Sauerstoff, aber mit Methan, Ammoniak, Wasserstoff und Wasserdampf. Durch ultraviolette Strahlung, durch elektrische Entladung, durch eine anhaltende Bombardierung mit stark geladenen Teilchen entstehen Moleküle (wie z.B. Zucker), Aminosäuren und Teile der DNS. Immer mehr solcher Teilstückchen haften aneinander und bilden immer größere Moleküle und Ketten von Molekülen. Danach fügen sich diese Riesenmoleküle aneinander, bis ein primitves Zellstadium erreicht ist. Schließlich nehmen diese aneinander hängenden gelatineartigen Protozellen wieder andere Moleküle auf, die in Kombination mit diesen geleeartigen Substanzen zu einem bestimmten Zeitpunkt zum ersten Mal anfangen, „schöpferisch" tätig zu sein. So entstehen dann die ersten lebendigen Zellen, die sich von dem ernähren, was in dem Urschleim an Molekülen übriggeblieben ist. Schon bald entstehen auch photosynthetische Zellen, das sind Zellen, die anfangen, in der Atmosphäre Sauerstoff zu bilden. Sauerstoff ist für fast alles Leben auf Erden notwendig. Dieser Sauerstoff und der Stoffwechsel der ersten Zellen zerstören die primitiven Moleküle und verwandeln die Uratmosphäre in jene, die wir heute

kennen. Nachdem die Evolution des Lebens einmal begonnen hatte, konnte sie sich niemals wiederholen.
Wie groß ist nun die Möglichkeit, daß in dem angenommenen „Urschleim" des Urozeans durch Zufall und große Mengen Zeit das Leben von selbst entstehen konnte? Wir wollen dazu eine einfache Bakterie näher betrachten. Eine einzige Bakterie enthält etwa 1500 verschiedene Enzyme. Enzyme sind Eiweißstoffe, die aus hunderten verschiedener Aminosäuren aufgebaut sind. Die so verschiedener Aminosäuren müssen genau in der richtigen Reihenfolge geordnet sein. Die Chance, daß aus 200 Aminosäuren, von denen zudem 20 verschieden sind, durch Zufall ein bestimmtes Eiweiß entsteht, ist 1 : 200!
Also unvorstellbar gering. Und dann haben wir erst eines der 1500 benötigten

Schon im vorigen Jahrhundert bewies Pasteur, daß Leben nicht aus lebloser Materie entsteht (rechts). Er kochte eine Brühe in einem speziell entworfenen gläsernen Gefäß. Es hatte einen gebogenen Hals und eine offene Verbindung mit der Außenluft, war jedoch so konstruiert, daß keine Mikroben von außen in die Brühe gelangen konnten. Die Brühe blieb vollkommen klar; es entstand kein Leben aus lebloser Materie.
Unten: Eine normale Bakterie enthält schon etwa 1500 verschiedene Enzyme. Enzyme sind Eiweißstoffe, die aus Hunderten von Aminosäuren aufgebaut sind, die alle (es gibt zwanzig verschiedene Sorten) genau in der richtigen Reihenfolge geordnet sein müssen. Ein kleines Rätsel: wie groß ist die Chance, daß durch Zufall eine Bakterie entsteht?

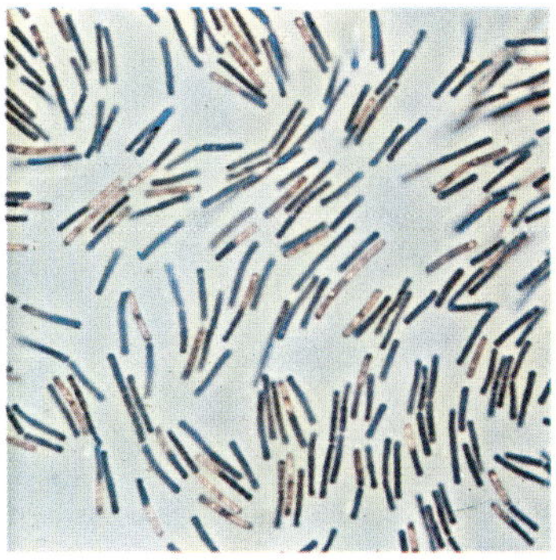

Enzyme! So würden für den Ursprung einer einzigen lebendigen Zelle Milliarden Kilo eines jeden der vielen verschiedenen Eiweißstoffe und DNS-Moleküle nötig sein. Das bedeutet, daß nach der Wahrscheinlichkeitsrechnung dies in der Praxis völlig ausgeschlossen ist.
Vor einigen Jahrhunderten war man allgemein der Überzeugung, daß noch immer solches Leben spontan entsteht; man bezeichnet diese Auffassung als Theorie der spontanen Generation". So glaubte man, daß beispielsweise Fliegen aus faulendem Fleisch und Mäuse aus feuchten Lumpen entstehen könnten. Es dauerte zwei Jahrhunderte, bis die Gegner dieser Theorie überwogen. Man führte immer wieder neue Experimente durch, die bewiesen, daß, wenn man nur die richtigen Sicherheitsvorkehrungen traf (z.B. dafür sorgte, daß Fliegen keine Eier auf dem Fleisch ablegen konnten), keine Rede sein konnte vom Entstehen neuen Lebens. Als schließlich Louis Pasteur eine Brühe abkochte, sie anschließend in einem Behälter luftdicht verschloß, um einer neuen Verschmutzung durch Mikroben vorzubeugen, und damit bewies, daß unter diesen Umständen die Brühe vollkommen klar blieb, griffen die Anhänger der „spontanen Generation" zu ihrer letzten Waffe: Sie behaupteten, daß kein „Phlogiston" in die Brühe gelangen konnte, was für die Entstehung neuen Lebens notwendig sei. Daraufhin konstruierte Pasteur ein gläsernes Gefäß, auf dessen Oberseite sich ein langes offenes Rohr befand, welches derart gebogen war, daß zwar die Luftzirkulation

endgültig entschieden: es entsteht kein Leben aus lebloser Materie. Doch nun das Paradoxe an der Sache: In der Tat ist heute praktisch jedermann davon überzeugt, daß jetzt kein Leben spontan aus lebloser Materie entsteht, dennoch sind die meisten Menschen aber ebenso davon überzeugt, daß dieses vor einigen Milliarden Jahren wohl geschehen ist! Auch die Anhänger der Evolutionslehre begreifen natürlich, daß es ziemlich inkonsequent ist, anzunehmen, daß das Leben auf Erden einmal spontan entstanden sei, während man gleichzeitig glaubt, daß dies heute unmöglich ist. Um diese Inkonsequenz aufzulösen, hat man, wie wir bereits sahen, erklärt, daß sich die Umstände vor einigen Milliarden Jahren dermaßen von den heutigen Umständen unterschieden, daß das spontane Entstehen von Leben damals sehr wohl möglich war. Der wichtigste Unterschied, den man anführt, ist, daß die Atmosphäre, in der das erste Leben entstanden sein soll, keinen Sauerstoff enthielt (weil dieser mit hoher Wahrscheinlichkeit eventuell entstandene, organische Verbindungen durch Oxydation zerstört hätte). Doch das ist Spekulation, und außerdem gibt es starke Beweise gegen eine sauerstofflose Uratmosphäre. In den fünfziger Jahren fand die Arbeit von *Stanley Miller* großes Interesse. Er ahmte diesen angenommenen Urzustand im Labor nach, und es gelang ihm, aus Methan, Ammoniak, Wasserstoff und Wasserdampf bestimmte Moleküle herzustellen, die wichtige Bausteine des Lebens sind, indem er in diesem Gemisch elektronische Entladungen zuwege brachte. Die dadurch entstandenen Moleküle fing er sofort auf in einer Art „Falle", weil sonst die elektrischen Entladungen, die die Molekülbildung hervorriefen, sie auch augenblicklich wieder zerstört hätten. Wäre diese „Falle" nicht gewesen, wäre auf diese Art alles, was entstand, sofort wieder zerstört worden. Das ist auch genau das, was in der Natur mit solchen Molekülen geschehen würde, auch wenn man von einer idealen Uratmosphäre ausgeht.

Dazu kommt Folgendes:

Millers Experiment ließ nicht allein Moleküle entstehen, die wichtige Bausteine für das Leben sind, es bildeten sich auch gleichermaßen Moleküle, die sehr zerstörerisch auf Leben einwirken (sogenannte links- und rechtsdrehende Moleküle).

Kurz gesagt, Millers Experimente machten die Frage nach dem Ursprung des Lebens für die Evolutionisten nicht einfacher, sondern wesentlich komplizierter. Viele haben diese Experimente als einen Beweis dafür angesehen, daß das Leben spontan entstanden ist. So, wie das Formen eines Ziegelsteines aber noch endlos vom Bau einer Kathedrale entfernt ist, sind auch die entstandenen organischen Moleküle endlos weit von der Präzision einer lebendigen Zelle entfernt. Selbst wenn es die heutigen Biochemiker mit vereinten Kräften schaffen würden (sofern das überhaupt möglich wäre), etwas zu schaffen, was dem Leben ähnlich ist, würden sie damit ihren Standpunkt nicht bewiesen haben. Im Gegenteil: sie würden lediglich beweisen, daß Leben aus Materie und Energie nur unter Zuhilfenahme größter Intelligenz und allerhöchster technischer Fertigkeit bereitet werden kann. Doch das ist ja genau das, was die Kreationisten sagen: Das Leben konnte nur entstehen aus Materie plus Energie plus Intelligenz.

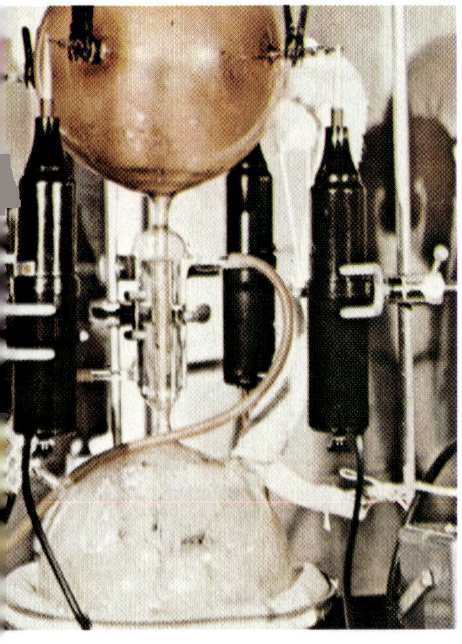

In dieser Apparatur (links) gelang es dem Amerikaner Stanley L. Miller, in den fünfziger Jahren einige Moleküle entstehen zu lassen, die wie Aminosäuren wichtige Bausteine für das Leben sind. Er ahmte eine vermeintliche Uratmosphäre nach und ließ darin elektrische Entladungen stattfinden, wobei er dafür sorgte, daß die Aminosäuren nicht wieder sofort auseinanderfallen konnten (was in der Natur sofort geschehen würde). Die Struktur einer Aminosäure ist so kompliziert wie vergleichsweise die Architektur einer Kathedrale.

Leben auf dem Mars und die Entropie

Die evolutionistische Behauptung, daß das Leben „von selbst" entsteht, wenn nur genügend Zeit und günstige Umstände zur Verfügung stehen, bekam besondere Bedeutung, als sich die Möglichkeit auftat, auf dem Planeten Mars nach Leben zu forschen. Soweit wir wissen, ist außer auf der Erde bei keinem weiteren Himmelskörper die Möglichkeit für Leben so groß wie auf dem Mars. Die Umstände sind dort in vieler Hinsicht mit denen auf der Erde vergleichbar, und eigentlich hat man durch die Forschungen mit den *Vikings* (Raumfahrzeugen, die das Leben auf dem Mars erkundeten) noch günstigere Umstände entdeckt, als man bis dahin schon vermutete. Auch nahm man an, daß der Mars etwa genau so alt sei wie die Erde, also 4 bis 5 Milliarden Jahre. Nun wurde immer gesagt, daß nach soviel Zeit unter den vorhandenen günstigen Umständen wohl Leben entstanden sein müsse (weil die Entstehung des Lebens doch ein natürlicher Prozeß sei ...). Von daher war die Spannung groß, mit der man die Resultate der Vikingforschung erwartete. Stand doch auch für die Evolutionisten einiges auf dem Spiel. Dr. *Harold Klein,* der Leiter des biologischen Programms der Vikingforschung, sagte schon vor dem Start der Raumfahrzeuge unumwunden, wenn man auf dem Mars kein Leben antreffen würde, müßte die gesamte Evolutionslehre drastisch überprüft werden. Dann würde es deutlich werden, daß eben nicht selbstverständlich Leben entsteht, wenn nur genügend Zeit und günstige Umstände zur Verfügung stehen.

Rechts: Ehe die Viking-Raumsonden auf dem Planeten Mars landeten, erwartete man, dort Leben zu finden. Die Umstände waren schließlich mit denen auf der Erde zu vergleichen. Die Resultate waren negativ.

Nun, das Ergebnis der Marsforschung ist allgemein bekannt. Im Juni 1977 veröffentlichte die NASA einen Bericht, in dem zugegeben wurde, daß die Forschungen nur eine Schlußfolgerung zuließen: Es gibt kein Leben auf dem Mars. Damit dürfen wir nun Ausschau halten nach einer drastischen Revision der Evolutionslehre ...

Was müßte denn revidiert werden? Einfach dies: Es sind überhaupt keine günstigen Umstände denkbar, in denen Leben „von selbst“ entstehen würde, weil es nämlich gar nicht spontan entstehen kann. Die Entstehung einer lebendigen Zelle auf natürlichem Wege aus lebloser Materie (auch über eine Vielzahl von Etappen) ist eine Theorie, die im Widerspruch zu den fundamentalsten Gesetzen der Naturwissenschaft steht. Eine lebendige Zelle besitzt einen sehr viel höheren Ordnungsgrad, größere Komplexität und viel mehr Informationsinhalt als leblose Materie. Wir haben schon gesehen, daß die Wahrscheinlichkeitsrechnung das zufällige Entstehen einer lebendigen Zelle praktisch ausschließt. Doch gibt es Naturgesetze, die solch ein spontanes Entstehen auch prinzipiell ausschließen. Für die Entstehung einer lebendigen Zelle müßte leblose Materie sich nämlich spontan „hochorganisieren“ zu viel höheren Ordnungsgraden, größerer Komplexität und vermehrtem Informationsinhalt. Es gibt jedoch ein eisernes Naturgesetz (wir begegneten ihm vorher schon als dem zweiten Hauptsatz der Thermodynamik), das besagt, daß Materie sich niemals von selbst hochorganisiert, sondern im Gegenteil

Entropie. Dieses Hauptgesetz sagt also, daß in einem System, das sich selbst überlassen wird, die Entropie immer mehr zu- und nicht abnimmt (siehe auch Kap. 1). Das aber steht fundamental im Widerspruch zu den Behauptungen der Evolutionisten über die Entstehung des Lebens.
Evolutionisten, die sich des thermodynamischen Problems bewußt sind und dennoch an eine spontane Entstehung des Lebens glauben, werfen oft ein, daß das Entropiegesetz für ein „geschlossenes System" definiert sei (d.h. daß kein Energieaustausch mit der Umgebung stattfindet), während die Erde ein „offenes System" ist, das einen fortwährenden Energiezufluß von der Sonne erhält. Das ist vollkommen richtig. Nur, in der Natur gibt es gar kein geschlossenes System, obwohl wir überall die Richtigkeit des Entropiegesetzes bestätigt sehen. Das

Leben kann nicht spontan entstehen. Das zweite Hauptgesetz der Thermodynamik besagt, daß Ordnung, wenn sie sich selbst überlassen wird, zu einen Chaos zerfällt. Allein durch Zufuhr von Information und Energie kann ein System „hoch"-entwickelt werden. Sehr komplizierte Fahrzeuge, die durch Zufuhr von viel Information und Energie geformt wurden, verfallen, wenn sie sich selbst überlassen werden, zu Schrott.

kommt daher, weil die bloße Zufuhr von Wärme die Entropie in einem System gar nicht abnehmen läßt. Um es einfach auszudrücken: aus einem Haufen Steine und Holz wird nie spontan ein Gebäude entstehen, auch dann nicht, wenn die Sonne eine Billion Jahre darauf scheinen würde. Materie und Energie genügen nicht. Was fehlt dann an dem Ganzen? Es fehlt „Intelligenz", es fehlt an einem „Programm", das Materie und Energie zusammen hochorganisiert zu einem höheren Ordnungsgrad, größerer Komplexität und vermehrtem Informationsinhalt. Eigentlich ist es ganz einfach: um einen höheren Informationsinhalt zu erreichen, muß man Information in das System hineinstecken. Höhere Organisation in einem System entsteht aus Materie plus Energie plus Information – und wir kennen in unserer Welt keine einzige Information ohne „Intelligenz". Hier liegt das Kernproblem, auch hinsichtlich der Entstehung des Lebens. Ein Beispiel: Ich habe eine normale Uhr, die sich selber nicht aufziehen kann, obwohl ich ihr durch meine Armbewegungen ständig Energie zukommen lasse. Warum kann meine Uhr das nicht, was eine automatische Uhr wohl kann? Weil eine automatische Uhr einen Mechanismus enthält, der die Verschiedenheit der Bewegungen (die ich mit meinem Arm der Uhr zukommen lasse) sortiert oder gleichrichtet. Dieser Gleichrichter ist ein „Computer" allereinfachster Form; er enthält ein „Programm", wodurch er „Ja" sagen kann zu der einen Bewegung und „Nein" zu der entgegengesetzten Bewegung. Durch eine fortwährende Reihe von Entscheidungen („Ja" oder „Nein"), oder anders gesagt, einem fortwährenden Sortieren der gemachten Bewegungen ist die Uhr imstande, sich mittels zufälliger

Bewegungen selbst aufzuziehen bzw. die Entropie örtlich abnehmen zu lassen. Aber jetzt kommen wir zu dem entscheidenden Punkt: In lebloser Materie befindet sich keine Information zur eigenen Entwicklung, kein Gleichrichter oder etwas Ähnliches. Wenn sich aber dennoch in lebendiger Materie Information befindet, muß sie von außen hereingebracht worden sein. Der berühmte Evolutionist *Thomas H. Huxley,* der große Vorkämpfer Darwins, stellte in der berühmten Debatte mit Bischof *Samuel Wilberforce* an diesen folgende Frage: „Wenn wir Affen an Schreibmaschinen festbinden würden und ließen sie einfach drauflos tippen, bestünde dann die Möglichkeit, daß nach einiger (eventuell enormen Menge) Zeit einer der Affen zufällig Psalm 23 oder das ‚Vaterunser' getippt haben würde?" Wilberforce konnte die Möglichkeit natürlich nicht ausschließen. „Nun",

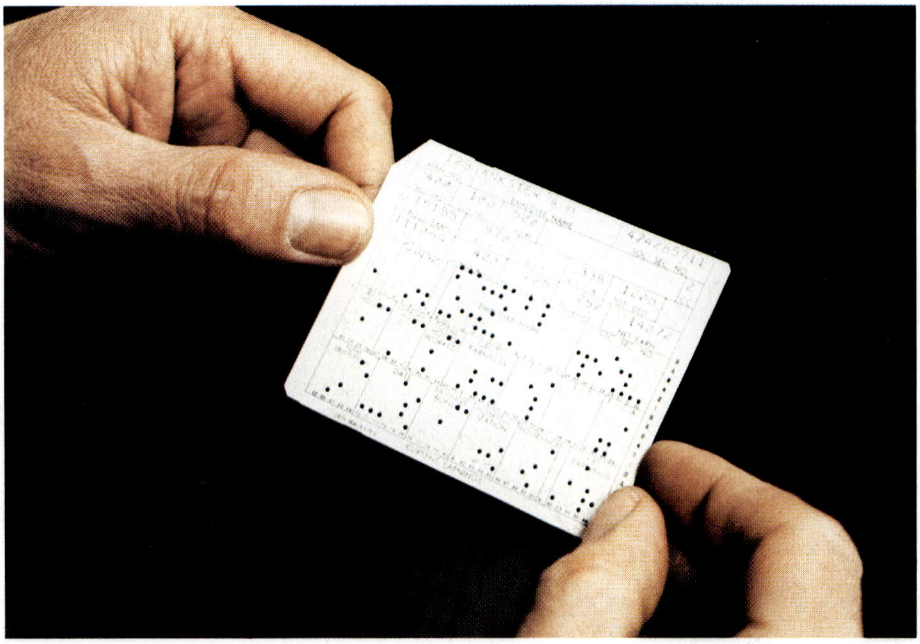

Computer stehen uns zu Diensten, die mit den eingegebenen Informationen außergewöhnlich schwierige Arbeiten des Menschen übernehmen können. Die DNS im Zellkern kann verglichen werden mit dem Magnetband, welches dem Computer die Information eingibt. Die Entwicklung und Instandhaltung des Lebens werden durch Informationen gesteuert, die letztlich aus der DNS kommen.

schlußfolgerte Huxley triumphierend, „das bedeutet also, daß durch Zufall und Zeit Ordnung entstehen kann!"
Der arme Wilberforce meinte, in jenem Augenblick aufgeben zu müssen, doch er vergaß, daß dieses Beispiel mit den Schreibmaschinen auf die Natur nicht übertragbar ist. Wenn man die Taste einer Schreibmaschine anschlägt, so bleibt ein Buchstabe auf dem Papier zurück, auch wenn man sie wieder losläßt. Doch in der Natur ist es so, um bei diesem Bild zu bleiben, daß der „Buchstabe" wieder verschwindet, sobald die „Taste" losgelassen wird! Es gibt keinen „Gleichrichter", keine „Mechanik", die eine eventuell entstehende chemische Verbindung festhält. Genauso schnell, wie sie gebildet wurde, würde sie wieder auseinanderfallen. Wenn in der Vergangenheit dennoch lebende Zellen entstanden sind, wo kam dann der benötigte „Denkapparat" her? Wer hat jemals die Herstellung solch eines „Denkapparates" (Gleichrichters, Ventils, Computers) gesehen ohne die Mitwirkung einer bestimmten Intelligenz, eines Gehirns? Mit anderen Worten: Wo war das Gehirn, das den ersten Gleichrichter herstellte, um aus den Tausenden chemischer Reaktionen innerhalb der Materie das erste Leben entstehen zu lassen? Es ist doch eine Tatsache, daß die Biochemie, die hinter dem Leben steht, selber einen solchen Gleichrichter nicht kennt. Organisch-chemische Reaktionen sind reversibel, das heißt, sie können sowohl in der einen als auch in der entgegengesetzten Richtung ablaufen, genauso wie meine Armbanduhr

Gleichrichter nachweisen können, der immer dafür sorgt, daß die chemischen Reaktionen „nach oben" verlaufen und nicht „nach unten".
Dieser Gleichrichter fehlt in der leblosen Natur, so daß zufällige chemische Reaktionen nie imstande sind, „von selbst" Leben entstehen zu lassen. Anders ausgedrückt: Die Eigenschaften der Materie selber haben noch nie einen Gleichrichter (oder Denkapparat) hervorgebracht.
Gibt es denn keine Ausnahmen von dieser Regel? Gibt es keine Umstände, unter denen die Entropie doch abnimmt anstatt zuzunehmen?
Natürlich gibt es innerhalb der lebendigen Natur zahlreiche Beispiele der Zunahme von Ordnung und Komplexität.
Thomas H. Huxley holte während der schon erwähnten Debatte seinen Bleistift aus

Diese Rekonstruktion eines Waldes aus dem sogenannten Karbon (oben) zeigt Bäume und Pflanzen, aus denen während der Sintflut die Steinkohleschichten entstanden sind. Solche Wälder zeigen auch, daß es vor der Sintflut ein warmes und feuchtes Klima gegeben haben muß.
Unten: In England wurde Thomas H. Huxley zum Darwinismus „bekehrt". Man nannte ihn auch „Darwins Bulldogge", weil er die Theologen stark angriff.

der Tasche und sagte seinem Gegener etwa Folgendes: „Genauso, wie Sie einmal so klein waren wie die Spitze dieses Bleistiftes, während Sie sich inzwischen zu einem erwachsenen Mann entwickelt haben, genauso bin ich davon überzeugt, daß meine Vorfahren sich durch die Jahrhunderte hindurch zu dem heutigen Menschen entwickelt haben." Er meinte: Was in geringem Maße bei der Entwicklung eines jeden Menschenkindes geschieht, kann genauso gut in großem Stil bei der Evolution geschehen. Aber das Argument sticht wieder nicht. Es gibt nämlich etwas in der biologischen Entwicklung von der Eizelle zum Menschen, was in der Evolution vollkommen fehlt, und das ist wieder ... ein Programm!
Sowohl alle Phasen der menschlichen Entwicklung als auch ihr Resultat liegen (abgesehen von Milieueinflüssen) bereits von vornherein in der Erbanlage fest, was wir bereits festgestellt haben. In den Erbfaktoren des Menschen ist seine ganze gigantische Komplexität und Ordnung schon im voraus verankert. Dieses Erbprogramm in der befruchteten Eizelle (im Zellkern) plus hinzugefügte Materie und Energie (Nahrung und Brennstoff) führt zu einem ständigen Herabsinken der Entropie. Aber: In der Evolution gibt es zwar genügend Materie und Energie, jedoch kein Programm.

Kein Leben ohne Intelligenz

Wo ist die Intelligenz, die für die Entstehung von Leben verantwortlich ist? Woher kommt das hohe Maß an Ordnung und Komplexität in der lebendigen Natur (sogar in den „einfachsten" Organismen!)? Wenn die Bedingungen dazu innerhalb der

Grenzen der Materie selber fehlen, dann werden wir das benötigte Hirn (den Informations- oder Programmgestalter) außerhalb dieser materiellen Welt suchen müssen. Die Evolutionisten werfen den Kreationisten vor, daß sie keine natürliche Alternative für die spontane Entstehung von Leben bieten können und daher ihre Zuflucht in übernatürlichen Dingen suchen. Darum sind sie nach ihrer Meinung auch nicht „wissenschaftlich". Doch der springende Punkt ist gerade der, daß die Kreationisten keine mechanistische, natürliche Erklärung für die Entstehung von Leben bieten wollen und können, weil sie nicht nur aus biblischen, sondern gerade auch aus wissenschaftlichen Gründen eingesehen haben, daß das Leben nicht spontan und natürlich entstanden sein kann.
Daher suchen sie notwendigerweise ihre Zuflucht in einer übernatürlichen

Es ist fast unglaublich, aber jeder Mensch ist aus einer einzigen Zelle, die von einer einzigen Samenzelle befruchtet wurde, entstanden. Durch Zellteilung entwickelt sich der lebende Organismus. Ob es eine Pflanze wird, ein Tier oder ein Mensch, wird durch die Information bestimmt, die die DNS enthält.

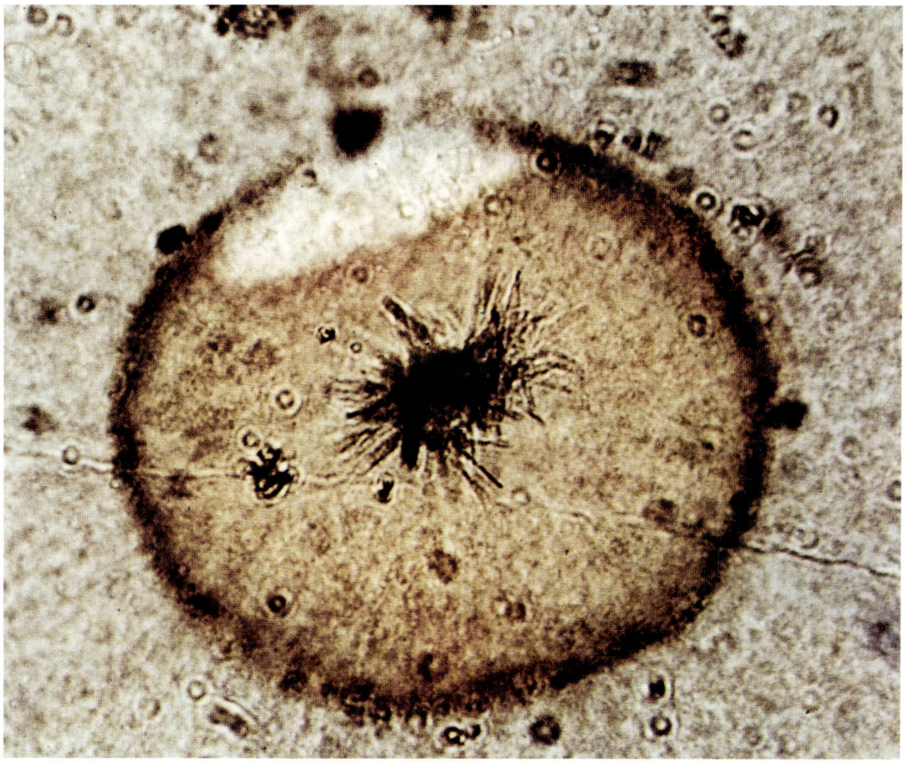

Erklärung, was ganz einfach besagt, daß sie einen „Gleichrichter" (ein Gehirn) annehmen, den sie aber nicht innerhalb, sondern über der Materie und außerhalb dieser Wirklichkeit finden.
Die Evolutionisten machen hier noch einen zweiten Denkfehler. Sie glauben, daß sie wissenschaftlicher seien als die Kreationisten, weil sie die Entstehung des Lebens materialistisch erklären und die letzteren nicht. Aber die Evolutionisten können die Entstehung von Leben nicht materialistisch erklären, weil die wissenschaftlichen Tatsachen dies gar nicht zulassen. Gerade dies anzuerkennen, ist die wissenschaftlichere Haltung! Wer jetzt behauptet, daß das Forschen nach einer übernatürlichen Lösung keine strikte Wissenschaft mehr ist, hat genau genommen recht. Er muß aber bedenken, daß der Materialismus auch keine strikte Wissenschaft ist, sondern eher eine Philosophie, wenn nicht sogar eine Religion, und zudem eine, die nicht notwendigerweise einen höheren „Wahrheitsgehalt" besitzt als eine gottesfürchtige Überzeugung, die an einem schöpferischen Gott festhält. Wir sind davon überzeugt, daß es eine wirklich wissenschaftliche Haltung ist, einfach die Unmöglichkeit der natürlichen Entstehung von Leben

Und Gott sprach: Es wimmle das Wasser von lebendigem Getier, und Vögel sollen fliegen auf Erden unter der Feste des Himmels. Und Gott schuf große Walfische und alles Getier, das da lebt und webt, davon das Wasser wimmelt, ein jedes nach seiner Art. Und Gott sah, daß es gut war. Und Gott segnete sie und sprach: Seid fruchtbar (1. Mose 1,20–22).

einer Intelligenz ausgegangen werden, die sich selber außerhalb der Materie befindet, und die leblose Materie örtlich zu lebenden Zellen hochorganisiert hat. Wie, das übersteigt unser Denkvermögen. Wir verfügen jedoch neben dieser wissenschaftlichen Schlußfolgerung über die schriftliche Gottesoffenbarung, die viel weiter geht. Die Bibel erzählt uns nicht, daß es vielleicht eine Intelligenz geben könnte, die das Leben schuf, sondern daß es so *ist*. Die Bibel erzählt uns außerdem, wer oder was diese Intelligenz ist: der ewige, persönliche, lebendige und liebende Gott. „Omne vivum ex vivo" – alles Leben entsteht aus Leben. Sogar das allererste Leben kam aus der schöpferischen Hand dessen, der das Leben ist.
Übrigens ist es interessant daß in der biblischen Beschreibung des dritten Schöpfungstages das Wort „Leben" gar nicht vorkommt. Davon hören wir erst am fünften Tag: „Und Gott sprach: Es wimmle das Wasser von lebendigem Getier, ... Und Gott schuf große Walfische und alles Getier, das da lebt und webt" (1. Mose 1, 20 + 21).
Die Bezeichnung „lebendiges Wesen" lautet buchstäblich „lebendige Seele", und darin liegt die Ursache für ihr Fehlen in Vers 11 ff. Pflanzen sind wohl lebende Organismen im biologischen Sinne des Wortes, doch sind sie keine beseelten Wesen. Sie sind stärker mit der Erde verbunden. Doch das Erscheinen einer „lebendigen Seele" erfordert eine besondere Schöpfung, denn hier erscheint ganz neue „Existenz" (darum begegnet uns das Wort „schöpfen" außer in Vers 1 erst wieder in Vers 21).

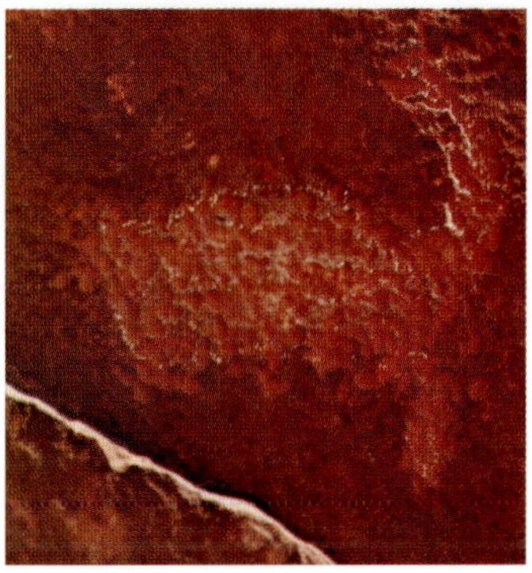

Das Leben und das Firmament (die Feste)

Nachdem Gott die Himmelskörper geschaffen hat, ist der rein stoffliche Teil seiner Schöpfungsarbeit beendet. Im Folgenden lesen wir nur noch über neue Gruppen mit lebendem Organismus: von den Wassertieren und geflügelten Tieren am fünften Tag, und von den Landtieren und dem Menschen am sechsten Tag. Damit läuft der vierte Tag parallel mit dem ersten (Licht – Lichtträger), der fünfte Tag parallel mit dem zweiten (Wasser / Luft – Wasser- / Lufttiere), und der sechste Tag parallel mit dem dritten (das Trockene – die Bewohner des Trockenen). Es geht am fünften Tag nicht nur um „Fische und Vögel", sondern (in zweiter Linie) um geflügelte Tiere im weitesten Sinne des Wortes, also einschließlich Fledermäusen, Insekten und fliegenden Reptilien (die heute ausgestorben sind). So umfaßt auch die

Man muß es nicht für ausgeschlossen halten, daß Menschen noch Dinosaurier gesehen haben. Die Felsenzeichnung (oben) ist von Fremont-Indianern aus Nordamerika angefertigt. Das Tier erinnert an einen Brontosaurus oder Diplodokus. Die kleine mexikanische Skulptur (rechts) stellt eine Frau dar, die mit einem Tier spielt. Der Rückenpanzer, der Schwanz, die schweren Hinterpfoten und die leichteren Vorderpfoten erinnern an einen kleinen Dinosaurier. Wenn Hiob ein Tier beschreibt, das seinen Schwanz streckt wie eine Zeder, Gras frißt wie das Rind und im Wasser lebt (Hiob 40), kommen Krokodil und Nilpferd eigentlich nicht in Betracht. Das Tier, auf das die Beschreibung eher passen würde, ist der Brontosaurus (unten).

erste Gruppe sehr viel mehr als nur Fische; sie umfaßt alle Wassertiere, einschließlich der vielen Gruppen von wirbellosen Meerestieren und auch solchen mit Wirbeln, nicht allein die Fische, sondern auch (wie wir annehmen) die Amphibien und Wasserreptilien. Auf letztere scheint auch der Ausdruck „große Meerestiere" hinzuweisen. Das Wort für „Meerestiere" (tannin) deutet auf ein Riesentier hin, das sich in Flüssen und Meeren aufhält, und das sowohl ein Fisch oder ein Säugetier sein kann (ein Hai, Walfisch, Delphin) als auch ein Reptil. In 2. Mose 7, 9–12 bedeutet „tannin" nämlich „Schlange" (Statenübersetzung: „Drache"), wie das Synonym in Vers 15 und 2. Mose 4,3 zeigt, so auch in Psalm 91,13, während in 5. Mose 32,33 Schlangengift gemeint ist. In Hiob 7,12 und Jeremia 51,34 kann man es mit „Drache" übersetzen. Es ist sehr interessant, daß das Wort oft mit Meeresungeheuern verbunden wird wie mit dem Rahab in Jesaja 51,9 oder dem Leviathan in Psalm 74,13 ff und Jesaja 27,1. Diese Meeresungeheuer sind keine Personifizierung von irgendwelchen Wildwassern oder gar mythologischen Elementen, sondern waren ursprünglich tatsächlich existierende Riesentiere (obwohl sie später manchmal eine figürliche Bedeutung erhielten. Rahab wird dann ein Bild für Ägypten: s. Jesaja 30,7).

Innerhalb der Grenzen dieser Interpretation liegt das auch auf der Hand. Wenn wir aufgrund von biblischen und wissenschaftlichen Tatsachen die Urgeschichte der Welt rekonstruieren, ist die Erde ziemlich jung und hat es nie eine Evolution von schrecklichen Riesenreptilien) nicht schon 60 Millionen Jahre vor dem Erscheinen des Menschen ausgestorben waren (wie die Evolutionstheorie behauptet), sondern am fünften und sechsten Tag (bzw. Wasser- und Landdinosaurier) geschaffen wurden, also fast gleichzeitig mit dem Menschen. Das bedeutet auch, daß Menschen und Dinosaurier (und natürlich viele der heute ausgestorbenen Riesentiere) in den Tausenden von Jahren zwischen der Schöpfungswoche und der Sintflut gleichzeitig auf Erden gelebt haben. Ja sogar in den Jahrhunderten nach der Sintflut müssen die Dinosaurier noch auf der Erde gelebt haben, wenn wir die biblische und wissenschaftliche Information richtig interpretieren. Vielleicht sind die Berichte vom Behemoth und vom Leviathan aus Hiob 40 und 41 noch Erinnerungen an diese nachsintflutlichen Dinosaurier. Aber sicher haben sowohl Menschen als auch Dinosaurier vor der Sintflut Jahrtausende von dem sehr günstigen Klima profitiert, das Gott auf der Erde geschaffen hatte, durch die besondere Feste, die er entstehen ließ. „Und Gott sprach: Es werde eine Feste zwischen den Wassern, die da scheide zwischen den Wassern. Da machte Gott die Feste und schied das Wasser über der Feste. Und es geschah so. Und Gott nannte die Feste Himmel. Da ward aus Abend und Morgen der zweite Tag" (1. Mose 1,6–8).

Auch das war ein sehr wichtiges Ereignis für das Leben auf Erden. Das sehen wir sofort ein, wenn wir bedenken, daß hier mit den „Wassern über der Feste" nicht nur einfach Wolken, wie wir sie kennen, gemeint sein können. Die Menge Wasser in den heutigen Wolken, verglichen mit dem Wasser auf der Erde, ist so gering, daß die „Scheidung", von der hier die Rede ist, etwa mit dem Herausheben eines Wassertropfens aus einer vollen Badewanne verglichen werden kann. Hinzu kommt, daß eine Erscheinung, wie sie bei der Sintflut auftrat, nämlich vierzig Tage Dauerregen auf der ganzen Erde (1. Mose 7,12), heute nicht einmal möglich sein würde, weil sich dazu viel zuwenig Wasser in der „Feste" befindet; dieses „Wasserdampfgewölbe" wurde anscheinend am zweiten Schöpfungstag von Gott über der Erde angebracht. Die Folgen eines derartigen Wassergewölbes oder Wassermantels würden u.a. sein:

Die Sequoia gigantica ist der Riese unter den Bäumen. Das günstige subtropische Klima vor der Sintflut kann für häufig auftretendes Riesenwachstum verantwortlich gewesen sein, so daß solche Bäume damals keine Ausnahme gewesen sein mußten. Der verwandte Metasequoia ist eigentlich ein „lebendiges Fossil"; er kommt nicht nur in alten Erdschichten vor, sondern ist auch noch heute anzutreffen.

(1) *Ein Brutkasteneffekt,* d.h. eine mehr oder weniger gleichmäßige Verbreitung von feuchter Wärme über die ganze Erdoberfläche durch einen Stau von Sonnenwärme unter diesem Wassermantel. Aus den Erdschichten (von denen wir meinen, daß sie zum größten Teil während der Sintflut entstanden sind: siehe Kapitel VI) wird in der Tat ersichtlich, daß sogar die kältesten Zonen der Erde, wie z.B. die Antarktis (das Südpolgebiet), früher ein warmes Klima gehabt haben. Die reichlichen Mengen Steinkohle in der Antarktis wie auch Fossilien von Tieren legen davon heute Zeugnis ab.

(2) *Kein Regen* (und das ist auch genau das, was in 1. Mose 2,5 mitgeteilt wird!) und *kein Wind* (darüber hören wir zum ersten Mal bei der Sintflut), denn in solch einem ausgeglichenen Brutkasten würden kaum Luftturbulenzen auftreten.
Es war also auch kaum die Rede von Klimazonen. Im Prinzip waren alle Lebensarten, die auf Gottes Geheiß in die Arche aufgenommen wurden, demnach in ihrer nächsten Umgebung vorhanden (womit der Einspruch entfällt, daß die Tiere, um zur Arche zu kommen, unwahrscheinlich lange Reisen hätten machen müssen).

(3) *Eine viel dickere Ozonschicht als heute,* hoch über dem „Wassermantel" und durch dessen Vorhandensein verursacht. Sowohl die Wasserdampf- als auch die Ozonschicht müssen einen sehr viel besseren Schutz gegen kosmische Strahlen geboten haben, und es ist gut möglich, daß gerade diese Tatsache die Ursache dafür war, daß die Menschen im Anfang der Weltgeschichte viel älter wurden als heute (siehe 1. Mose 5).

(4) *Ein sehr günstiges Klima,* durch das in dieser Anfangszeit viele der Tierarten erhalten bleiben konnten, die während oder nach der Sintflut ausgestorben sind, wie etwa die Dinosaurier wegen ihres gewaltigen Umfangs.

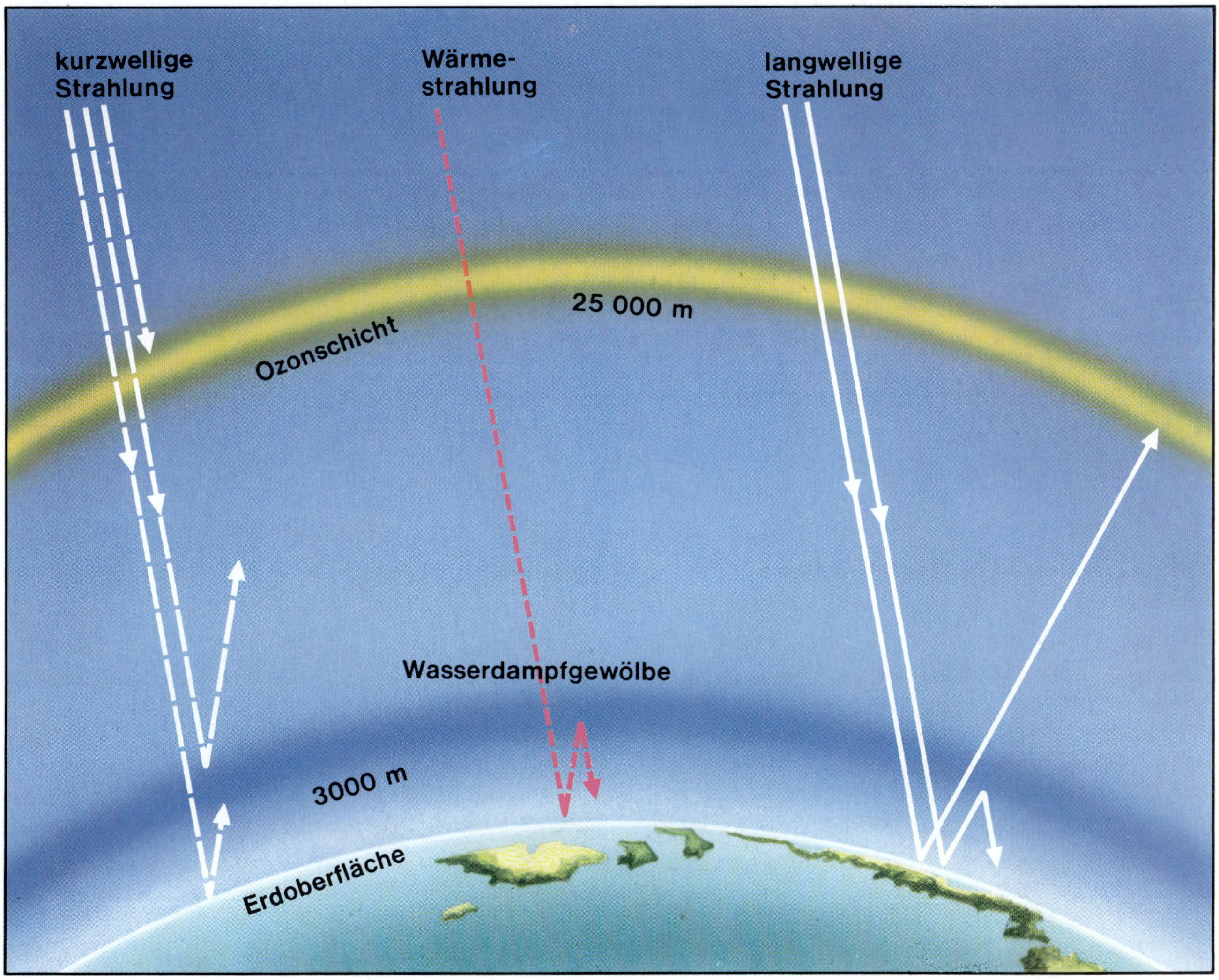

Die vorsintflutliche Feste, ein dichtes Gewölbe aus Wasserdampf und einer ziemlich dicken Ozonschicht. Beide Schichten wehren kurzwellige, kosmische Strahlungen ab, die einen nachteiligen Einfluß auf die Lebensdauer haben. Wärmestrahlung kann wohl zur Erde durchdringen, wird aber dort von dem Wasserdampfgewölbe abgehalten („Brutkasteneffekt"). Die langwelligen Strahlungen, die von der Erde aus das Wassergewölbe durchdringen können (und Ozon abbauen), sind äußerst gering, wodurch die Ozonschicht hier dicker ist, als nach der Sintflut.

(5) *Riesenwachstum*. Es ist möglich, daß die günstigen klimatischen Umstände vor der Sintflut auch eine physiologische Erklärung bieten für das Riesenwachstum, das unter vielen Tierarten auftrat, wovon die Fossilien zeugen. Reptilien zum Beispiel sind während ihres ganzen Lebens fortwährend gewachsen: eine stark verlängerte Lebensdauer bedeutete für diese Tiere demnach auch eine stark zunehmende Körpergröße. Aber auch unter den Fossilien von Insekten finden wir – trotz einer starken Ähnlichkeit mit den heutigen Insekten – außergewöhnlich große Exemplare. Es gab Libellen mit einer Flügelspannweite von nicht weniger als 70 Zentimetern! Solche anfälligen Tiere konnten sich unter den damaligen günstigen Bedingungen viel besser behaupten als heute.

Collier
Replica

Die Entstehung der Arten

Charles Darwin im fortgeschrittenen Alter, gemalt von J. Collins im Jahre 1833 (links). Nach Meinung von Darwin war Gott nur noch nötig für den allerersten Anfang, doch sonst müsse man ihn so wenig wie möglich mit dem Weltall in Verbindung bringen.
Rechts: Die „Beagle“, das Schiff, auf dem Darwin fünf Jahre lang über die Weltenmeere kreuzte. Überall sammelte er Fossilien von Tieren und anderes Material, das er als Beweis für seine Evolutionstheorien anführen wollte.

Darwin, Mendel und de Vries

Im Jahre 1831 schloß ein Student in Cambridge sein Theologiestudium ab. Doch weil ihn eine Zukunft als Seelsorger auf dem Lande wenig reizte und seine große Liebe der Natur galt, nahm der taufrische Pfarrer *Charles Darwin* im selben Jahr mit Begeisterung eine Einladung an, die ihn für fünf Jahre auf eine Schiffsreise um die Welt führen sollte. – Am 27. Dezember 1831 verläßt die „Beagle“ den Hafen von Plymouth und nimmt Kurs auf die Küsten Brasiliens und Feuerlands und segelt anschließend um dessen Südspitze wieder hoch zu den Galapagosinseln. Unterwegs ist ausführlich Gelegenheit, die Geologie der Landschaften und die verschiedenen Arten der Pflanzen und Tiere zu studieren. Auch werden Reste von allerlei ausgestorbenen Tieren gefunden, wie z.B. von bestimmten Leopardenarten und gewaltigen Gürteltieren. Auf einigen Galapagosinseln macht Darwin eine interessante Entdeckung. Er trifft dort nämlich Finken an, die ursprünglich anscheinend zu einer einzigen Gattung gehörten, die sich aber, als sie auf voneinander getrennten Inseln lebten und keinen Kontakt mehr miteinander hatten, zu anderen Rassen oder sogar Arten entwickelten. Diese kleinen Variationen innerhalb einer Art oder eines Geschlechtes – wahrscheinlich unter dem Einfluß äußerer Umstände entstanden – wecken in Darwin aufregende Gedanken. Wenn solche kleinen Veränderungen innerhalb einer Art auftreten können, ist es dann möglich, daß die ständige Entstehung solch kleiner Variationen nicht in der Pfarrei einer Landgemeinde, sondern im Studierzimmer seines Hauses, zuerst in London und später (ab 1843) in Down, in der Grafschaft Kent, wo er bis zu seinem Tod mit seiner Familie lebt. Hier schreibt er sein berühmtes Buch *On the origin of species* (Die Entstehung der Arten), das im Jahre 1859 erschien und ihn über Nacht berühmt machte, nicht zuletzt durch die kräftige Propaganda des Agnostikers Thomas H. Huxley. Im Jahre 1871 erschien sein Buch *The descent of man* (Die Abstammung des Menschen), welches, sofern das überhaupt möglich war, noch mehr Aufsehen erregte durch den Gedanken, daß der Mensch möglicherweise von affenähnlichen Vorfahren abstamme. Darwin meinte, daß im Laufe der Zeit auf noch nicht näher bekannte Weise eine Art aus der anderen hervorgegangen sei.

Der Grund für die moderne Vererbungslehre wurde durch den Augustinermönch Gregor Mendel (1822–1884) aus Brünn gelegt. Er machte Kreuzungsversuche, die er im Jahre 1886 veröffentlichte, die jedoch 34 Jahre lang so gut wie unbeachtet blieben (rechts). Die von Mendel beschriebenen sprungweisen Variationen schienen im Gegensatz zu den von Darwin proklamierten, ununterbrochenen Veränderungen zu stehen. Dadurch dauerte es Dutzende von Jahren (bis 1900), ehe die Bedeutung von Mendels Arbeit überall eingesehen wurde. Heute bilden die von ihm formulierten Gesetze die Basis für die moderne Vererbungslehre . Mendel züchtete seine Erbsen im Garten des Klosters in Brünn und benutzte dieses Mikroskop (unten).

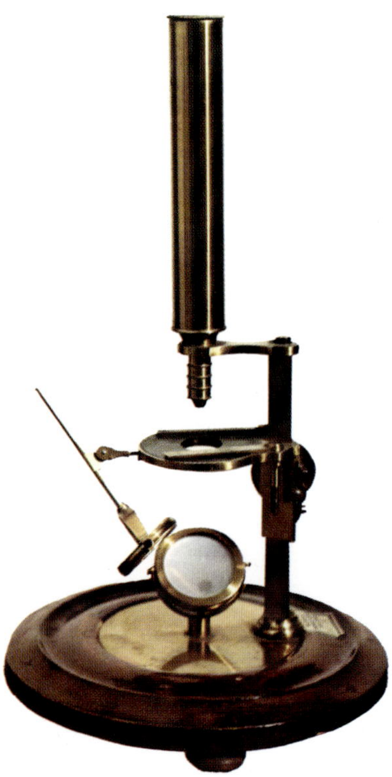

Beim Überlebenskampf („Struggle for life") gewinnt der Stärkere („Survival of the fittest") infolge der natürlichen Selektion. Als Darwin im Jahre 1882 stirbt und in der Westminster-Abtei beigesetzt wird, ist der Begriff „Evolution" (oder Abstammungslehre) auf der ganzen Welt bekannt.

In einem anderen Teil Europas finden wir noch einen Geistlichen mit Interesse für die Biologie. Seit dem Jahre 1856 beschäftigte sich ein Augustinermönch in einem Kloster mit einer Reihe wundersamer Experimente. Dieses Kloster stand im österreichischen Brünn, dem heutigen Brno (Tschechoslowakei). Der Name des Geistlichen war Gregor Mendel. Er züchtete Erbsen auf einem kleinen Stückchen Erde im Garten des Klosters. Neun Jahre später teilt Mendel der wissenschaftlichen Genossenschaft von Brünn mit, daß er eine interessante Entdeckung gemacht habe, nämlich daß Erbfaktoren bei der Kreuzung verschiedener Variationen nicht verschwinden, sondern selbst in Bastarden (Hybriden) erhalten bleiben, so daß in späteren Generationen die ursprünglichen Eigenschaften wieder zum Vorschein kommen. Auch verkündete Mendel, daß die verschiedenen Erbfaktoren der Erbse in berechenbarer Weise an die nächsten Generationen vererbt werden.

Die wissenschaftliche Genossenschaft war keineswegs beeindruckt. Mendel, der im Jahre 1868 zum Abt des Klosters gewählt wurde, war in dieser Position auch viel zu beschäftigt mit Kämpfen gegen die Regierung, die den Klöstern eine neue Last auflegen wollte, als daß er sich noch viel um seine Erbsen kümmern konnte. Er starb im Jahre 1884, ohne viel Anerkennung bekommen zu haben.

Es gibt Wissenschaftler, die der Meinung sind, daß vor allem das Werk von Darwin

Einer der Versuche Mendels: Die Kreuzung zwischen einer Erbsenpflanze mit gelben (Y), runden (R) Erbsen und einer Pflanze mit grünen (Y), eckigen (r) Erbsen. Da Gelb und Rund dominieren, liefert die erste Generation nur gelbe, runde Erbsen. Die nächste Generation weist wieder die Elterntypen auf und gleichzeitig die Zwischentypen gelb-eckig und grün-rund, und zwar in dem Verhältnis 9:3:3:1. Das Bild zeigt, wie dieses Verhältnis wissenschaftlich vorhersehbar ist.

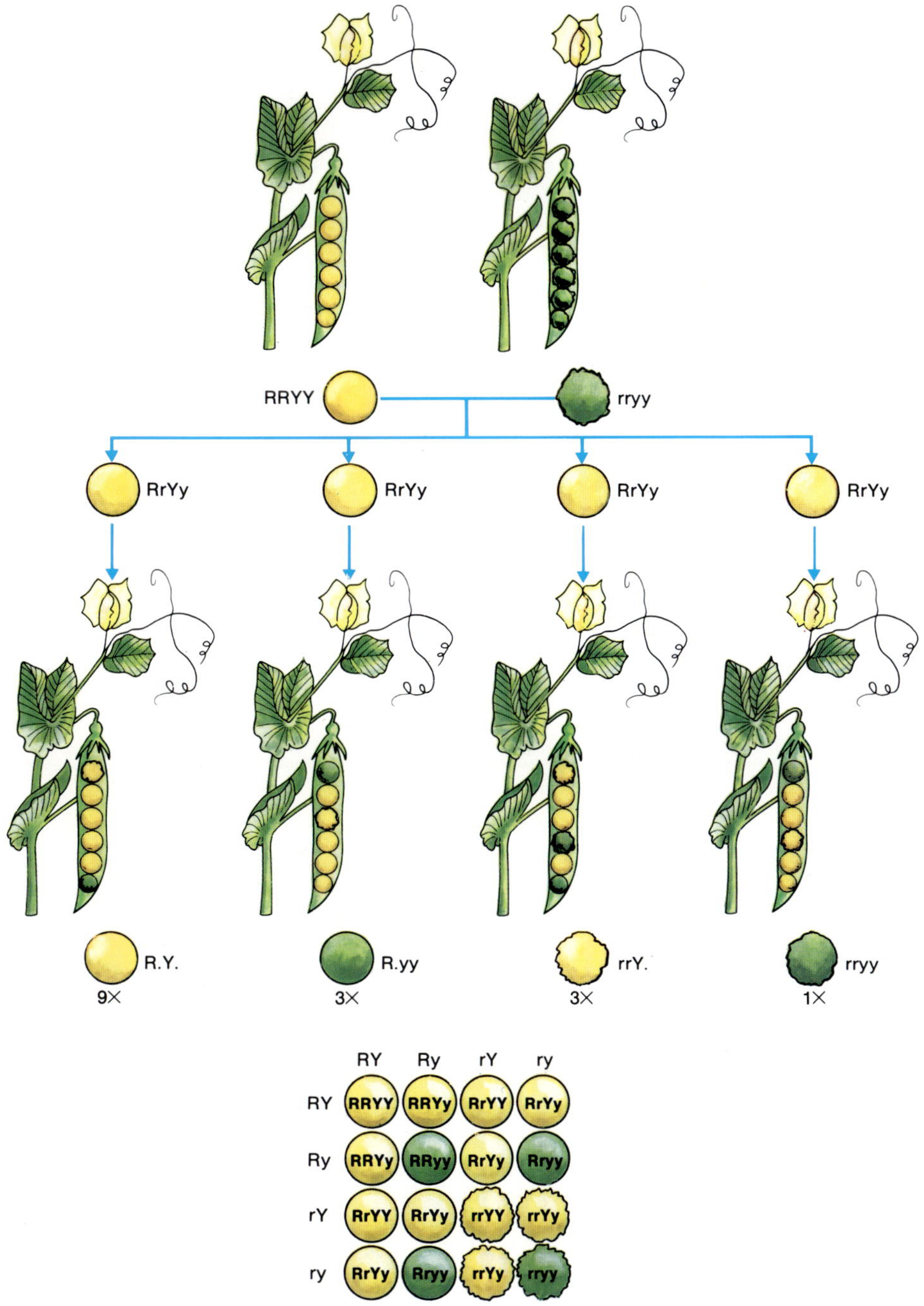

(welches, wie man zuerst glaubte, zu Mendels Schlußfolgerungen im Widerspruch stand) einer Anerkennung Mendels im Wege stand.
Doch das änderte sich im Jahre 1900. Die Gesetze Mendels wurden unabhängig voneinander von drei Gelehrten wiederentdeckt und mit einem Mal weltberühmt. Und so wurde für Mendel im Jahre 1910 in Brno das obligatorische Standbild errichtet, und an seinem Geburtstag des Jahres 1922 fand ein internationaler Kongreß über die Vererbungslehre statt. Im Kloster befindet sich nun sogar ein Mendelmuseum.
An einem Tag im Jahre 1886 entdeckte einer der drei vorher genannten Gelehrten, der damals 38 Jahre alte Holländer Hugo de Vries, auf dem damaligen Gut „Jagdlust“ zwischen Hilversum und 's Graveland eine große Anzahl wildwachsender Nachtkerzen (Oenothera lamarckiana). Zu seinem Erstaunen fand er darunter einige voneinander abweichende Arten. Als de Vries damit zu

Ein prächtiges Exemplar der großen Nachtkerze, Oenothera erythrosepala (früher zu Unrecht Oenothera lamarckiana genannt). Hugo de Vries entdeckte auf dem Gelände des Gutes Jagdlust, zwischen Hilversum und 's Gravenland, verwildertes Auftreten dieser Blume. Er entdeckte dazwischen einige abweichende Typen, die er als neue Sorten abstempelte. Hugo de Vries leistete Pionierarbeit auf dem Gebiet der Vererbungslehre. Seine Erforschung der Nachtkerze veröffentlichte er in einem Buch mit dem Titel „Die Mutationstheorie". Seitdem spielt der Begriff „Mutation" eine wichtige Rolle im Neo-Darwinismus.

Er publizierte seine Forschungsergebnisse in den Jahren 1901 und 1903 unter dem Titel „Die Mutationstheorie".
Nicht zuletzt aufgrund der Wiederentdeckung von Mendels Werk erregte die neue Theorie viel Interesse unter den Vererbungsforschern. Nach seiner Immatrikulation als Dozent an der Universität von Amsterdam im Jahre 1918 widmete sich de Vries bis zu seinem Tode im Jahre 1935 der Erforschung seiner Nachtkerzen.
Die Entstehung neuer Arten durch plötzliche Mutation (Änderung) der Erbanlage einer Art – die übrigens, wenn sie vorkommt, bei Menschen, Pflanzen und Tieren immer schädliche oder sogar tödliche Folgen hat –, ist im Neo-Darwinismus zusammen mit der Idee der natürlichen Selektion zum Motor der Evolution geworden.

Nach seiner Art

Nach dem Evolutionsmodell spiegeln die aufeinanderfolgenden fossilen Tier- und Pflanzenwelten in den Erdschichten eine allgemeine Evolution wider (von der Amöbe bis hin zum Menschen), wobei sich alle höheren Organismen aus den niedrigeren, und diese sich wiederum aus der leblosen Materie entwickelt haben.
Nach dem Schöpfungsmodell zeigen die Erdschichten eine Welt, die durch eine Katastrophe zerstört wurde; die verschiedenen Hauptlebensformen entstanden unabhängig voneinander, und zwar etwa zur gleichen Zeit.
Nach 1. Mose 1 schuf Gott nicht *eine* Pflanze, aus der sich anschließend alle

anderen Pflanzen entwickelten, sondern er schuf die Pflanzen (die Fische, die Vögel, die Landtiere) nach „ihrer Art", d.h. in verschiedenen Typen. Innerhalb dieser einen kurzen Schöpfungsperiode entstanden also viele Arten von Pflanzen und Tieren. All diese verschiedenen Arten haben keinen gemeinsamen Vorfahren; sie sind nicht auf dem Wege der Evolution, sondern fast gleichzeitig entstanden.
Wir wollen dabei einen wichtigen Ausdruck in 1. Mose 1 beachten: die Formulierung „nach seiner Art", die zehnmal vorkommt. Im Deutschen läßt sich die Bedeutung dieses Ausdrucks nicht genau ermitteln, und deshalb muß er vom Hebräischen her erklärt werden. Das hebräische Wort für „Art" (min) steht im Singular, hat aber eine sogenannte kollektive Bedeutung im Sinne von „einer Verschiedenheit von Arten" innerhalb einer größeren Gruppe.

Man findet in der Natur zahllose Pflanzenarten. Sogar das einfache „Wiesengras" (oben) kommt in verschiedenen Variationen vor. Die atemberaubende Schönheit eines einzelnen Exemplars weckt bereits große Bewunderung für seinen Schöpfer (rechts). Sogar unter ungünstigsten Umständen bleibt Leben erhalten, was wir bei diesem Kaktus aus Arizona beobachten können (ganz rechts).

Wir müßten, um den Ausdruck zu verdeutlichen, demnach eigentlich im Plural übersetzen: „nach seinen verschiedenen Arten" (oder Sorten, Typen, Formen). Das Wort „min" ist vermutlich mit dem Wort „themoena" (Gestalt) verwandt. Daher kommt es, daß ein hervorragender Kenner der hebräischen Sprache, *Gesenius,* dieses Wort mit „Ausgestaltung" übersetzt, d.i. der Formenreichtum innerhalb einer Gruppe. Darauf deuten auch die verwandten arabischen Worte „min" (spalten) und „meni" (verteilen) hin.
Der Ausdruck „nach seiner Art" hat also nichts mit der Tatsache zu tun, daß jedes Tier seine Eigenart hat (obwohl auch das richtig ist). Wenn wir also z.B. lesen: „Gott schuf ... alle gefiederten Vögel, jeden nach seiner Art" (1. Mose 1,21), dann bedeutet das „Vögel in der Verschiedenheit ihrer Arten „oder" alle Arten gefiederter Vögel." Das bedeutet nicht, daß wir „Art" hier im biologischen Sinne des Wortes auffassen müssen (siehe unten). Dennoch werden wir der Einfachheit halber dieses Wort im Folgenden verwenden.
Es ist also deutlich, daß der Ausruck „nach seiner Art" nur für Gruppen gebraucht werden kann, die tatsächlich aus mehreren „Arten" bestehen. In 1. Mose 1 sind diese Gruppen fruchttragende Bäume, das samenhaltige Gewächs, die Lebewesen in den Wassern, die Vögel und die lebendigen Landbewohner. All diese Gruppen kennzeichnet ein großer Formenreichtum. Aber als Gott den Menschen schuf, lesen wir nicht, daß der Mensch „nach seiner Art" geschaffen wurde. Daraus wird

Mensch in seiner Art deutlich vom Tier unterscheidet. Doch das meint der Ausdruck nicht: der Mensch wurde gar nicht „nach seiner Art" geschaffen, d.h. er wurde nicht geschaffen in einer Reihe verschiedener Sorten, denn der Mensch ist nur eine „Art", nämlich die (biologische) Gattung Homo sapiens. Der Mensch wurde nicht in verschiedenen Formen geschaffen, sondern nur in einer Form: „als Bild Gottes und Gott ähnlich". Auch im Bericht über die Sintflut erkennt man die Bedeutung des hebräischen „min" ganz deutlich (siehe 1. Mose 6,20; 7,14). Dort könnten wir den Ausdruck folgendermaßen übersetzen: von „allen Arten Vögel", von „allen Arten Vieh" und von „allen Arten kriechenden Getiers" kamen Pärchen zu Noah.
Auch in diesem Fall hat es wieder nichts mit der „Eigenart der Tiere" zu tun,

Diese Rekonstruktion eines „Jura-Meeres" (rechts) zeigt einige Dinosaurier mit Flossen oder Flügeln: einen riesigen Plesiosaurier, einen fliegenden Pterosaurier und ein paar Ichthyosaurier. Der Steinbracke ist eine der vielen modernen Variationen zu dem Thema „Hund" (unten). Alle Hunderassen stammen von den ursprünglich geschaffenen Hundepärchen ab.

sondern mit der Verschiedenheit der Arten. Die NGB-Übersetzung verwendet diese freie Wiedergabe manchmal. Wenn z.B. die Statenübersetzung (holl. Bibelübersetzung) in 3. Mose 11,22 von „Heuschrecken nach ihrer Art" redet, dann gibt die NGB dies wieder mit „alle Sorten Heuschrecken". Und wenn die Übersetzer der Statenbibel in Hesekiel 47,10 schreiben: „... denn es wird dort sehr viel Fische von aller Art geben wie im großen Meer", übersetzt die NGB: „... die Fische darin werden von allerlei Sorten sein wie die Fische des großen Meeres, sehr zahlreich." Der Vergleich mit dem großen Meer und das Attribut „sehr zahlreich" deuten darauf hin, daß es die Bedeutung von „nach seiner Art" ist, auf großen Formenreichtum hinzuweisen.
Man könnte fragen: „Warum steht dann da „nach seiner Art" und nicht „nach ihren Arten" (Plural)? Das ist eine Eigenschaft der hebräischen Sprache, die viele solcher Worte mit kollektiver Bedeutung kennt. So spricht 1. Mose 1 buchstäblich nicht über „Bäume", sondern über „Gebäum" und über „Geflügel", „Getier" und eine „lebendige Seele" (nicht über „Seelen") usw. Die Pluralbedeutung all dieser singularen Worte wird oft noch durch das Wörtchen „alle" verstärkt. Also: „alle lebendigen Seelen nach ihrer Art" bedeutet demnach „alle (oder allerlei) Sorten lebendiger Seelen".

Vom Umfang einer Art

Es gibt also keinen Zweifel daran, daß 1. Mose 1 sagen will, daß Gott am dritten, fünften und sechsten Schöpfungstag die lebendigen Organismen schuf, und das in großem Formenreichtum, in vielen verschiedenen Arten. Zur Unterscheidung vom biologischen Begriff „Art" (oder Spezies) führt Prof. *Frank Marsh* hier den Begriff „baramin" ein (von bara, „schöpfen", und min, „Art"). Wir wollen hierfür das Wort „Schöpfungsgruppe" gebrauchen. Eine Schöpfungsgruppe ist demnach eine Sammlung verwandter Organismen, die alle von einem Organismus oder einigen Organismen abstammen, die in der Schöpfungswoche geschaffen wurden. Nun entsteht die Frage: Welchen Umfang besitzt solch eine Schöpfungsgruppe? Wie weit stimmt sie biologisch mit einer Spezies überein? Oder mit einem Geschlecht? Oder mit einer Familie? Einer Ordnung? In jedem Fall ist eine Schöpfungsgruppe gewöhnlich breiter als die biologische Spezies, denn es steht

Ein Fuchs (rechts) und ein Wolf (unten). Es ist gut möglich, daß in der Schöpfungswoche ein „hundeähnliches" Pärchen geschaffen wurde, aus dem sich Hund, Fuchs und Wolf entwickeln konnten. Es ist aber auch möglich, daß diese Hauptvariationen schon sofort als solche geschaffen wurden.

außer Zweifel, daß es heute Spezies gibt, die sich erst vor kurzem (teilweise durch Einwirkung des Menschen) von anderen Formen abgezweigt haben und die nicht mehr mit Formen gekreuzt werden können, mit denen das bis vor kurzem wohl noch möglich war. Dies bedeutet nicht die eine oder andere Evolution, sondern einfach nur neue Varianten innerhalb einer Schöpfungsgruppe.
Ein Beispiel: Gott schuf allerlei Landtiere; so können wir uns vorstellen, daß Gott z.B. ein „hundeähnliches Pärchen" schuf (möglicherweise sogar in verschiedenen Variationen: eine fuchsartige, eine hundartige und eine hyänenartige Version). Hieraus müssen sich dann die vielen Sorten und Rassen entwickelt haben (teils durch Vermischung untereinander) wie zum Beispiel der Polarfuchs, der Silberfuchs, der Wolf, die Hyäne, der Schakal und der Hund (selbst wieder in Variationen vom Bernhardiner bis hin zum Zwergpinscher). Es liegt nahe, anzunehmen, daß Gott in jede ursprüngliche Schöpfungsgruppe eine derartige Variationsmöglichkeit „mit hineingeschaffen" hat, so daß sich im Laufe der Zeit diese Anlage in allen Richtungen entfalten konnte und innerhalb einer Schöpfungsgruppe zu einem oft unerschöpflichen Formenreichtum führte. Es liegt aber genausogut auf der Hand, daß sich verschiedene Schöpfungsgruppen untereinander nicht kreuzen lassen. Es ist doch unlogisch anzunehmen, daß Gott die Organismen wohl nach „ihren Arten" gemacht hat, und doch andererseits so, daß sie sich miteinander vermischen können, um so in kurzer Zeit dieses Muster

anwesend sind. Für „Arten", die sich kreuzen lassen, wird darum auch nicht das Wort „min" angewandt, sondern die Bezeichnung „kilajim" (3. Mose 19,19; 5. Mose 22,9). In diesem Zusammenhang sind auch die Listen der reinen und unreinen Tiere, wie wir sie in 3. Mose 11 und 5. Mose 14 vorfinden, interessant. Es werden dort Dutzende von Tiergruppen genannt, wobei meistens der Ausdruck „nach seiner Art" fehlt. Ab und zu kommt er aber doch vor, nämlich bei der Weihe, dem Raben, dem Sperber, dem Häher, den verschiedenen Arten Heuschrecken, den Kröten und in 5. Mose 14 für den Geier. Anscheinend handelt es sich bei diesen Gruppen also um biologische Einheiten, die aus mehreren Schöpfungsgruppen

Zu den Bovidae gehören Rinder (rechts), Schafe, Ziegen, Gazellen, Böcke, Gemsen usw. Man nimmt an, daß diese Schöpfungsgruppe ausnahmsweise aus verschiedenen „Schöpfungsgruppen" besteht. Manchmal können verschiedene Sorten, die von einer Schöpfungsgruppe abstammen, sich noch miteinander kreuzen. So auch die Ratte (unten) und die Maus.

bestehen, und wir dürfen deshalb wahrscheinlich schlußfolgern, daß von den übrigen genannten Tiergruppen (bei denen auch der Ausdruck „nach seiner Art" fehlt) jede eine einzelne Schöpfungsgruppe darstellt.

Es stellt sich heraus, daß bei den Wirbeltieren solch eine Schöpfungsgruppe gewöhnlich auf verwandter Ebene liegt; d.h. eine Schöpfungsgruppe im Rahmen der reinen und unreinen Tiere stimmt im Normalfall mit einer biologischen Familie überein, zum Beispiel die hirschartige oder kamelartige. Manchmal scheint eine Gruppe kleiner zu sein als eine Familie; so gehören die Schöpfungsgruppen der Rinder, Schafe, Ziegen, Gazellen, wilden Ziegen und andere zu der Familie der „Bovidae" (Rindartigen). Doch gibt es Wissenschaftler, die all diese „Unterfamilien" lieber zu besonderen Familien machen möchten, wodurch auch hier Schöpfungsgruppen mit Familien übereinstimmen würden.

Umgekehrt kann so eine Gruppe auch einmal größer sein als eine biologische Familie. So muß man bei der Sorte der „Fledermäuse" nach Meinung der Wissenschaftler wohl etwa acht Familien unterscheiden. Doch wir können festhalten, daß eine Schöpfungsgruppe im Regelfall mit einer biologischen Familie, also einer kleinen oder größeren Gruppe verwandter Spezies, übereinstimmt. Jede Familie wurde im Anfang einzeln von Gott geschaffen, entweder als Paar oder als eine Reihe von Pärchen, die verschiedene Variationen innerhalb einer Schöpfungsgruppe darstellen. Viele Sorten innerhalb einer Familie können also ursprünglich von einer solchen Variante abstammen; das zeigt sich manchmal heute noch, weil solche verwandten Arten immer noch miteinander gekreuzt

Kreuzungen zwischen Zebra und Pferd sind auch möglich, wie das rechte Photo zeigt, ebenfalls zwischen Pferd und Esel (die Kreuzungsergebnisse sind Maultier und Maulesel). Unten: Eine Kolonie von pelikanartigen Vögeln. Es sieht fast so aus, als ob es auf dem Felsen geschneit hat, weil die Nester so nah zusammengebaut sind.

werden können. So gibt es z.B. Kreuzungen zwischen Löwe und Tiger; Pferd, Esel und Zebra; Hund, Wolf und Schakal; Maus und Ratte; Huhn und Truthahn; Schwan und Gans; Weizen und Roggen; Radieschen und Kohl usw.

Schöpfungsgruppe und Vererbung

Wir haben eine Reihe von biblischen Tatsachen in Händen, mit denen der Biologe etwas anfangen kann. Er kann sich fragen:

(a) Ist es in der Tat auch die Erfahrung der Vererbungslehre (der Genetik), daß innerhalb bestimmter Pflanzen- und Tiergruppen Kreuzungen vorkommen und daß sich sogar neue Sorten bilden können, aber daß diese Gruppen dennoch scharf getrennt sind von anderen, gleichartigen Gruppen? Oder weisen die genetischen Tatsachen eher darauf hin, daß die Bildung von Arten endlos möglich ist, so daß wir tatsächlich annehmen müssen, alle Arten hätten sich aus einer Urzelle entwickelt?

(b) Weist die Natur tatsächlich eine „Diskontinuität", d.h. eine Verschiedenheit von Pflanzen- und Tiergruppen auf, die durch deutliche Unterschiede voneinander abgegrenzt sind, also ohne Zwischen- und Übergangsformen? Haben solche Zwischenformen früher vielleicht gelebt, oder zeigen die Fossilien dieselben Unterschiede zwischen den verschiedenen Sorten auf? Oder bestanden unter den ausgestorbenen Organismen allerlei nicht mehr existierende Zwischen- und sogenannte Evolutionar- oder Populationsgenetik ist noch ein so junger Zweig der Wissenschaft, daß es ihr noch nicht einmal gelungen ist, den Prozeß der Artbildung (die Entstehung neuer Gattungen innerhalb einer Familie) in Zahlen und Gesetzen auszudrücken. Noch viel weniger hat sie Raum geschaffen für den Glauben, daß aus den schon bestehenden ganz neue Familien entstehen könnten! Was die Genetik bis jetzt herausgefunden hat, unterstützt die Evolution nicht, sondern weist eher daraufhin, daß die Familien tatsächlich voneinander getrennt entstanden sein müssen. Vor allem die Molekulargenetik (d.i. das Studium des Erbmaterials auf Molekülebene) hat diese Schlußfolgerung stark unterstützt. Bis dahin meinten viele Naturwissenschaftler, daß das, was wir Schöpfungsgruppen genannt haben, sehr wohl aus früheren, weniger entwickelten Gruppen entstanden sein kann und viele

Indem man die Blätter des Usambaraveilchens bestrahlt, ist es möglich, das Erbmaterial dermaßen zu verändern, daß neue Variationen entstehen. Sehr oft sind diese Art Mutationen schädlich für die Gattung. Und doch soll laut der Evolutionslehre dieser Mechanismus einer spontanen Mutation, plus natürliche Selektion, die Ursache für die allmähliche Entwicklung von der Amoebe zum Menschen sein.

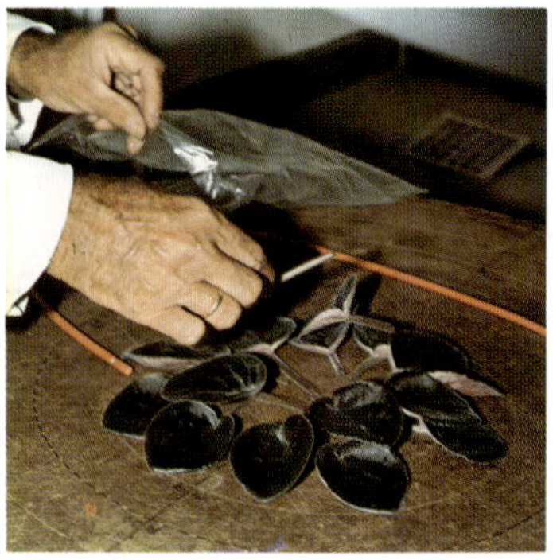

Male neu entstanden ist. Die weitaus populärste Erklärung für diese Neuentstehung ist der Neo-Darwinismus. Sein Grundgedanke ist: natürliche Selektion von neuen, zufälligen Mutationen. Eine Mutation ist, wie wir schon vorher sahen, eine Veränderung im Erbmaterial, die gewöhnlich „spontan“ (u.a. durch kosmische Strahlung) entsteht. Natürliche Selektion ist die Begünstigung der Individuen einer bestimmten Spezies, die dem bestehenden Milieu am besten angepaßt sind. Dieser Mechanismus ist nach Meinung der Evolutionisten immer noch die einzig bekannte Weise der angenommenen Evolution. Doch ist schon seit längerem bekannt, daß natürliche Selektion wohl ein wirkungsvoller Mechanismus ist, aber nicht um neue Sorten zu bilden, sondern gerade um den Standardtyp innerhalb der Sorte zu erhalten! Der berühmte Genetiker und Evolutionist Prof. *J. S. B. Haldane* bemerkte bereits: Natürliche Selektion wirkt „mittelpunktsuchend“, d.h. sie begünstigt Individuen, die nahe bei einer bestimmten Sorte stehen, auf Kosten derer, die davon abweichen. Hat sich durch die neuesten Forschungen für die Evolutionsten ein günstigeres Bild ergeben? Nein, im Gegenteil. Die Molekularstudien haben tatsächlich bei bestimmten Sorten „Verschiebungen“ in den internen Verhältnissen der Erbfaktoren ans Licht gebracht. Solche Verschiebungen können eine Basis für die Entstehung neuer Sorten bilden (beachten Sie: innerhalb einer Familie; es handelt sich hier um Artbildung, die von den biblischen Tatsachen her gesehen nicht das geringste Problem darstellt). Nun würde man aufgrund des Neo-Darwinismus erwarten, daß solche „Verschiebungen“ als Folge der natürlichen Selektion entstehen. In bestimmten Fällen scheint dies auch tatsächlich der Fall zu sein, doch hat man keine Ahnung, in welchem Prozentsatz der Fälle. Sind es 90 %? Oder 10 %? Niemand weiß es. Ja schlimmer noch: wir können noch immer von keinem einzigen Erbfaktor (Gen), in welcher Sorte oder welchem Milieu auch immer, mit einiger Sicherheit sagen, in welchem Maße er unter dem Einfluß der natürlichen Selektion steht. Die bemerkenswerte Schlußfolgerung aus diesen Beobachtungen ist, daß wir bis heute nicht wissen, ob natürliche Selektion überhaupt eine wichtige Rolle in der Artenbildung spielt und noch viel weniger, ob sie eine bedeutende Rolle spielen würde in – und das ist der springende Punkt – der angenommenen Entstehung neuer Familien. Alles weist darauf hin, daß natürliche Selektion abweichende Typen sogar bekämpft, sie ausrottet. Einerseits ist also in der modernen

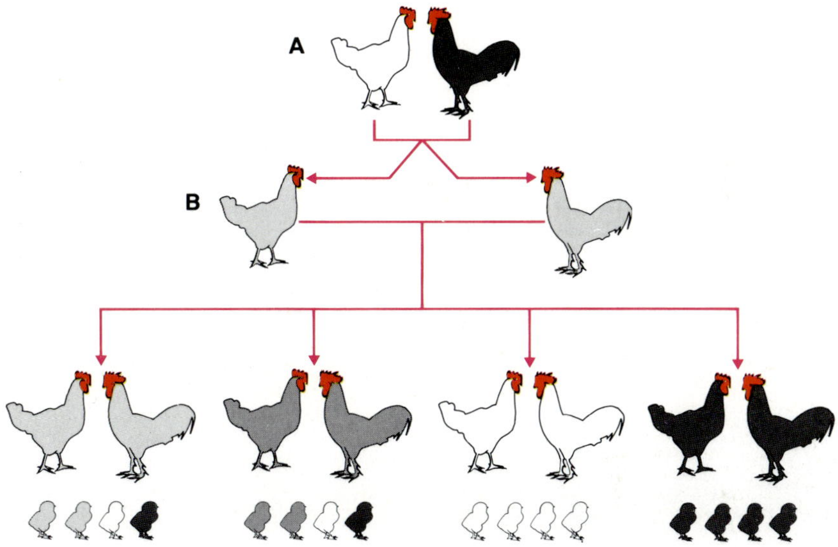

Wenn sich zwei Elternteile in einem Kennzeichen unterscheiden, ist nach Mendels Theorie bei ihren Kindern die eine Variante gegenüber der anderen „dominierend" (vorherrschend). Ein schwarzer andalusischer Hahn und ein weißes Huhn (A) haben als Nachkommen keine völlig schwarzen Tiere (B), sondern blaugraue (in verschiedenen Schattierungen). Eine Kreuzung von blaugrauen Hühnern hat schwarze, blaugraue und weiße Hühner als Ergebnis und zwar in einem Verhältnis von 1:2:1 (C).

Evolutionslehre die natürliche Selektion immer noch das einzig „bekannte" Mittel der angenommenen Evolution. Andererseits haben wir keinen einzigen Beweis dafür, daß natürliche Selektion auch nur bei der einfachsten Artbildung (innerhalb einer Familie) eine wichtige Rolle spielen würde. Schlußfolgerung: Wir haben keinen einzigen genetischen Grund, an eine allgemeine Evolution zu glauben, d.h. an die Entstehung neuer Familien. Im Gegenteil: Was wir über natürliche Selektion wissen, weist darauf hin, daß dies ein „konservativer" Prozeß ist, der nicht nach Neuem strebt, sondern nach Erhaltung dessen, was schon vorhanden ist. Darum hat man biologisch gesprochen tatsächlich viel mehr Grund zu glauben, daß Familien sich nicht auseinander entwickelt haben (von den primitivsten zu den hoch-organisierten), sondern daß sie unabhängig voneinander und nebeneinander entstanden sind. Die biblischen Tatsachen zeigen, daß diese getrennte Entstehung auf die Schöpfung lebendiger Organismen „nach ihrer Art" zurückzuführen ist.

Zufällige Mutationen

Auch das Studium der zufälligen Mutationen läßt keine andere Schlußfolgerung zu. Nach Meinung der Evolutionisten sind sie sehr wichtig, denn sie bilden die einzige Quelle neuen Erbguts, auf das die natürliche Selektion einwirken kann. Mutationen sind jedoch Veränderungen im Erbgut, wovon dieses nie besser wird. Sie ähneln den Veränderungen, die entstehen, wenn man einen Schraubenzieher i

Lebensfähigkeit und/oder die Fruchtbarkeit nehmen ab. Man denke an die Folgen der Atomexplosionen in Hiroschima und Nagasaki. Die Strahlung bewirkte nicht nur den Tod von vielen, sondern nahm auch Einfluß auf die Erbmasse. Wohl gab es Mißgeburten, aber keine Supermenschen. Es sei denn, daß außergewöhnliche Umstände vorliegen, ansonsten wird die natürliche Selektion immer versuchen, solche Mutationen in den folgenden Generationen wieder zu eliminieren, anstatt sie zu begünstigen. Es ist unmöglich anzunehmen, daß die Evolution auf der natürlichen Selektion solcher neuen, zufälligen Mutationen aufgebaut sein kann. Aber entstehen denn keine neuen Variationen, Rassen und sogar Sorten? Dafür braucht man doch neue Mutationen? Nein, überhaupt nicht; das ist einer der Befunde der modernen genetischen Forschung. Es hat sich herausgestellt, daß

Die dunkle Variation der Pfeffer- und Salzmotte (Biston betularia), der Umwelt angepaßt, war für die Vögel immer schwieriger zu finden, wodurch sie auch weniger aufgefressen wurde. Die Folge war, daß die dunkle Art immer häufiger und die helle Art immer seltener vorkam. Das hat überhaupt nichts mit Evolution zu tun, sondern ist lediglich eine Variation *innerhalb* der Art.

schon in einer einzigen Population (Ansammlung von Individuen einer Sorte) von vielen Genen zwei oder mehr Variationen (sog. Allele) vorkommen. Die Zahlenverhältnisse solcher Allele können stark voneinander abweichen, doch gibt es keinen einzigen Beweis dafür, daß all diese verschiedenen Allele durch spontane Mutation entstanden sind. Es ist unter der (sichtbaren) „Oberfläche" wohl eine gewaltige genetische Variabilität zu finden, auf die natürliche und künstliche Selektionen einwirken können. Doch gibt es keinen Hinweis darauf, daß diese Variabilität durch neue Mutationen entstanden ist oder immer noch zweckmäßig aufgefüllt wird. Im Gegenteil, es ist eher anzunehmen, daß diese genetische Variabilität für den weitaus größten Teil schon seit der Schöpfung besteht. Es muß gerade diese „hineingeschaffene" Variabilität gewesen sein, durch die sich die Schöpfungsgruppen seit der Schöpfung in so viele neue Rassen und Sorten „auffächerten".
Die Forschung der letzten zehn Jahre hat deutlich bewiesen, daß in vielen Fällen sogar bemerkenswert wenig genetische Unterschiede zwischen verwandten Arten bestehen. Sogar wo Arten einen großen Unterschied in ihren Allelen aufweisen, kommen die Allele, die eine Sorte kennzeichnen, immer auch in niedrigerer Frequenz in der verwandten Sorte vor. Daraus wird ersichtlich, daß Sorten in der Tat oft ziemlich einfach ineinander übergehen können, ohne daß dafür neue Varianten in Form neuer Mutation nötig sind. Für die Bildung neuer Rassen und Sorten macht die Natur Gebrauch von einem Repertoire genetischer Variationen, das vielleicht schon zum allergrößten Teil seit der Schöpfung besteht. Warum ist

Mutationen sind Veränderungen der Erbanlage. Es können aber auch während der embryonalen Entwicklung, die von der Erbanlage gesteuert wird, Störungen auftreten, die dann merkwürdige Abweichungen zur Folge haben, wie z. B. diese Schildkröte, die zwei Köpfe hat (links), und dieser Stier, dessen fünftes Bein an seiner linken Schulter baumelt (oben). Diese Art Monstrositäten kann durch Störungen in der Erbanlage entstehen, wie auch durch Strahlung oder andere äußere Einflüsse.

das ist so wichtig? Weil der Evolutionist immer behauptet, daß wir deshalb ganz genau studieren müssen, was sich auf der Ebene der Artbildung abspielt, weil dort grundsätzlich die gleichen genetischen Prozesse stattfinden würden wie bei der Entstehung neuer Familien, Reihen und Klassen im Pflanzen- und Tierreich: in allen Fällen würden zufällige Mutationen eine wesentliche Rolle spielen. Doch was hat sich jetzt herausgestellt? Auf dem einzigen Gebiet, wo wir in der Natur tatsächlich Veränderungen wahrnehmen, nämlich auf der Ebene der neuen Rassen- und Artbildung, stellt sich heraus, daß Mutationen gar nicht nötig sind! Für die Entstehung neuer Rassen und Sorten sind keine neuen Mutationen oder Sprungvariationen nötig, die Varianten sind bereits im vorhandenen genetischen Material eingeschlossen.

Die Finken von Darwin

Es sollte jetzt deutlich sein, daß zahlreiche „Beweise", die in Lehrbüchern und Museen normalerweise vorgeführt werden, um den Glauben an eine allgemeine Evolution zu unterstützen, im Grunde genommen gar nicht zur Sache gehören. Sie betreffen nämlich nur Variationsbeispiele innerhalb der Sorten und Geschlechter (und damit haben Kreationisten auch keinerlei Schwierigkeiten), beweisen jedoch nicht, ob auf diese Weise neue Familien entstehen können. So ist eines der bekanntesten Beispiele das der Pfeffer- und Salzmotten in England ...

Bei seinem Besuch auf den Galapagosinseln war Darwin tief beeindruckt von der Flora und Fauna, die er dort vorfand, wie z. B. diese Mangroven, die auf Lavafelsen wachsen.

dunkle Schutzfarbe bot gegen einen Hintergrund von grauschwarz gewordenen Birken einen viel besseren Schutz gegen die Vögel als die helle Farbe. „Das ist Evolution vor unseren Augen!" rief Julian Huxley jubelnd aus, doch mit Evolution hatte das Ganze nichts zu tun. Die Motten waren Motten geblieben, es war lediglich eine Verschiebung in den Mengenverhältnissen der hell- und dunkelgefärbten Motten eingetreten, die nur einem Milieufaktor zuzuschreiben ist. Nach einiger Zeit, als die Bäume wieder heller wurden, verlief der ganze Prozeß rückwärts. Ein anderes berühmtes Beispiel sind die vielen unterschiedlichen Variationen von Finken, die Darwin während seiner Weltreise auf den verschiedenen Galapagosinseln antraf. Leider war Darwin (der sich in seinem Leben ausschließlich einen theologischen Grad geholt hat) durch falschen theologischen Unterricht mit dem Vorurteil behaftet, daß Gott alle biologischen Sorten, wie wir sie heute kennen, genauso geschaffen hatte. Er erkannte nicht, daß man dies nur von den Schöpfungsgruppen, also etwa den biologischen Familien, sagen darf. Und wie es oft mit Menschen geschieht, die nach einem bestimmten Extrem erzogen wurden, begann Darwin zu zweifeln und einem anderen Extrem zu verfallen. Als er all diese verschiedenen Finkenarten (unterschiedlich in Schnabelform, in Farbe und Größe usw.) auf den Galapagosinseln studierte, begann er, sich schon bald zu fragen, ob Gott alle diese verschiedenen Rassen an diesem einen Ort so geschaffen habe. Als er außerdem feststellte, daß diese Finkenarten noch am meisten mit denen des nahegelegenen Ecuador übereinstimmten, zog er zu Recht die Schlußfolgerung daraus, daß diese Finken von Südamerika zu dieser Inselgruppe emigriert waren, dort auf den verschiedenen Inselgruppen seßhaft wurden und durch die geographischen Barrieren zwischen den Inseln langsam auseinander gewachsen waren, um dann die vielen verschiedenen Rassen hervorzubringen. Aber aufgrund dieser ähnlichen Befunde verwarf Darwin die Lehre, daß Gott ursprünglich bestimmte Hauptlebensarten geschaffen hat. Sein berühmtes Werk „Die Entstehung der Arten" ist im Grunde genommen genau das, was es aussagt: es behandelt nicht die Entstehung von Ordnungen, Klassen und Hauptabteilungen, sondern die von Sorten und Rassen. Es unterbreitet die unterschiedlichsten Beweise für „Mikroevolution", für die Bildung neuer Rassen und Varianten. Doch war es gerade dieses Buch, das den Anstoß zum Glauben (sowohl bei Darwin selbst, als auch bei der übrigen gelehrten

Vor allem die verschiedenen Finken (rechts), die Darwin auf den Galapagosinseln antraf, brachten ihn auf erstaunliche Ideen. Wenn kleinere Variationen innerhalb einer Art möglich sind, wäre es denn dann durch solche Entwicklungen nicht auch möglich, daß die eine Art aus der anderen hervorging? Darwin (unten) war mit der theologischen Auffassung seiner Zeit aufgewachsen, die besagte, daß alle Arten ursprünglich so geschaffen wurden, wie wir sie heute vorfinden, und daß damit jede neue Artenbildung ausgeschlossen sei. Doch die verschiedenen Finkenarten, die Darwin auf den verschiedenen Inseln vorfand, u.a. mit ihren ganz unterschiedlichen Schnabelformen, deuteten in eine ganz andere Richtung.

Welt und der breiten Öffentlichkeit) an eine „Makroevolution" gegeben hat, einer Evolution von der Amöbe zum Menschen! Die von Darwin innerhalb von zwanzig Jahren mit viel Einsatz und Energie gesammelten Tatsachen bilden für das Schöpfungsmodell im Grunde kein einziges Problem, im Gegenteil: das Modell verschafft Raum für die Bildung von neuen Rassen und Sorten innerhalb der Grenzen der von Gott geschaffenen Schöpfungsgruppen. Darwin hatte dies richtig gesehen: Variationen innerhalb der Familien sind möglich, „Mikroevolution" ist mit der Schöpfung gegeben. Wenn ein paar Exemplare von einer Sorte geographisch isoliert werden wie Darwins Finken, können sich ganz leicht neue Variationen entwickeln. Doch die moderne genetische Forschung hat im Grunde gezeigt, daß Makroevolution wissenschaftlich inakzeptabel ist. Um es einfach auszudrücken: das ursprünglich geschaffene, hundähnliche Tier konnte sich wohl zu einem Zwergpinscher oder auch zu einem Bernhardiner entwickeln, aber es konnte nie eine Katze oder ein Pferd daraus werden!
Im nächsten Kapitel wollen wir untersuchen, ob bei den Fossilien Übergangsformen zwischen Sorten gefunden wurden.

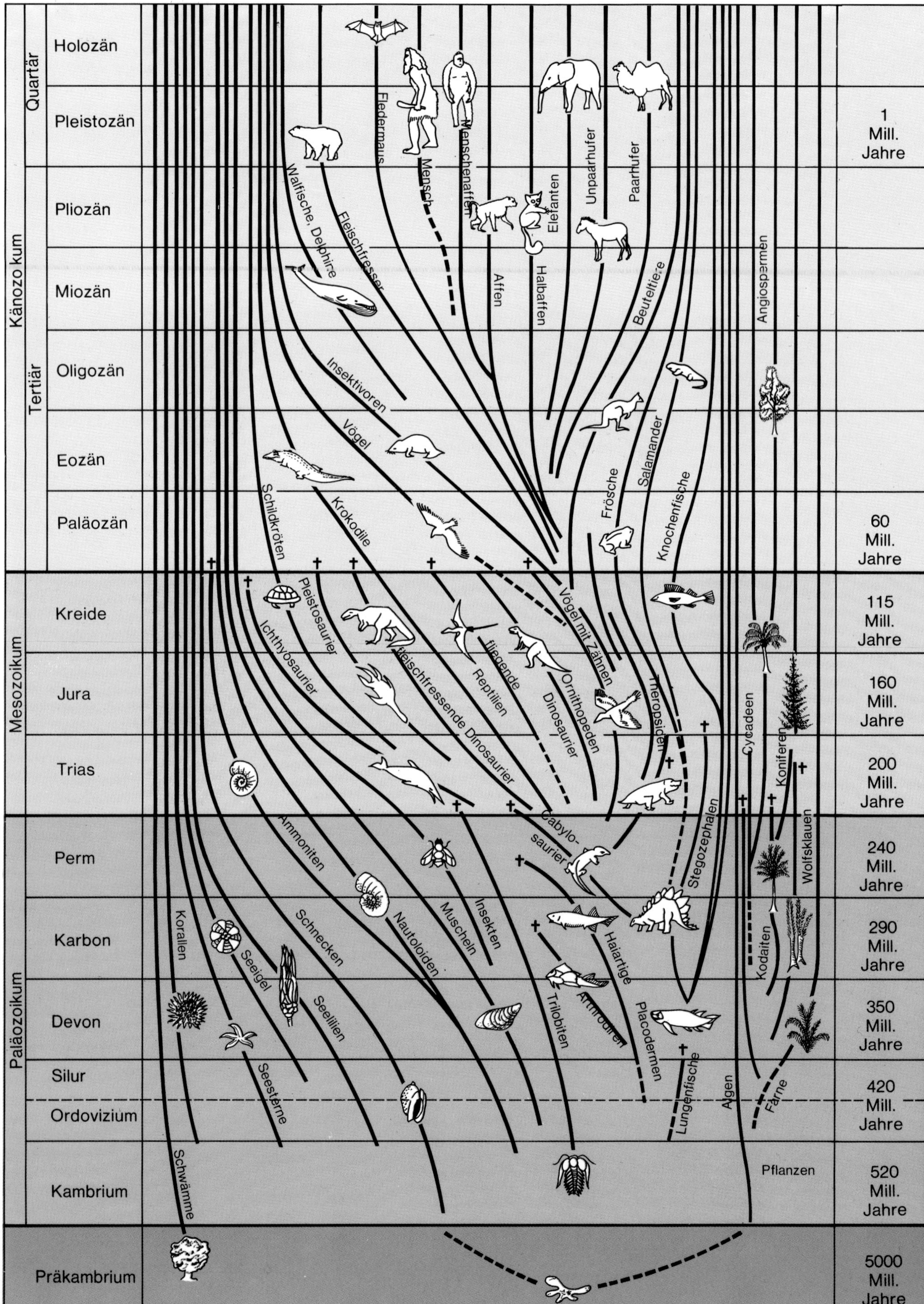
Känozoikum
Quartär
Holozän
Pleistozän
Tertiär
Pliozän
Miozän
Oligozän
Eozän
Paläozän
Mesozoikum
Kreide
Jura
Trias
Paläozoikum
Perm
Karbon
Devon
Silur
Ordovizium
Kambrium
Präkambrium
1 Mill. Jahre
60 Mill. Jahre
115 Mill. Jahre
160 Mill. Jahre
200 Mill. Jahre
240 Mill. Jahre
290 Mill. Jahre
350 Mill. Jahre
420 Mill. Jahre
520 Mill. Jahre
5000 Mill. Jahre
Fledermaus
Mensch
Menschenaffen
Walfische, Delphine
Fleischfresser
Affen
Halbaffen
Elefanten
Unpaarhufer
Paarhufer
Beuteltiere
Angiospermen
Insektivoren
Vögel
Schildkröten
Krokodile
Frösche
Salamander
Knochenfische
Vögel mit Zähnen
Pleistosaurier
Ichthyosaurier
fleischfressende Dinosaurier
fliegende Reptilien
Ornithopeden
Dinosaurier
Theropsiden
Cycadeen
Koniferen
Wolfsklauen
Stegozephalen
Cabylo-saurier
Ammoniten
Insekten
Muscheln
Nautoloiden
Schnecken
Korallen
Seeigel
Seelilien
Haiartige
Arthrodiren
Trilobiten
Placodermen
Kodaiten
Seesterne
Lungenfische
Algen
Farne
Schwämme
Pflanzen

Die Fossilien reden

Links: Der Stammbaum des Lebens, wie ihn sich ein Evolutionist vorstellt. Der Stammbaum zeigt die geologischen Perioden (eine jede mit ihren eigenen spezifischen Formen).
Rechts: Die Vorstellung eines Künstlers von der Flora und Fauna der frühen Kreidezeit. In der Mitte steht ein Iguanodon, in der Luft fliegt ein Pterodaktylus, und im Wasser watet ein Brontosaurier.

In den letzten 150 Jahren wurden in der Welt Millionen, ja sogar Milliarden Fossilien gefunden: versteinerte Überreste von Tier- und Pflanzenarten, die auch jetzt noch leben, und von anderen, die heute ausgestorben sind. Manchmal kommen diese Reste sogar in solch großen Mengen vor, daß der Fundort stark an ein gewaltiges Massengrab erinnert.

Die Anhänger der Evolutionslehre gehen davon aus, daß die Erdschichten sehr langsam (während Jahrmillionen) entstanden sind. Es ist jedoch kaum möglich, die Entstehung von Fossilien und Erdschichten von dem her zu erklären, was heute in der Erdkruste geschieht – denn heute entstehen wenige oder keine Fossilien und Erdschichten – und es ist wahrscheinlicher, daß Fossilien und Erdschichten unter katastrophalen Umständen entstanden sind, wie wir sehen werden. Es gibt so gut wie keinen Platz auf der Erde, wo heute noch reine Fossilien entstehen, aber in den Erdschichten wie z.B. der des Kambriums (das heißt in den untersten fossilhaltigen Schichten) finden wir viele Milliarden größtenteils vollständig erhaltener Fossilien. Fossilien können nicht entstehen, wenn z.B. ein Tier nur stirbt – wenn es tot auf dem Erdboden liegenbleibt, aufgefressen wird oder verwest – sondern erst dann, wenn es auch schnell und vollständig begraben wird oder einfriert oder auf andere Weise mit Material bedeckt wird. Nur wenn es von der Luft abgeschlossen wird, kann der Mineralisierungsprozeß (durch den das Tier oder die Pflanze „versteinert“) in Gang kommen. Fossilien sind so makellos erhalten geblieben, daß

Millionen solcher Tiere zusammen in einer Schicht antreffen, dann kann man als Erklärung nur an größere Katastrophen denken, die solche Tiermassen schnell begraben haben.
Die Tatsache, daß manchmal auch Massengräber vorkommen, in denen Hunderttausende kleiner und großer Tiere in einer Schicht in Haufen begraben liegen, weist auf solche katastrophischen Umstände hin, bei denen diese Tiermassen von Sand, Ton und Wassermassen bedeckt wurden und verendeten.
Einige Beispiele:
(1) In Maryland (USA) fand man in einer Höhle die versteinerten Überreste von Dutzenden verschiedener Säugetierarten, zusammen mit vielen Reptilien und Vögeln.

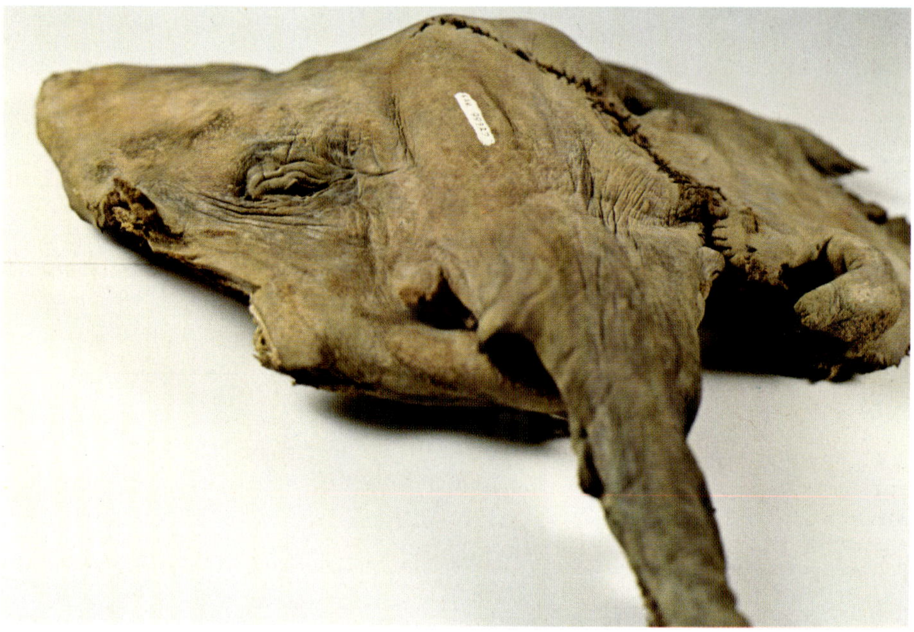

Dieses Mammutbaby muß so schnell von dem Tod und der Kälte überrascht worden sein (rechts), daß auch die Weichteile des Tieres unversehrt erhalten geblieben sind. Fossile Knochen werden nicht nur als Einzelfunde, sondern oft auch in Massengräbern angetroffen (unten). Die Überreste von Tieren aller Art liegen kreuz und quer durcheinander.

Die Formen stellen Tiere aus tropischen, gemäßigten und polaren Zonen wie auch aus trockenen und feuchten Lebensbereichen dar, dennoch liegen die Fossilien miteinander vermischt in einem einzigen Grab.
(2) In der Gegend von Geiseltal in Deutschland befindet sich sogenanntes Liegendes (eine Art Braunkohle), das zahlreiche Arten versteinerter Pflanzen, Tiere und Insekten aus allen heute bekannten geographischen und klimatischen Gebieten der Welt enthält. Die bemerkenswerte Konservierung der feinen Struktur und sogar der chemischen Substanz dieser Tiere ist ein treffender Beweis für eine sehr schnelle und ziemlich rezente „Bestattung".
(3) Die baltischen Bernsteinablagerungen enthalten versteinerte Insekten und Pflanzen, die aus allen möglichen Klimazonen stammen. Fachkundige Zoologen haben daraus den Schluß gezogen, daß diese Sedimente das Resultat der einen oder anderen weltweiten Katastrophe sein müssen.
(4) In der Gegend von Lompoc in Mittelkalifornien findet man riesige Ablagerungen sogenannter Diatomeenerde, die Millionen versteinerter Fische enthalten, welche sehr gut konserviert sind. Diese Fossilien sind zumeist in einer solchen Stellung abgelagert, daß man daraus schließen kann, daß sie eines plötzlichen gewaltsamen Todes gestorben sind. Auch in Schottland findet man solche Massengräber mit versteinerten Fischen.
(5) Vor nicht allzulanger Zeit wurden in China auf einer Höhe von 4000 Metern siebzig Zentner Dinosaurierfossilien gefunden. Nur das Katastrophenmodell kann einen derartigen Fund erklären (wir kommen noch darauf zurück).

Wenn es um die Versteinerung von derartig großen Organismen wie Dinosauriern geht (und das gilt z.B. auch für große Bäume), hat man es noch mit einem weiteren Problem zu tun. Sehr oft hat man solch riesige Organismen völlig unversehrt in versteinertem Zustand wiedergefunden. Doch könnten solche Organismen niemals versteinert sein, wenn sie während vieler Jahre Millimeter um Millimeter mit Material bedeckt wurden! Sie würden schon lange Zeit verfault sein. Wenn sie aber dennoch unversehrt und versteinert aufgefunden werden, müssen sie wohl durch gigantische Sand- und Wassermassen bedeckt worden sein, und zwar so schnell, daß sie rechtzeitig von der Luft abgeschlossen wurden. Ein bemerkenswertes Beispiel: einen 18 Meter langen, versteinerten Baumstamm, der an seiner Basis einen Durchmesser von beinahe zwei Metern hat und der in einem Winkel von 40

Im Dinosaurier National Monument von Utah in den USA (rechts) ist ein Mann damit beschäftigt, die Knochen eines Stegosauriers auszumeißeln. Hier ist auch ein Massengrab mit den Überresten von Hunderten von Dinosauriern durcheinander. Fische (unten) werden oft prächtig versteinert angetroffen. Sie müssen, ehe sie starben, oder aber unmittelbar danach, von großen Mengen Material überschüttet worden sein, so daß der Körper von der Außenwelt abgeschlossen wurde und nicht verwesen konnte. Durch eine gewaltige Katastrophe, die alle Ozeane umgekehrt hat, sind Millionen Fische erhalten geblieben. Die katastrophische Entstehungsweise solcher Fossilien wird besonders durch die Tatsache ersichtlich, daß manchmal auch die Weichteile konserviert wurden.

Grad zehn verschiedene Steinkohleschichten durchschnitt, fand man in einer Steinkohlengrube bei Newcastle in England. Können wir uns vorstellen, was für katastrophale Umstände nötig waren, um einen solchen „Beerdigungsprozeß" zu verwirklichen?

Steinkohle und die Evolutionszeittafel

Steinkohle könnte man als ein Massengrab aus Pflanzen bezeichnen, denn sie ist eigentlich nichts anderes als eine riesige Menge versteinerter Pflanzenmassen, die von der Luft abgeschlossen wurden, weil sie unter großen Mengen Sand und Erde begraben wurden. Unter diesem gewaltigen Druck und durch einen Temperaturanstieg wurden die Pflanzen und Bäume zur Steinkohle. Sind es nun allein Fossilien von Pflanzen, die dort gefunden werden, oder kommt auch da und dort etwas anderes zum Vorschein?

Darüber wurde in der Literatur u.a. Folgendes berichtet. Im Jahre 1912 wurde in Oklahoma (USA) in einem großen Stück Steinkohle ein eiserner Topf gefunden. Auch in Schottland fand man einmal in einem Stück Steinkohle ein eisernes Werkzeug.

Es sind auch einige Fälle bekannt, bei denen in alten Erdschichten Eisennägel gefunden wurden. (Bedeutsam ist dabei die Entdeckung, daß all diese Metallgegenstände nicht erst später in die Erdschichten gelangten, sondern in dem auch immer) gehört natürlich ganz und gar nicht in solch uralte Schichten. Wenigstens dann nicht, wenn die Evolutionstheorie recht hat. Denn diese Steinkohleschichten entstanden zum größten Teil in dem Zeitabschnitt, der von den Evolutionisten Karbon genannt wird. Wie verhält es sich aber mit diesen Zeitabschnitten?

Ära	**Perioden**		**Geschätzte Jahrmillionen**
		Holozän	rezent
	Quartär	Pleistozän	2
		Pliozän	10
Känozoikum	Tertiär	Miozän	25
		Oligozän	40
		Eozän	60
		Paleozän	70
Mesozoikum	Kreide		135
	Jura		180
	Trias		220
	Perm		270
	Karbon		350
Paläozoikum	Devon		400
	Silur		440
	Ordovizium		500
	Kambrium		600
Präkambrium	Proterozoikum		1000
	Archäozoikum		3000
	Azoikum		4500

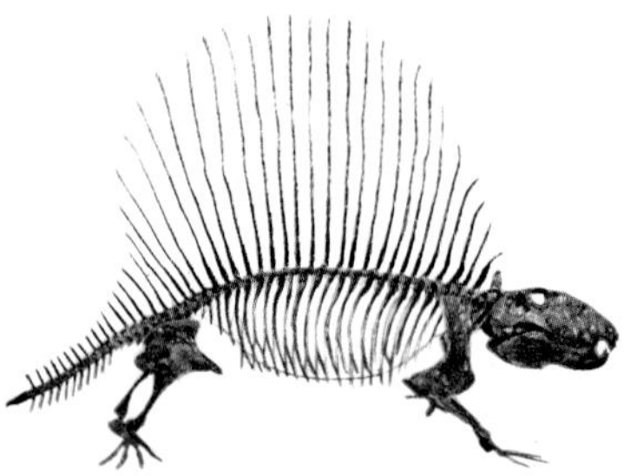

Dieser Dinosaurier ist ein Edaphosaurier, ein Tier mit einem hohen Panzer auf dem Rücken, der mit Wirbelstacheln versehen war, die vielleicht als Temperaturregulator dienten (Austausch von Wärme und Kälte).

Ob es sich nun um Steinkohleschichten des Miozäns oder des Karbons handelt: Nach der Evolutionstheorie ist es unmöglich, daß sich darin Überreste von menschlichen Gebrauchsgegenständen befinden. Der Mensch ist nach der Evolutionslehre doch erst eine Million Jahre alt, die Karbonschichten aber Hunderte von Millionen Jahren! Weil wir aber gerade über Steinkohle sprechen, seien noch ein paar weitere interessante Tatsachen genannt. Nach Meinung des Evolutionisten zeugt jede Steinkohleschicht von einer Periode, in der die Landoberfläche auf einen tieferen Punkt sank und sich Moor- und Torfseen bildeten; danach wurden die angehäuften Pflanzenmassen von Sedimenten bedeckt und die Landoberfläche stieg wieder, worauf sich der ganze Prozeß wiederholte. Doch hier sind die Tatsachen:

(1) Es gibt heute viele Moore, doch soweit bekannt ist, besteht keines von ihnen in Abwärtsrichtung aus einer ununterbrochenen Reihenfolge von Steinkohle- und Zwischenschichten. Die Moortheorie wird in der heutigen Natur nicht bestätigt, dagegen um so mehr eine Erklärungsweise, die Katastrophen auf der Erde miteinbezieht.

(2) Versteinerte Bäume werden manchmal sogar auf einer Steinkohleschicht oder in einem Winkel dazu stehend angetroffen, was mehr auf einen Transport pflanzlichen Materials von irgendwoher hindeutet (wie bei einer großen Flut), als auf langsame Ablagerungen vor Ort.

(3) Steinkohleablagerungen verteilen sich manchmal in zwei Schichten, die durch herangeführte marine Ablagerungen voneinander getrennt sind (das sind Schichten mit Fossilien von Meerestieren).

(4) Marine Fossilien (Würmer, Schwämme, Korallen usw.) werden oft sogar in den

Dieser Dendrolith (versteinerter Baumstamm) (oben), konnte nur entstehen, weil der Baum schnell und vollständig verschüttet wurde, so daß er nicht verrottete, sondern versteinerte. Oft findet man solche Baumstämme in Steinkohleschichten (unten), die im Grunde Massengräber von Pflanzen sind. Auch die ältesten fossilhaltigen Schichten sind eigentlich Massengräber, nämlich für Meerestiere wie z. B. diese Seelilien (rechts oben).

Steinkohleschichten selber angetroffen, was in einem Katastrophenmodell ganz leicht vorstellbar ist.
Doch wie solche Vermischungen von Meerestieren und Landpflanzen nach dem Evolutionsmodell vorkommen können, ist rätselhaft.
(5) Oft findet man in den Steinkohleschichten riesige Steine, die dort gar nicht vorhanden sein dürften nach einem Modell, das von einer allmählichen Überschichtung von Pflanzenmaterial ausgeht.
(6) Die sogenannten Stigmarien, die manchmal als die Wurzeln der in den Kohleschichten vorkommenden Bäume angesehen werden und darauf hinweisen sollen, daß die Schichten aus vor Ort gewachsenen und abgestorbenen Wäldern entstanden sind, haben sich nach neuesten Forschungen als Bruchstücke erwiesen, die nicht mit bestimmten Bäumen im Zusammenhang stehen und in Wirklichkeit durch Wassermassen an diesen Ort geschwemmt wurden.
(7) Doch das Seltsamste an den Steinkohleschichten ist wohl ihr gewaltiger Umfang. In den Damudareihen in Indien kommen 50 bis 60 Schichten übereinander vor; manche davon sind etwa 30 Meter dick, in einem sich oft wiederholenden Zyklus von Steinkohle, Sandstein und Schalie (versteinerter Lehm). In Nova Scotia (Kanada) hat man 76 übereinanderliegende Schichten gefunden, in England 80 und in Deutschland bis zu 100. Es ist unmöglich, sich vorzustellen, daß sich die Landoberfläche an einer bestimmten Stelle 80 bis 100 mal

aufeinanderfolgende Flutwellen während einer gigantischen katastrophalen Wasserflut immer neue pflanzliche Materialien herbeiführten, die sich übereinander schichteten. Daß dabei erst die schwersten Materialien (wie Bäume) versanken, danach der Sand und schließlich der Lehm (der Schalien bildet), liegt auf der Hand und erklärt auch das abwechselnde Vorhandensein von Steinkohle, Sandstein und Schalien an bestimmten Stellen.
Außerdem kann man sich die Umwandlung von Pflanzen in Steinkohle unter Katastrophen-Umständen (das heißt unter gewaltigem Druck, großer Hitze und durch adiabatische Zusammenpressung, also ohne Aufnahme oder Verlust von Wärme) sehr viel leichter vorstellen als in einem Modell, das langsame vertikale Anhäufung von Sedimenten annimmt.

Es gibt verschiedene Theorien über die Entstehung von Steinkohle. Eine davon besagt, daß Torfmoore, wie hier abgebildet, immer wieder allmählich gesunken sind und von Sedimenten bedeckt wurden. Anschließend soll das Gelände wieder gestiegen sein, neue Torfmoore sollen entstanden sein, wieder gesunken und bedeckt, nochmals gestiegen usw. An einigen Stellen soll sich dieser Prozeß etwa 60 bis 100 Mal wiederholt haben müssen! Das verlangt viel Gutgläubigkeit von uns.

Neuere Untersuchungen haben außerdem ergeben, daß Holz unter Anwendung von hohem Druck und hoher Temperatur in weniger als einer Stunde in Steinkohle umgesetzt werden kann (und organischer Abfall in Petroleum).

Fossilien „nach ihrer Art“

Zurück zu den Fossilien: Millionen und Milliarden wurden davon gefunden. Nach Auffassung der Evolutionsanhänger haben sich allmählich alle Lebensformen auseinander entwickelt. Wird das nun durch die Fossilienfunde bestätigt? Finden wir darin zahlreiche Reste von Zwischenformen verschiedener Tiersorten? Die Antwort heißt: Nein.

Wir treffen heute in der Natur eine Reihe deutlich voneinander abgegrenzter Haupttypen an, das heißt Typen mit auffälligen Unterschieden. Das Bemerkenswerte ist, daß die gleichen Unterschiede auch unter den versteinerten Organismen vorkommen. Nach der Evolutionslehre müßte die heutige Organismenwelt, verglichen mit der versteinerten, eine kontinuierliche Sammlung von Formen darstellen, ohne auffallende Unterschiede zwischen den verschiedenen Abteilungen des Pflanzen- und Tierreiches. Die fortwährende Evolution müßte zu einem sich in alle Richtungen ausbreitenden Chaos von Formen geführt haben, mit unzähligen Zwischen- und Übergangsformen. Der Evolutionist und Paläontologe Prof. *O. H. Schindewolf* erkannte dies vor 25 Jahren recht deutlich und kämpfte mit dem Problem, warum die Natur

nun gerade so *nicht* aussieht. Die Natur zeigt nämlich genau das Bild, das wir aufgrund der biblischen Angaben auch erwarten dürfen.
Wegen dieser Unterschiede zwischen Geschlechtern, Familien und Ordnungen von Pflanzen und Tieren ist es tatsächlich überhaupt erst möglich, eine Klassifizierung der heutigen Organismen vorzunehmen. Die Fossilien weisen in ihren Hauptgruppen die gleichen Unterschiede wie die heutige Flora und Fauna auf, genau wie es die biblischen Angaben erwarten lassen.
Die ältesten fossilhaltigen Erdschichten sind die des sogenannten Kambriums. In diesen Schichten hat man viele Milliarden versteinerter Überreste von hochorganisierten Lebensformen gefunden, wie Schwämme, Korallen, Würmer, Weichtiere und Schalentiere. Von allen Hauptabteilungen, ja sogar von beinahe

Bereits im Kambrium sind fast alle Klassen des Tierreiches (unter ihnen die Schnecke Turritella) (unten) vertreten. Auch die Insekten (rechts) erscheinen „plötzlich", ohne Hinweise auf Vorfahren. Diese versteinerte Libelle ist besonders interessant, weil man an den ausgebreiteten Flügeln sehen kann, daß das Insekt noch versucht hat, sich aus der trockenwerdenden Schlammschicht zu befreien. Kurz darauf muß es dann mit einer neuen Schicht bedeckt worden sein.

allen Klassen des Tierreiches kommen in den Kambriumschichten hochentwickelte Vertreter vor, ohne daß es die geringsten Anzeichen für gemeinsame Vorfahren gibt. Evolutionisten schätzen, daß diese hochentwickelten Lebensformen für ihre Evolution viele Milliarden (Tausende Millionen) Jahre benötigten. Doch was finden wir in den Erdschichten, die älter sind als das Kambrium? Kein einziges, eindeutig mehrzelliges Fossil wurde jemals in diesen Erdschichten gefunden!
Es wurden wohl einige einzellige Fossilien entdeckt, obwohl deren Echtheit angezweifelt wird. Doch selbst wenn sie echt sind, bleibt noch eine riesige Kluft bestehen zwischen diesen wenigen einzelligen und den unglaublich zahlreichen und hochentwickelten Lebensformen aus dem Kambrium. Auch diese erstaunliche Tatsache deutet darauf hin, daß etwa neun Zehntel der angenommenen Geschichte des Lebens auf Erden von der Wissenschaft noch nicht erforscht sind. Niemand kann deshalb der Behauptung widersprechen, daß beispielsweise die Korallen im Kambrium seit Anfang ihres Bestehens schon Korallen gewesen sind, daß die Würmer schon immer Würmer waren und daß die Weichtiere niemals etwas anderes als Weichtiere gewesen sind. Dasselbe kann man für die Ordnungen und Klassen innerhalb dieser Gruppen sagen. Es gibt keinen einzigen fossilen Beweis für die Behauptung, daß Einzeller und Mehrzeller, Pflanzen und Tiere oder sogar die Klassen des Tierreiches überhaupt miteinander verwandt sind. Es ist also einfach nicht richtig zu behaupten, daß die angenommene Evolution des Lebens auf Erden durch die Fossilien bestätigt wird. Die älteste Dokumentation, die wir haben, zeigt, daß die

Zwischen- und Übergangsformen

Nun wird man vielleicht einwenden, daß noch lange nicht alle Ordnungen und Familien des Tierreiches im Kambrium vertreten sind. Viele erscheinen erst in höheren (jüngeren) Erdschichten; weist das nicht auf eine Entwicklung aus den Formen hin, die schon im Kambrium bestanden haben? Die Antwort lautet: Nein. Und zwar deshalb, weil ohne Ausnahme alle Familien, Ordnungen und Klassen plötzlich und ohne Übergangsformen in den höheren Erdschichten erscheinen. Nehmen wir beispielsweise den wichtigen Übergang zwischen wirbellosen und Wirbeltieren. Die ersten versteinerten Wirbeltiere sind Tiere mit fischartigen Merkmalen, und wir begegnen ihnen schon in den Erdschichten des Ordoviziums, die genau über denen des Kambriums liegen. Man nimmt an, daß diese fischartigen

Oben: Ein gut erhaltenes Fossil von einem Hering, der von dem aufgewühlten, mit Sand und Lehm gemischten Wasser der Sintflut überrascht wurde und sich im Todeskampf krümmt.
Rechts: Ein prächtig gefleckter Feuersalamander (Salamandra salamandra terrestris) (erwachsenes Tier mit Larve). Die Salamander gehören zu den Amphibien. Nach dem Evolutionsmodell müßten sie zweimal erschienen sein, allerdings mit einer Zwischenperiode von Millionen Jahren.
Die vertikal zusammengedrückten Rochen gehören, wie auch die Haie, wegen ihres Knorpelskeletts, ihrer einfachen Kiemen und der fehlenden Schwimmblase zu den „primitivsten" Wirbeltieren. Manche Rochen haben jedoch differenzierte elektrische Organe (unten).

Tiere sich aus einer Tiergruppe entwickelt haben, die man Chordaten nennt, doch es ist niemals eine einzige fossile Zwischenform zur Bestätigung dieser Annahme gefunden worden. Und aus welcher Gruppe von wirbellosen Tieren sollten sich diese Zwischenformen entwickelt haben? Dafür hat man im Laufe der Zeit schon beinahe jede wirbellose Gruppe zur Erklärung herangezogen. Doch in Wahrheit weiß es niemand. Die nötigen fossilen Hinweise fehlen völlig: die nächstliegendste Schlußfolgerung ist, anzunehmen, daß die gesuchten Übergangsformen einfach nie gelebt haben, also eine unbestätigte Hypothese sind. Wenn auf vermeintliche fossile Hinweise für eine allgemeine Evolution verwiesen wird, so meist innerhalb der Gruppe der Wirbeltiere, weil die Fische, die Amphibien, die Reptile und die Säugetiere nacheinander in den aufeinanderfolgenden Erdschichten aufzutauchen schienen. All diese Klassen, und auch ihre vielen Ordnungen, erscheinen jedoch immer plötzlich, ohne Übergangsformen. Die Klasse der Fische besteht aus einigen völlig unterschiedlichen und zum Teil ausgestorbenen Unterklassen, nämlich den Kieferlosen, den Flachhäutern, den Knorpelfischen und den höheren Knochenfischen. Die ersten beiden bestehen aus einigen Ordnungen, die auch wieder völlig verschieden voneinander sind und für die keine gemeinsamen Vorfahren unter den Fossilien benannt werden können. Die Flachhäuter erscheinen ausgerechnet in Erdschichten, in denen wir die vermeintlichen Vorfahren der Knorpel- und Beinfische erwarten würden. Doch die Klasse der Flachhäuter besteht aus völlig verschiedenen Tieren, von denen die höheren Fischarten unmöglich abstammen können. Darum sagte der bekannte Evolutionist und Paläontologe *A. S. Romer* von diesen Tieren: „Es hätte die Situation vereinfacht, wenn es sie nie gegeben hätte!" Es hat sie aber gegeben, und außerdem erscheinen die späteren Knorpel- und Beinfische ganz plötzlich und ohne eine einzige Übergangsform in der Fossiliengeschichte. Ja, es ist sogar so, daß dort wo die Beinfische zum ersten Mal auftreten, sie schon in vielen verschiedenen Typen vorkommen. Nach Meinung der Evolutionisten entstanden aus den Fischen die Amphibien. Dieser Übergang muß Millionen von Jahren gedauert und eine gigantische Menge von Übergsformen hervorgebracht haben. Man hat etliche Gruppen von Fischen gefunden, vor allem die sogenannten Pinselflosser, die die Übergangsformen zu den Amphibien hätten darstellen können. Doch nie wurde auch nur eine einzige fossile Form gefunden, die uns eine Zwischenform zwischen der Flosse von z.B. einem Pinselflosser einerseits und der Pfote der postulierten

Eine der Riesenschildkröten der Galapagosinseln: Geochelone elephantopus.
Diese Schildkröten gehören zu den Reptilien, die nach der Evolutionstheorie aus den Amphibien hervorgegangen sein sollen.

Urtiere andererseits gezeigt hätte. Außerdem sehen wir schon von Anfang an sehr unterschiedliche Ordnungen von Amphibien nebeneinander zwischen denen große Unterschiede bestehen und für die keine gemeinsamen Vorfahren aufzuweisen sind. Bei einigen Formen kamen sogar überhaupt keine Gliedmaßen vor, und schon gar keine Schulter- oder Beckengürtel.
Die Geschichte der Amphibien wird jedoch noch eigenartiger. In der geologischen Mittelperiode (dem Mesozoikum) kommen zeitweise sogar überhaupt keine Fossilien von Amphibien vor! Zwischen den verschiedenen ausgestorbenen Ordnungen der Amphibien aus der ältesten Hauptperiode, dem Paläozoikum, und den zwei heute noch existierenden Ordnungen (Frösche/Kröten und Salamander) bestehen keine Übergangsformen. *Van der Vlerk* und *Kuenen* schreiben darüber: „Es ist nicht wahrscheinlich, daß es eine Zeit gab, in der keine Amphibien mehr auf Erden lebten, nachdem sie schon einmal dagewesen waren und ehe sie zum zweiten Male auftauchten!" Die fossilen Ordnungen der Amphibien erschienen teilweise ohne Zwischenformen, ohne Vorfahren, und starben wieder aus: Aber siehe da, nach Millionen von Jahren erscheinen die heute existierenden Ordnungen der Amphibien auch wieder ohne Verbindung untereinander und ohne nachweisbare Vorfahren.
Wäre es nicht viel logischer, wenn wir annehmen würden, daß alle diese

viel weniger Unterschiede in den fossilierbaren Teilen (Skelett) aufweisen als Fische und Amphibien.
Reptilien und Amphibien unterscheiden sich vielmehr in ihren Weichteilen und vor allem in der Struktur ihrer Eier, die entweder dotterarm oder dotterreich sind. Doch da diese Teile nicht versteinert sind, kann man hier anhand sich stark gleichender fossiler Skeletteile sehr viel einfacher Übergangsreihen von Amphibien zu Reptilien suggerieren. Daß man jedoch gerade solche Reihen kritisch studieren muß, wird ersichtlich, wenn man die Zeittafel der Evolution danebenlegt. Die Amphibien, die man als die ehestmöglichen Vorfahren der Reptilien ansieht, stammen nämlich aus dem Perm, was bedeutet, daß sie nach der Zeittafel mindestens 20 Millionen Jahre zu spät auftraten. Die Urreptilien, die sich nämlich als erste aus diesen Amphibien entwickelt haben sollen und zu der Ordnung der Stegozephalen gehören, entstanden nämlich bereits im Karbon, das dem Perm vorangeht.

Das Junge eines Turako, eines kuckuckähnlichen Vogels aus Afrika, hat Krallen an den Flügeln (unten). Krallen sind also keine „Übergangsmerkmale", was man beim Achäopteryx annahm. Oben: Weißhalsige Kormorane in Kenia.

Entstehung der warmblütigen Tiere

Die zwei höchsten Klassen der Wirbeltiere – die Säugetiere und die Vögel – unterscheiden sich von allen übrigen Tieren dadurch, daß sie eine konstante und ziemlich hohe Körpertemperatur beibehalten können. Die Entstehung dieser Warmblütigkeit ist wieder eines der evolutionären Probleme, die auch durch die Darbietung von beeindruckenden Übergangsreihen bei den Skeletteilen nicht erklärt werden können.
Auch die Säugetiere unterscheiden sich von den Reptilien viel mehr in ihren Weichteilen als in ihren Skeletteilen; man denke an die Fortpflanzungsorgane, an die Lungenatmung, das Säugen der Jungen und die Behaarung bei den Säugetieren. Die auffälligsten Unterschiede zwischen Skeletteilen von Reptilien und denen von Säugetieren findet man im Bereich des Kopfes. Alle (fossilen und lebenden) Säugetiere haben einen Unterkiefer, von dem jede Hälfte nur aus einem Knochen (dem Dentin) besteht und links und rechts je drei Gehörknöchelchen aufweist: Hammer, Amboß und Steigbügel. Alle (fossilen und lebenden) Reptilien dagegen haben mindestens vier Knochen in jeder Hälfte des Unterkiefers und an beiden Seiten nur ein Gehörknöchelchen. Nun ist aber keine einzige fossile Zwischenform bekannt mit beispielsweise zwei oder drei Unterkieferknochen und zwei Gehörknöchelchen. Wenn die Evolutionstheorie recht hat, müssen solche Übergangsformen gelebt haben, es sei denn, man möchte uns weismachen, daß bei einigen Reptilien von einem Tag zum anderen drei ihrer Unterkieferknochen ins Ohr wanderten. Wenn man (verständlicherweise) einem allmählichen Übergang den Vorzug gibt, dann muß man auch erklären, wie es die Übergangsformen schafften, mit Unterkiefern zu kauen, die noch nicht ganz eingehängt und mit „Scharnieren" versehen waren, und wie diese Übergangsformen ferner hören konnten während einer Zeit der völligen Reorganisation ihrer Ohren.
Soweit man jedoch trotzdem Übergangsformen zwischen Reptilien und Säugetieren nachzuweisen versucht, gerät man wieder in Konflikt mit der Zeittafel. Nach der Evolutionstheorie erlangen nämlich die Säugetiere erst spät die Herrschaft über die Reptilien.
Man dürfte normalerweise erwarten, daß der Zweig der Reptilien, aus dem die Säugetiere stammen sollen, sich erst spät in der Geschichte entwickelte. Das Gegenteil ist jedoch der Fall. Die Gruppe der Reptilien, der die Evolutionisten ihre besondere Beachtung schenken, weil sie am einfachsten die Säugetiere daraus ableiten können, ist die Gruppe der Synapsiden (Stegozephalen). Doch das ist nicht eine der letzten, sondern gerade eine der ältesten bekannten Reptilgruppen. Sie waren sogar schon Millionen von Jahren ausgestorben (natürlich immer berechnet nach der erdachten Zeittafel der Evolutionisten), ehe die Säugetiere aufkamen. Es scheint fast so, als ob die Säugetiere nicht wegen, sondern trotz des Einflusses der natürlichen Selektion entstanden.

Archäopteryx

Die Entstehung der Vögel aus den Reptilien ist ebenfalls ein Geheimnis, und das trotz der Tatsache, daß die Evolutionisten hier ihren bedeutsamsten Fund heranziehen, nämlich die berühmte „Zwischenform" Archäopteryx. Wir haben hier jedoch keine Zwischenform vor uns, sondern einen voll entwickelten Vogel. Für die Entwicklung eines Flugtieres mußte fast jede Struktur in dem nicht flugfähigen Vorläufer verändert werden. Gerade bei so vielen notwendigen Veränderungen dürfte man zahlreiche Zwischenstadien erwarten. Wenn man sich dann noch vorstellt, daß das in der Geschichte nicht weniger als vier Mal geschehen sein muß, nämlich bei den Insekten, den fliegenden Reptilien, den Vögeln und den Fledermäusen, dann müßten dafür fossile Zeugen im Überfluß vorhanden sein.

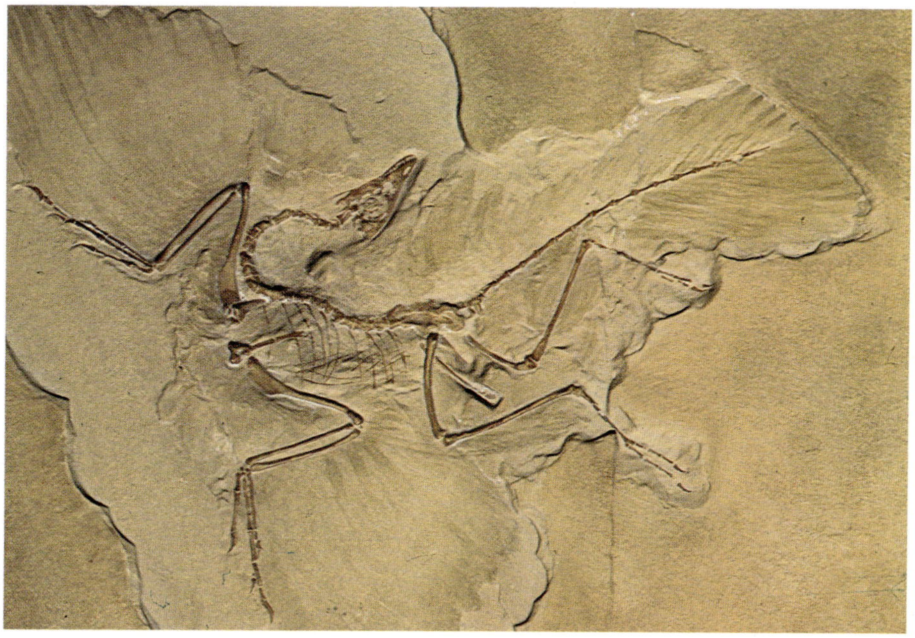

Eine sehr berühmte „Übergangsform" war der Archäopteryx. Bis vor kurzem galt er als der älteste Vogel, der, wie man meinte, noch allerlei Reptilmerkmale trug. Diese Kennzeichen kommen jedoch alle noch bei heute lebenden Vogelarten vor (außer dem Besitz von Zähnen, aber auch das ist kein spezifisches Kennzeichen).

Doch in keinem dieser Fälle hat man etwas gefunden, was auch nur im Entferntesten einer Übergangsreihe ähnelt. Alle vier Gruppen dieser fliegenden Tiere erscheinen plötzlich in der Fossiliengeschichte, voll entwickelt und oft in großer Verschiedenheit der Typen. Trotzdem wird der Archäopteryx, ein fossiler Vogel, der in Juraschichten gefunden wurde, immer wieder als das bezeichnendste Beispiel einer echten Übergangsform präsentiert.

Fachkundige Evolutionisten haben jedoch selbst erkannt, daß z.B. die Federn des Archäopteryx nicht schlechter entwickelt sind als die Federn der heute noch lebenden Vogelarten.

Einer von ihnen bemerkte, daß die ältesten fossilen Vögel so überdeutlich Vögel seien, daß der eigentliche Ursprung dieser Tierart kaum in der Struktur der fossilen Sorten angedeutet wird. Noch nie wurden Fossilien mit Zwischenformen erst halbentwickelter Flügel und Federn gefunden. Darum neigen manche Wissenschaftler dazu, den Archäopteryx in ihrer Phantasie immer reptilähnlicher werden zu lassen. Die sogenannten Reptilkennzeichen des Archäopteryx bestehen aus den krallenähnlichen Ausbildungen an seinen Flügelrändern, dem Vorhandensein von Zähnen und den Wirbeln, die am Schwanz entlang hervortreten, sowie einem kleinen Brustbein. Doch das können keine Kennzeichen einer echten Zwischenform sein, da diese Kennzeichen größtenteils noch immer bei Vögeln vorkommen! Der Hoatzin zum Beispiel,

eines Touracos, einem kuckucksähnlichen Vogel aus Afrika, hat Krallen an den Flügeln.
In der Tat ist es so, daß kein einziger noch lebender Vogel Zähne hat. Aber auch einige alte Vogelfossilien waren schon zahnlos. Deutet das Vorhandensein von Zähnen auf die Abstammung von Reptilien hin? Nein, auch unter den Reptilien haben einige Arten Zähne und andere wiederum nicht. Auch bei den Amphibien und den Säugetieren ist das so, desgleichen bei den Vögeln (wenn man von den Fossilien ausgeht). Dies ist kein Beweis für eine Abstammung von Reptilien. Im übrigen: Sind zahnlose Vögel etwa „höher entwickelte" Formen als Vögel mit Zähnen? Wer das meint, könnte auch glauben, daß das Schnabeltier (das primitivste aller Säugetiere „höher entwickelt" ist als der Mensch.

Übereinstimmung kann niemals Verwandtschaft beweisen. Zum Beispiel dieses berühmte vogelartige Tier: es hat einen Schwanz wie ein Biber, „Giftzähne" an den Hinterpfoten wie eine Schlange, Schwimmflossen wie ein Otter, einen Schnabel wie eine Ente, einen Schultergürtel wie von einem Reptil, legt Eier wie ein Vogel und säugt seine Jungen wie ein Säugetier. Wovon ist dieses Tier nun eine Übergangsform ...?

Das Bemerkenswerteste ist der Fund eines versteinerten Vogels, der zweifellos ein voll entwickelter Vogel ist und trotzdem Dutzende Millionen von Jahren älter eingestuft wird als der Archäopteryx. Eine „Übergangsform" kann aber noch nicht erst dann entstehen, nachdem die Vögel selbst schon entstanden sind? Nein, der Archäopteryx ist eben keine Übergangsform, sondern ein voll entwickelter Vogel. Der Evolutionist *L. du Nouy* bestätigte das und meinte: „Ein Tier, das Kennzeichen aufweist, die zu zwei verschiedenen Gruppen gehören, kann nicht als echte Übergangsform angesehen werden, solange die Zwischenstadien nicht gefunden und die Übergangsmechanismen unbekannt sind!"

Die Ordnung der Säugetiere

Wir haben erst wenige der vielen Beweise betrachtet, die unsere Auffassung rechtfertigen, daß das Leben in einer großen Reihe Schöpfungsgruppen gleichzeitig entstand, aber nicht, daß die Schöpfungsgruppen ineinander übergingen oder auseinander entstanden. Diese Auffassung wird auch dann bestätigt, wenn wir in den Erdschichten noch höher klettern oder uns andere Organismengruppen ansehen (siehe unten). Wir haben schon gesehen, wie sehr der Ursprung der Säugetiere, vom evolutionistischen Standpunkt aus betrachtet, im Dunklen liegt. Doch das Entstehen der vielen Ordnungen innerhalb der Klasse der Säugetiere bildet ein noch größeres Problem.
Denken wir zum Beispiel an die Ordnung der Fledermäuse, die ja genau wie die Insekten, die fliegenden Reptilien und die Vögel fliegen können (wenn auch auf

andere Art und Weise). Man nimmt an, daß die Fledermäuse aus der Ordnung der Insektivoren (Insektenfresser wie Molche, Igel und Spitzmäuse) hervorgehen. Es ist deutlich, daß eine gigantische Veränderung im Körperbau notwenig ist, um aus einem flügellosen Tier, wie beispielsweise einem Molch oder einem Igel, eine Fledermaus zu machen. Die „Hände" des Insektenfressers müßten dazu stark ausgeprägt sein, denn die Flughaut der Fledermaus spannt sich zwischen vier gewaltig ausgestreckten Fingern. Wohl hat man in der Tat Fossilien von Fledermäusen gefunden, sogar in den tieferen Erdschichten des Tertiärs, aber sogar die allerältesten Fledermausfossilien sind überdeutlich voll entwickelte Fledermäuse.

Doch muß es nach der Evolutionstheorie nicht eine sehr lange Übergangszeit

Eine heute lebende Fledermaus sieht im Grunde genauso aus wie die „älteste" fossile Fledermaus (siehe Seite 102): von Evolution keine Spur.
Die Baumspitzmäuse (unten) gehören zu den Insektivoren, die die Vorfahren der Fledermäuse gewesen sein sollen.

zwischen den Insektivoren-Vorfahren und der Fledermaus gegeben haben? Und müssen in dieser sehr langen Zwischenzeit nicht viele Übergangsformen existiert haben?

Müßten nicht einige davon versteinert sein? Wie kommt es dann, daß solche für diese Theorie so unentbehrlichen Zwischenformen nicht gefunden werden? Wird hier nicht erkennbar, daß das Fehlen solcher Zwischenformen gerade das ist, was die Schöpfungs- und Katastrophenmodelle vorausgesagt haben?

Vielleicht ist die Gruppe der Säugetiere, die sich am besten für die Suche nach Übergangsformen eignet, die Ordnung der Nagetiere. Sie ist die Ordnung, die mehr Sorten und Geschlechter umfaßt als alle anderen Ordnungen der Säugetiere zusammen. Bei Tieren, die sich so schnell vermehren und solch einen riesigen Formenreichtum zeigen, sollte man auch zahlreiche Übergangsformen erwarten dürfen. Wenn aber die ersten versteinerten Nagetiere in den späten Paleozänschichten „erscheinen", haben wir sofort Tiere vor uns, die bereits alle spezifischen Kennzeichen der Nagetiere aufweisen.

Auch sie müßten nach dem Evolutionsmodell aus irgendeiner Insektivoren-Gruppe stammen; doch Übergangsformen, die diese Ansicht unterstützen würden, sind völlig unbekannt. Außerdem erscheinen auch innerhalb der Gruppe der Nagetiere die verschiedenen Familien ohne jede Übergangsform. Es gibt zum

Nagetiere, doch heute werden sie einer anderen Gattung zugeordnet. Sie stehen so abseits, daß sie mit keiner anderen Ordnung der Säugetiere in Verbindung gebracht werden können. Sogar bei den ältesten Fossilien dieser Tiere sind die Ordnungsmerkmale schon völlig vorhanden. Dasselbe gilt für jene Ordnung der Säugetiere, die uns „von Natur aus" am meisten interessiert (weil die Biologen den Menschen zu dieser Ordnung zählen), nämlich für die Primaten. Diese Ordnung wird in zwei Unterordnungen aufgeteilt: Die Halbaffen, die Affen und Menschen. Die Evolutionisten nehmen auch von dieser Gruppe der Primaten an, daß sie von irgendeiner Insektivoren-Gruppe abstammt. In Wirklichkeit liegt der Ursprung der niederen Primaten (Lemuren, Loris und Koboldmakis) im Dunkeln. Erscheinen sie als Fossilien, dann ohne jede Übergangsform, d.h. sie sehen genauso aus wie heute.

Eine fossile Fledermaus (die „älteste" Fledermaus aus dem Eozän). In dem prächtig konservierten Fossil sind sogar noch Abdrücke der Flughaut zu erkennen. Unten: Man kann auch für andere Säugetierordnungen keinen Fossilienstammbaum aufzeigen.

In Südamerika sollen sich aus den Halbaffen die Breitnasen (u.a. Brüllaffen und Kapuzineraffen) entwickelt haben, doch erscheinen sie als Fossil in derselben Gestalt, die sie jetzt haben, ohne jede Übergangsform.
Auch kennt man keine Übergangsform zwischen den Halbaffen und den Schmalnasen (den Menschenaffen und Hundsaffen). Man hat zwar krampfhaft versucht, solche Formen nachzuweisen, doch haben sich alle bisherigen Funde für die Fachkundigen als inakzeptabel erwiesen.

Insekten und Pflanzen

Wir haben bis jetzt hauptsächlich über höhere Tiere gesprochen, doch auch die niederen Tiergruppen und die Pflanzen bestätigen unsere Auffassung, und das, sofern das überhaupt möglich ist, in noch größerem Maße. So erscheinen ab dem Devon Insekten in Bernstein, Steinkohle, vulkanischer Asche und dergleichen in überwältigendem Reichtum der Formen und in riesiger Menge. Es ist schon ein Wunder, daß Insekten versteinert erhalten geblieben sind, und wir werden später sehen, daß diese Art Sedimente, die Insekten „gefangen" haben, sehr schnell und drastisch entstanden sein müssen. Doch was die Fossilien betrifft, fallen uns zwei Dinge auf. Erstens erscheinen fossile Insekten ganz plötzlich in den Schichten; im Grunde ist keine einzige fossile Verbindung zu irgendeiner hypothetischen Ahnengruppe herstellbar. Zweitens sehen die Insekten hinsichtlich ihrer Form von Anfang an genauso aus wie heute, wenn man einmal von der Tatsache absieht, daß viele Insekten in früheren Zeiten erheblich größer waren. Alle wichtigen

Ordnungen der Insekten kennen wir schon als Fossilien aus den versteinerten Überresten des Oligozänwaldes, und viele Formen sind bis auf den heutigen Tag unverändert geblieben. Bei den Pflanzen ergibt sich das gleiche Bild. Alle Hauptabteilungen des Pflanzenreiches sind von den Triasschichten an vertreten. Es erscheint aber von den Samenpflanzen die Gruppe der Bedecktsamer erst in der Kreidezeit, und das ohne jede überzeugende Fossilverbindung zu angenommenen Ahnengruppen. Wenn wir dann weiter verfolgen, wie die verschiedenen Pflanzengruppen plötzlich und ohne Übergangsform in der Fossiliengeschichte erscheinen, können wir, denke ich, die folgende Schlußfolgerung des Evolutionisten Prof. *Corner* von der Pflanzenkundeabteilung der Universität Cambridge akzeptieren: „... ich denke doch, daß für jemanden, der ohne Vorurteil

Genau wie viele Tiergruppen liefern auch die Pflanzen mehr Probleme als Antworten für die Evolutionslehre. Viele Pflanzengruppen erscheinen plötzlich in der Fossiliengeschichte, ohne Hinweis auf Verwandtschaft mit anderen Gruppen. Sie sehen oft schon genauso aus wie heute. In den Karbonschichten kommen zum ersten Mal allerlei Pflanzengruppen in gewaltigen Mengen vor. Unter ihnen befinden sich viele Arten von Farnkraut, wie z. B. dieser Mariopterix (rechts). Ganz rechts: Ein Meeresbodentier, die Koralle Lonsdaleia, stammt auch aus einer Karbonschicht, also aus derselben Phase der Ozeanrevolution, Sintflut genannt, aus der auch das Farnkraut stammt.

ist, die Fossiliengeschichte der Pflanzen zugunsten einer besonderen Schöpfung spricht" (Aus: „Evolution in Contemporary Botanical Thought", A. M. Mac Leod + L. S. Cobley, 1961).

Es gibt noch viele andere Beispiele solcher sogenannter „persistenten Sorten", d.h. von solchen, die sich während der gesamten geologischen Zeitrechnung wenig oder gar nicht veränderten. Im Grunde sind die folgenden Gruppen im Vergleich zu ihren heute lebenden Verwandten fast oder völlig unverändert (wir beschränken uns nur auf einige Beispiele):

Ab dem Präkambrium: Algen, Bakterien, Seetang;
ab dem Kambrium: Schwämme, Schnecken, Quallen;
ab dem Ordovizium: Seesterne, Würmer;
ab dem Silur: Skorpione, Korallen;
ab dem Devon: Haie, Lungenfische;
ab dem Karbon: Farn, Kakerlaken;
ab dem Perm: Käfer, Libellen;
ab dem Trias: Koniferen, Palmbäume;
ab dem Jura: Krokodile, Schildkröten;
ab der Kreide: Enten, Pelikane;
ab dem Paleozän: Ratten, Igel;
ab dem Eozän: Lemure, Nashörner

Die Entdeckung des Fisches Latimeria in den dreißiger Jahren schlug ein wie eine Bombe. Der Fisch wurde sofort als ein Angehöriger der Ordnung der Quastenflosser erkannt, einer Gruppe, die schon seit hundert Millionen Jahren ausgestorben war. Jetzt, wo es sich herausstellte, daß die Gruppe noch am Leben war, fragte man sich: Warum wurde sie niemals versteinert unter den Millionen Fossilien aus jüngeren Erdschichten gefunden?

ab dem Pliozän: Pferde, Elefanten;
ab dem Pleistozän: Menschen.
Das ist von der Evolution her nicht zu begreifen. Warum sollten sich bestimmte Gruppen vollkommen verändern, während andere Gruppen unter den gleichen Umständen unverändert bleiben? Von den biblischen Angaben her betrachtet, bedeutet das keine Schwierigkeit, weil sie nur eine begrenzte Variabilität innerhalb der Schöpfungsgruppen zulassen. In der oben aufgestellten Liste haben wir es mit solchen Schöpfungsgruppen oder Ansammlungen von Schöpfungsgruppen zu tun, die offenbar seit dem Anfang ihres Bestehens unverändert geblieben sind (wenn auch wohl manche Gruppen ausstarben).

Lebende Fossilien

Eine noch größere Schwierigkeit bilden die sogenannten „lebenden Fossilien"; das sind Tier- und Pflanzenarten, die als Fossilien nur in älteren Erdschichten (nicht in jüngeren) vorkommen und deshalb längst ausgestorben sein sollten, die aber andererseits auch heute noch lebend und unverändert vorkommen. Manche solcher Organismen wurden von Evolutionisten sogar als „Leitfossilien" bezeichnet (das heißt als Fossilien, die eine bestimmte geologische Periode kennzeichnen), bis sich herausstellte, daß dieselben Organismen noch heute in der Natur vorkommen. Beispiele solcher „lebenden Fossilien" sind:
Der Fisch Latimeria („ausgestorben" seit der Kreide);
das Weichtier Neopilina („ausgestorben" seit dem Devon);

die Brachiopoden Lingula („ausgestorben" seit dem Ordovizium);
der Riesenbaum Metasequoia („ausgestorben" seit dem Miozän);
der Lurch Tiatara („ausgestorben" seit der Kreide).
Da einige Tiere auf dem schwer zugänglichen Grund der Ozeane leben, sollte es uns nicht verwundern, wenn auch die als ausgestorben geltenden Trilobiten, Gratoliten und Ammoniten eines Tages als „lebende Fossilien" auftauchen würden – sofern das einigen Berichten zufolge nicht schon geschehen ist.

Schlußfolgerung und Voraussagen

Die Interpretation der Fossilien mag verdeutlicht haben, in welches Chaos wir geraten, wenn wir nicht von biblischen, sondern von anderen Ausgangspunkten ausgehen. Das Evolutionsmodell behauptet, daß die Übergangsformen, von denen man heute annimmt, daß sie ausgestorben sind, in großen Massen als Fossilien in den Erdschichten vorkommen. Das ist nirgends der Fall, auch nicht in geringstem Maße. Die Fossilien weisen zwischen den Hauptgruppen die gleichen Unterschiede auf, die uns auch heute in der noch lebenden Natur begegnen. Sie weisen die gleiche Einteilung in Hauptabteilungen, Klassen, Ordnungen und Familien auf, wie wir sie heute noch kennen. Sie sehen normalerweise etwa genauso aus wie heute (abgesehen von Veränderungen innerhalb der Schöpfungsgruppen) und weisen keine Zwischen- und Übergangsformen auf, wie sie die Evolutionstheorie fordert.
Doch wir möchten nicht nur die Evolutionstheorie widerlegen. Dies ist vor allem ein Buch, in dem wir versuchen, auf positive Weise die Urgeschichte der Welt aufzuzeigen. Und zu dieser ersten Phase der Weltgeschichte gehört auch (nach dem auf die Bibel gegründeten Schöpfungsmodell) die Erschaffung von Pflanzen und Tieren „nach ihrer Art" (in der Verschiedenheit ihrer unterschiedlichen Lebensformen). Ausgehend von den biblischen Angaben, erstellt das Schöpfungsmodell einige Prognosen über das, was es unter den Fossilien vorzufinden erwartet. Das positive Resultat, daß die Fossilien in jeder Hinsicht dem Schöpfungsmodell entsprechen, ist sehr wichtig. Die Schlußfolgerung aus dem Studium der Fossilien ist unausweichlich die, daß seit Anbeginn der Weltgeschichte eine Reihe getrennter Gruppen von Pflanzen und Tieren existiert hat, und daß diese Gruppen nicht ineinander übergehen, sich nicht miteinander kreuzen können und sich auch nicht zu neuen Gruppen entwickeln, daß aber innerhalb der Grenzen dieser Gruppen sehr wohl endlose Variationen möglich sind.
Natürlich können wir diese Schlußfolgerung nicht von unserer Interpretation der Erdschichten getrennt sehen. Wenn die Erdschichten in der Tat übereinstimmen mit Perioden von Milliarden von Jahren, dann taucht die Frage auf, wo denn die verschiedenen Gruppen von Tieren und Pflanzen, die in den aufeinanderfolgenden Erdschichten zum ersten Mal auftauchen, so plötzlich herkommen. Es ist nicht ganz unverständlich, daß der Gedanke aufkam, die neuen Gruppen hätten sich aus früheren Gruppen entwickelt (auch wenn dafür die Beweise fehlen). Doch wir werden später sehen (s. Kapitel VIII und IX), daß eine nach unserer Meinung bessere Interpretation der Entstehung der Erdschichten dieses Problem löst. Nach unserer Anschauung sind die Erdschichten sehr schnell entstanden, während einer oder einigen großen Katastrophen, weshalb die verschiedenen Tier- und Pflanzenwelten in den Erdschichten alle etwa zur gleichen Zeit gelebt haben müssen (oder höchtens in geringem zeitlichen Abstand voneinander).

Ein prächtig erhaltenes Insektenfossil. Unten: Eine der zahllosen Arten der Trilobiten, einer interessanten Gruppe ausgestorbener Schalentiere aus dem Paläozoikum. Das wirft die Frage auf: Ist diese Gruppe wirklich ausgestorben? Es gibt Berichte darüber, daß Trilobiten, oder nahverwandte Arten, angetroffen wurden, u.a. unter dem Packeis der Antarktis.

Die Entstehung des Menschen

Viele Leute meinen heute, daß Menschen aus der „Steinzeit", wie dieser Dani aus West-Irian (links), auf einer niedrigeren Stufe der Evolutionsleiter stehen. Ihre Entwicklung soll noch nicht so weit fortgeschritten sein wie die unsrige. In Wirklichkeit aber zeugen sie von einer Rückentwicklung, und nicht von einer niedrigeren Entwicklungsstufe. Auch diese Menschen stammen von dem ersten, von Gott geschaffenen Menschenpaar ab. Die Landtiere (rechts) wurden nach dem biblischen Schöpfungsbericht an dem gleichen Tag geschaffen wie der Mensch.

Der sechste Schöpfungstag

„Und Gott sprach: Die Erde bringe hervor lebendiges Getier, ein jedes nach seiner Art: Vieh, Gewürm und Tiere des Feldes, ein jedes nach seiner Art. Und es geschah so. Und Gott machte die Tiere des Feldes, ein jedes nach seiner Art, und das Vieh nach seiner Art und alles Gewürm des Erdbodens nach seiner Art. Und Gott sah, daß es gut war. Und Gott sprach: Lasset uns Menschen machen, ein Bild, das uns gleich sei, die da herrschen über die Fische im Meer und über die Vögel unter dem Himmel und über das Vieh und über alle Tiere des Feldes und über alles Gewürm, das auf Erden kriecht. Und Gott schuf den Menschen zu seinem Bilde, zum Bilde Gottes schuf er ihn; und schuf sie als Mann und Weib. Und Gott segnete sie und sprach zu ihnen: Seid fruchtbar und mehret euch und füllet die Erde und machet sie euch untertan ... Und es geschah also. Und Gott sah an alles, was er gemacht hatte, und siehe, es war sehr gut. Da ward aus Abend und Morgen der sechste Tag" (1. MOSE + ?; %-31).

Wir haben in Kapitel IV schon auf die Erschaffung der Landtiere hingewiesen. Hier finden wir sie beschrieben und zwar geschieht sie am selben Tag, an dem auch der Mensch erschaffen wird, der ebenfalls das Festland als Wohnstätte hat. Die Tiergruppen, die hier genannt werden, sind: „Vieh" (zahme Säugetiere, nicht nur Herdentiere, sondern auch Zug-, Last- und Reittiere), „kriechendes Getier" (kleine und größere Tiere auf dem Erdboden, die sich kriechend fortbewegen) und „wildes

Die Geschichte von Adam und Eva im Paradies wurde in zahllosen Variationen dargestellt. Hier sieht man alle Geschehnisse aus dem Leben dieses ersten Menschenpaares und ihrer Nachkommen auf einem Gemälde.

nicht um eine biologische Einteilung, sondern mehr um eine, die sich aus der Bedeutung ergibt, die diese Tiere für ihren Meister, den Menschen, haben. Dann, in der zweiten Hälfte des sechsten Tages, erscheint der Mensch, die Krone des göttlichen Schöpfungswerkes, der irdische Herrscher über alle Geschöpfe Gottes, für den alles, was Gott vorher gemacht hatte, bestimmt war. Der dreieinige Gott berät sich und spricht: „Lasset uns Menschen machen" – als Höhepunkt unserer Arbeit! In 1. Mose 2,7 haben wir eine nähere Beschreibung, wie das geschah: „Da machte Gott der Herr den Menschen aus Erde vom Acker und blies ihm den Odem des Lebens in seine Nase. Und so ward der Mensch ein lebendiges Wesen."
Was den materiellen Aspekt angeht, war der Mensch keine Neuheit in der Schöpfung; es gab bereits andere materielle, lebendige Wesen. Darum spricht die Bibel in dieser Beziehung nur von „machen, formen". Doch in anderer Hinsicht war der Mensch sehr wohl etwas Neues: Er besaß nicht nur Organe und eine Psyche, sondern auch einen Geist. Er war Ebenbild Gottes, geschaffen als sein Abbild. Ja, Gott hatte ihm seinen eigenen Lebensodem in die Nase geblasen. Der Mensch hat einen Geist, der von Gott kommt (Prediger 12,7), und deshalb ist der Mensch ein ganz neuer und zugleich der erhabenste Teil in Gottes Schöpfung. Darum lesen wir hier auch: „Gott schuf". Dreimal wird in 1. Mose 1 das Wort „bara" (schaffen) verwendet: In Vers 1 bei der Erschaffung von Himmel und Erde, in Vers 21, als die Tiere geschaffen werden (die, im Gegensatz zu den Pflanzen, ein Bewußtsein haben) und in Vers 27 bei der Erschaffung des Menschen.
Der Mensch ist Gottes Ebenbild in dem Sinne, daß er Gottes Vertreter auf Erden ist,

der Statthalter dessen, der im Himmel thront über allem Geschaffenen. Die ganze Erde mit allen Pflanzen und Tieren wird dem Menschen unterworfen. Zwar ist er weit davon entfernt, Gott gleich zu sein, ähnelt ihm aber dennoch, und zwar durch das, was ihn vom Tier unterscheidet: durch seine geistigen und moralischen eigenschaften. Sie befähigen ihn, über die Erde zu regieren (jedenfalls solange, wie die Sünde noch nicht da war), und mit Gott Gemeinschaft zu haben. „Mensch" bedeutet hier nicht nur „Mann"; Gott schuf „den" Menschen männlich und weiblich. Mann und Frau sind sozusagen die zwei Erscheinungsformen des einen Menschen, auch wenn später über „den Menschen" und seine Frau gesprochen wird, weil nach Gottes Schöpfungsordnung der Mann Haupt und Vertreter dieses Paares ist (vgl. 1. Korinther 11,3 + 7–9). Erst in 1. Mose 2 wird uns ausführlicher berichtet, wie Gott den Mann und die Frau geschaffen hat. Zuerst machte er den Mann und blies ihm seinen Lebensodem ein, so daß dieser zu einem lebendigen Wesen wurde (Vers 7). „Da ließ Gott der Herr einen tiefen Schlaf fallen auf den Menschen, und er schlief ein. Und er nahm eine seiner Rippen und schloß die Stelle mit Fleisch. Und Gott der Herr baute ein Weib aus der Rippe, die er von dem Menschen nahm, und brachte sie zu ihm. Da sprach der Mensch: Das ist doch Bein von meinem Bein und Fleisch von meinem Fleisch; man wird sie Männin nennen, weil sie vom Manne genommen ist (Vers 21–23).

Was ist der Mensch?

1. Mose 1 und 2 enthalten Informationen, aufgrund derer wir wissen können, daß der Mensch eine besondere Schöpfung Gottes ist. Diese Kapitel lassen keinen Raum für die Auffassung, daß der Mensch sich aus dem Tierreich entwickelt habe. Der Mensch ist einer der drei Schöpfungsakte von 1. Mose 1 (siehe oben): er ist kein edles Tier, sondern vertritt eine ganz neue Existenzart. Gerade ein Nichtanerkennen der besonderen Existenzart des Menschen hat nichtchristliche Philosophen dazu veranlaßt, den Menschen aus dem Tierreich abzuleiten. Aber die besonderen Ebenen, auf denen der Mensch sich als geistiges Wesen bewegen kann, sind dem Tier oder der Pflanze unzugänglich. Was unterscheidet den Menschen von Pflanze und Tier nach 1. Mose 1 und 2?

Der Mensch unterscheidet sich in vielfacher Hinsicht vom Tier. So ist zum Beispiel sein Verstand hochentwickelt, und er ist sogar imstande, als Verlängerung seines einzigartigen Gehirns, Computer zu entwerfen und zu bauen.

(1) Der Mensch kann *analytisch* denken, er kann überlegen und argumentieren; dadurch konnte er die Herkunft seiner Frau verstehen (1. Mose 2,23).
(2) Der Mensch *macht Geschichte;* er macht kulturelle Fortschritte; darum konnte er auch das Gebot Gottes einhalten: „Füllet die Erde und macht sie euch untertan" (1. Mose 1,28).
(3) Der Mensch kann durch Sprache und Symbole *kommunizieren;* darum konnte er den Tieren und auch seiner Frau Namen geben (1. Mose 2,19; 20 + 23).
(4) Der Mensch ist ein *soziales* Wesen (wobei menschliches soziales Verhalten nicht zu verwechseln ist mit dem instinktiven Zusammenschluß einiger Tierarten); d.h. er ist fähig zu bewußtem Umgang, zur Gemeinschaft, zum Zusammenleben. So ist zum Beispiel auch das Heiraten des Menschen ein soziales Geschehen.
(5) Der Mensch als *ökonomisches* Wesen (wobei ökonomisches Handeln nicht mit dem instinktiven „Hamstern" einiger Tierarten zu verwechseln ist) ist fähig, bewußt und verantwortungsvoll die ihm anvertrauten Güter zu verwalten (1. Mose 1,28; 2,15).
(6) Der Mensch ist ein *ästhetisches* Wesen mit der Fähigkeit, Schönheit zu erkennen und zu bewundern. Er konnte darum seine Frau nicht nur als sexuell begehrenswertes Wesen betrachten, sondern als Schönheit (1. Mose 2,23) und darüberhinaus noch einen Blick für die Schönheit des Gartens Eden haben (1. Mose 2,9).
(7) Der Mensch hat ein *juristisches* Bewußtsein; das heißt er kann erkennen, was recht und unrecht ist, und er kennt deshalb auch die Bedeutung von Urteil und

„In dem Augenblick, wo du dieses oder jenes tust, wirst du des Todes sterben" (1. Mose 2,17).

(8) Der Mensch hat ein *ethisches* Bewußtsein. Er kann unterscheiden zwischen Gut und Böse und hatte (ursprünglich) das Verlangen, das Gute zutun aus Liebe zu Gott und dem Nächsten; seit dem Sündenfall aber hat er „Erkenntnis des Guten und des Bösen" im negativen Sinne (1. Mose 2,16 ff.).

(9) Der Mensch weiß, was *Glaube* ist: Ein Vertrauen, das ursprünglich auf Gott ausgerichtet war (und das so auch wieder in Christen vorhanden ist), das aber beim Nicht-Christen falsche Bezugspunkte hat. Gott hat wohl zu, aber nicht mit den Tieren geredet (1. Mose 1,22), aber mit dem Menschen sprach er und bewegte sich ursprünglich sogar in seiner Umgebung (1. Mose 1,28–30; 2,18–23; 3,8–13).

Rechts: Jesus und die Emmausjünger (Caravaggio). Ein wesentlicher Unterschied zwischen Mensch und Tier ist, daß der Mensch weiß, was Glaube ist. Er kann Gott suchen und finden, er kann Gottes Wort lesen, er kann Christus darin finden, und der Heilige Geist kann in ihm wohnen. Neben der Entdeckung seiner selbst, kann der Mensch im Leben keine größere Entdeckung machen, als Gott in Christus zu finden. Es gibt in dieser Hinsicht keinen Unterschied zwischen hochentwickelten und „primitiven" Menschen. Die Letzteren sind im Grunde genauso intelligent wie wir. Ihre Existenz ist oft mehr der Umgebung angepaßt. Wir sehen hier ein Bild von einem Xinger-Indianer aus Brasilien (oben) und einem Einwohner West-Irians (unten).

Wie kann man nun den Menschen, der sich so deutlich von den Tieren unterscheidet, aus dem Tierreich ableiten? Das ist nur möglich, wenn man seine geistigen Eigenschaften verneint. Genau das aber tun viele nicht-christliche Philosophien, die die Existenzarten nicht unterscheiden, wie 1. Mose 1 und 2 sie darlegen. Sie degradieren den Menschen zu einer nur psychischen („Psychologismus") oder zu einer bloß organischen („Biologismus") oder sogar zu einer lediglich anorganischen Existenz („Materialismus"). Dies ist die Verabsolutierung einer bestimmten Wesensart in der Schöpfung und damit im Grunde das, was die Bibel Götzendienst nennt (vgl. Römer 1,20–25). Nichts ist nämlich absolut als allein Gott, der über und außerhalb der Schöpfung steht und der Schöpfer all dieser verschiedenen Existenzarten ist. So ist jede Existenz in 1. Mose 1 ein neuer und von den anderen verschiedener Schöpfungsakt Gottes. Wir finden den anorganischen Schöpfungsakt in Vers 1, den organischen in Vers 11 ff., den psychischen in Vers 20 ff. und den geistigen in Vers 26 ff. Die Erschaffung des Menschen ist ein völlig andersartiger Schöpfungsakt, und zwar ist er sowohl anorganisch („Staub vom Erdboden": 1. Mose 2,7), organisch („fruchtbar": 1,28; vgl. Vers 11 ff.), psychisch („lebendige Seele": 2,7; vgl. 20 ff.) als auch geistig („Bild/Gleichnis/Lebensodem": 1,26 ff.; 2,7). Die Entstehung des Menschen ist in keiner Weise aus dem Tierreich abzuleiten. Wenn sogar *innerhalb* der organischen und der psychischen Existenzart noch viele Formen (wie wir bereits sahen) getrennt nebeneinander geschaffen wurden, dann wurden die verschiedenen Existenzarten selbst mit Sicherheit getrennt geschaffen. Damit endet gleichzeitig der Versuch, die Entstehung des Menschen durch die Vorstellung zu erklären, daß Gott im Evolutionsprozeß zu einem bestimmten Zeitpunkt einen Affen (oder Affenmenschen) nahm, dem er seinen Geist einpflanzte.

Die sogenannten primitiven Kulturen

Der Sündenfall hat das Wesen des Menschen grundlegend verdorben: Sein Denken wurde verfinstert (1. Mose 3,12 ff.; Epheser 4,17), (1. Mose 3,22–24; Römer 1,18–32), sein Sprechen wurde unsauber und böse (1. Mose 4,9 + 23; Epheser 4,29; 5,4), seine Gemeinschaft mit dem Nächsten wurde zerstört (1. Mose 4,16 ff.; 11,1–9), seine ökonomische Verwaltung der Schöpfung erschwert (1. Mose 3,17–19), sein Gefühl für Schönheit beeinträchtigt (1. Mose 3,16). Er ist ungerecht

Die sozialen Verbände, in denen „primitive“ Völker leben (oben), weisen manchmal Züge moralischer Degeneration auf. Durch die Sünde verfiel der Mensch der Astrologie, dem Götzendienst und Geisterkult, wie es in Stonehenge geschah (rechts). Unten: Der Mayaheld Quetzalcoatl, der Gott des Windes.

geworden und rächt sich selbst (1. Mose 4,23 + 24), er ist von Natur aus nur noch fähig, Böses zu tun (1. Mose 3,5,22, Römer 3,9–20), seine Geschichte hat eine andere „Richtung“ bekommen, und sein Glaube und sein Vertrauen haben sich von Gott gelöst und wurden durch Selbstvertrauen ersetzt (1. Mose 4,3–8, 23 ff.).
Die Sünde ist die Ursache dafür, daß wir in der Menschheit sogenannte „primitive“ Kulturen antreffen. Der große Denkfehler, der angesichts solcher Kulturen oft begangen wird, besteht darin, daß man sie normalerweise als zurückgeblieben ansieht, als „unterentwickelte“, frühere Phasen im Evolutionsprozeß, während sie in Wirklichkeit „zurückentwickelte“ Kulturen sind. Sie haben das Wissen um den Schöpfer und Richter (das nach der Sintflut bei allen Völkern vorhanden war) vernachlässigt, sind dadurch dem Götzendienst verfallen und leben nun unter primitiven Umständen an den gleichen Orten, wo ihre Vorfahren oft hohe Kulturen aufgebaut hatten (man denke u.a. an Ägypten, den Iran, Indien und an die Indianer von Peru und Mexiko).
Die Existenz sogenannter „primitiver“ Kulturen ist also kein Beweis für Evolution, sondern für *„Devolution“*, Degeneration, Entartung und Verwilderung, als Folge der Sünde und Abkehr von Gott. Obwohl diese Völker kulturell zurückgefallen sind, verkörpern sie dennoch keinesfalls weder körperlich noch geistig eine niedrigere Evolutionsstufe.
Es hat sich überdeutlich gezeigt, daß Völker, die noch in einer Art „Steinzeit“ leben

gebracht werden können. Kinder solcher Völker, die von ihrer frühen Jugend an gut unterrichtet werden, sind gegenüber abendländischen Kindern nicht zurückgeblieben. Ihre scheinbar so primitiven Sippen sind außerdem oft hervorragend der Umgebung angepaßt. Ihre Sprachen, wie beispielsweise die australische, sind manchmal feiner und komplizierter als die modernen Sprachen. Auch können sich die Angehörigen solcher Gruppen in einer technisierten Umgebung schnell zu vollwertigen Arbeitern entwickeln. Die Hoffnung des 19. Jahrhunderts, noch existierende Zwischenstufen zwischen Menschen und Menschenaffen zu finden, wurde allmählich aufgegeben. Als Darwin seine Weltreise machte, waren auch zwei Feuerländer mit an Bord, die erst seit zwei Jahren mit der „christlichen" englischen Kultur in Berührung gekommen

So stellt man sich die Neandertaler vor. Sie haben wulstige Augenbrauen und ein hervortretendes Kinn. Sie waren keine Vorläufer des Homo sapiens, des modernen Menschen, sondern eine Variation. An vielen Orten der Welt werden Reste ihrer Kultur gefunden. Daraus zeigt sich, daß sie religiöse Gebräuche und Beerdigungsrituale hatten. Als „missing link" wurde der Neandertaler von den Anhängern der Evolutionslehre schon längst verworfen.

waren. Als sie mit dem Ziel, ihre Stammesgenossen mit dieser hochentwickelten Kultur in Verbindung zu bringen, wieder nach Feuerland zurückkehrten, verfielen sie in kurzer Zeit wieder ihrer alten primitiven Lebensweise.
Als man davon in England erfuhr, war man überzeugt, daß es sich hier um einen primitiven Menschentyp oder um eine niedrigere Evolutionsstufe handelte. Darwin selbst schrieb: „Wenn sie nicht tatsächlich das fehlende Glied sind, sind sie auf jeden Fall nicht weit davon entfernt, es zu sein." Diese Volksgruppe ist inzwischen ausgestorben, doch hat der Missionar *Thomas Bridges* 40 Jahre lang ihre Sprache studiert. Er erstellte schließlich ein Wörterbuch mit 32 000 Vokabeln und entdeckte, daß die Feuerländer eine Sprache mit unglaublich vielfältigen Ausdrucksmöglichkeiten besaßen. Sie war geeignet, die feinsten sprachlichen Differenzierungen vorzunehmen. Aus diesen Forschungsergebnissen wird ersichtlich, wie vorsichtig wir bei ihrer Deutung sein müssen. Wir wissen heute, daß Menschen mit ausschließlich steinernen Werkzeugen eine nicht geringere Intelligenz hatten als wir. Vielleicht waren sie sogar mutiger und geschickter, weil sie Höhlenbären und Mammuts mit Steinwaffen töteten anstatt mit Gewehren. Und waren die Pleistozän-Menschen primitiver als wir, weil sie in Höhlen lebten?

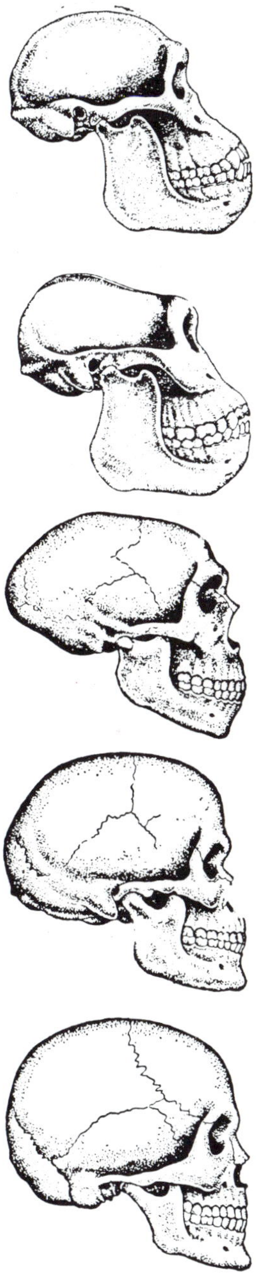

Abgesehen davon, daß wir in Kapitel X sehen werden, warum diese Menschen in Höhlen leben mußten, müssen wir bedenken, daß durch die ganze Geschichte hindurch, bis auf den heutigen Tag, Menschen in Höhlen gelebt haben – ohne Hinweise darauf, daß ihre Intelligenz deswegen geringer war als die unsrige. Das zeigt sich auch in den phantastischen Höhlenmalereien, die von den Menschen im Pleistozän angefertigt wurden, und die mindestens genauso kunstvoll sind wie unsere modernen Kunstwerke. Außerdem besaßen sie nicht-verblassende Farben, die man bis heute nicht nachahmen konnte.

Menschliche Fossilien

Es ist weder im psychischen noch im sozialen und kulturellen Bereich gelungen,

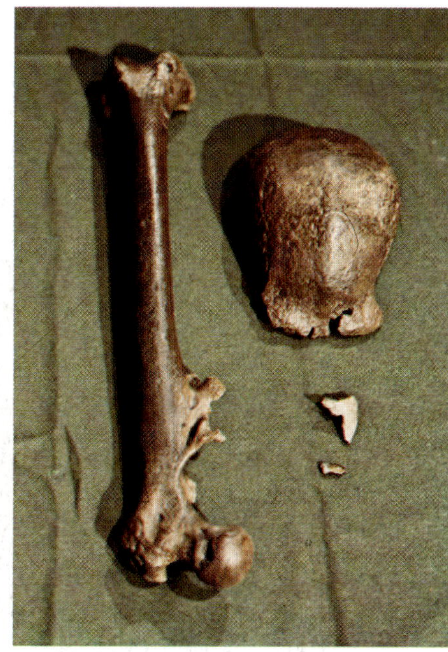

die Evolution des Menschen nachzuweisen. Die stärksten Argumente, die das Evolutionsmodell kennt, werden darum auch einem ganz anderen Gebiet entnommen, nämlich dem der Primatenfossilien. Wir haben schon gesehen, daß die Erde möglicherweise sehr jung ist, so daß für eine Evolution gar keine Zeit blieb (s. Kapitel III). Und wir werden sehen, daß die Erdschichten mit ihren Fossilien nicht allmählich und nacheinander, sondern sehr plötzlich, während Katastrophen, entstanden sind (s. Kapitel VIII und IX). Doch abgesehen davon: was bezeugen die Primatenfossilien selbst?

Ein Studium dieser Fossilien ist nicht einfach. Der Paläontologe Prof. *H. G. Coffin* schrieb, daß wahrscheinlich kein einziges Gebiet der Paläontologie (Fossilienkunde), oder eines irgendeiner anderen Wissenschaft so unter dem Mangel an sorgfältigen wissenschaftlichen Studien gelitten und so viele hitzige Kontroversen erlebt hat wie das der menschlichen Fossilien. Die Interpretationen, die auf äußerst bruchstückhaftem Material basieren, sind genauso zahlreich wie die Autoren, weil auf nur wenigen Gebieten der Wissenschaft der Wunsch so oft Vater des Gedankens gewesen ist. So schwor der niederländische Arzt *Eugène Dubois* seinen Freunden, daß er auf Java den „Affenmenschen" finden würde – und tatsächlich fand er innerhalb eines Jahres Knochen, die als *Pithecanthropus erectus* („Aufrechtstehender Affenmensch") weltberühmt wurden. Im Museum von Leiden in Holland kann man diesen Fund bewundern. Im Jahre 1891 fand Dubois

Einige Schädelrekonstruktionen. Von oben nach unten: Australopithecus, der Neandertaler, der Cro-Magnon-Mensch und Homo sapiens, der moderne Mensch. Von dem „aufrechtgehenden Affenmensch" (Pithecanthropus erectus), der im Jahre 1891 von dem Holländer Dubois entdeckt wurde, befinden sich Überreste (ganz rechts) im naturhistorischen Museum von Leiden (Holland). Die Rekonstruktion (rechts) eines phantasiereichen Künstlers zeigt, wie man ihn sich vorstellen könnte.

lang. Einen menschlichen Oberschenkel, den er (ein Jahr später und 15 Meter weiter) entdeckte, brachte er mit der Schädeldecke in Verbindung uns siehe da: der gesuchte Affenmensch war entstanden. Nachdem alle Evolutionisten von der Echtheit seines Fundes überzeugt waren, änderte Dubois selbst kurz vor seinem Tode seine Meinung und sagte: „Mein Javamensch war nichts anderes als ein großer Gibbonaffe." Wäre der menschliche Oberschenkel nicht mit der Affenschädeldecke und den Zähnen in Verbindung gebracht worden, wäre der „Javamensch" wahrscheinlich nur als Javaaffe in die Geschichte eingegangen. Daß der Mensch früher sogar diese heute ausgestorbene Affenart jagte und aß, zeigt sich an anderen Funden dieses sogenannten Homo erectus (beispielsweise in China). Dort wurden in den zwanziger und dreißiger Jahren dieses Jahrhunderts etwa 30

Dr. D.T. Gish ist davon überzeugt, daß man schließlich alle fossilen hominoiden Überreste in zwei Gruppen aufteilen kann: in die der Affen und ausgestorbenen Affen und die der modernen und ausgestorbenen Menschenrassen. Es kann keine Rede sein von Übergangsformen, meint er. Man findet nur manchmal Reste von Rassen, die heute nicht mehr existieren.

Fragmente von Schädeln gefunden, 147 Zähne und 11 Unterkiefer. Leider gingen diese Funde im zweiten Weltkrieg verloren, so daß sich jetzt nur noch zwei Zähne in unserem Besitz befinden und wir im Hinblick auf alles übrige von den Beschreibungen der damaligen Forscher ausgehen müssen.
Dieser sogenannte *Sinanthropus* oder „Pekingmensch" wurde südwestlich von Peking in einer eingestürzten Höhle zwischen den Resten von etwa hundert verschiedenen Tiersorten gefunden. Kiefer und Schädel veranlaßten die ersten Forscher zu der Annahme, daß es sich um große Affenschädel handelte. Spätere Forscher wie etwa *Weidenreich* haben versucht, sie als primitive Menschenschädel darzustellen. Das Beweismaterial fehlt aber heute leider. Wohl wissen wir, daß alle Schädel zu dem Zweck, das Gehirn zu essen, von unten her zerschlagen wurden. Aber nicht weniger wichtig, wenn auch weniger bekannt ist die Tatsache, daß an der gleichen Stelle die Reste von zehn modern aussehenden Menschen gefunden wurden! Demnach ist wahrscheinlich die Schlußfolgerung von *O'Connell* richtig, daß dort früher eine von normalen Menschen betriebene Kalksteingrube existierte, wenn man die steinernen Werkzeuge, die dort gefunden wurden, mit in Betracht zieht. Neben den vielen anderen Tieren, die den Arbeitern zur Nahrung dienten, wurden auch diese Riesenaffen (der sogenannte „Pekingmensch") gejagt und verspeist, wobei vor allem das Gehirn als besondere Delikatesse galt. Auf dem Gebiet der Fossilienforschung bei Primaten sind sowohl Selbsttäuschung als auch bewußter Betrug vorgekommen. Ein einziger Backenzahn, im Jahre 1922 in Nebraska gefunden, wurde von mindestens vier berühmten Gelehrten *(Dr. H.*

Cook, Prof. *H. F. Osborn,* Prof. *G. E. Smith* und Prof. *H. H. Wilder)* als Überbleibsel von einer der wichtigsten Zwischenform zwischen dem Menschen und seinen affenähnlichen Vorfahren angesehen und mit viel Aufsehen als solches präsentiert. Erst im Jahre 1927 stellte sich bei näherer Untersuchung heraus, daß der Zahn zu einem versteinerten Schwein gehört hatte ... Doch neben solcher Art von Selbsttäuschung gibt es leider auch Fälle bewußten Betruges, wie beispielsweise den kunstvoll zusammengebastelten *„Piltdown-Menschen“,* der nicht weniger als 41 Jahre viele berühmte Paläontologen beschäftigte, ohne daß einer von ihnen den Betrug durchschaute. Ebenso trügerisch sind auch Zeichnungen und Modelle als „Rekonstruktionen“ von versteinerten menschlichen Überresten, manchmal aufgrund eines einzigen Kiefers oder Zahnes. Übertrieben behaarte Figuren mit tierischem Aussehen, nach vorne stehendem Kiefer und zurückweichender Stirn werden sowohl in Büchern als auch in Museen dem Publikum vorgeführt, und das, obwohl es völlig unmöglich ist, aufgrund von Skeletteilen die weichen Teile, die Haut, die Behaarung und das Gesicht zu rekonstruieren. Wir haben es also mit Produkten künstlerischer Vorstellungskraft zu tun. Eines der größten Probleme liegt in der Datierung fossiler, menschlicher Reste. Wird ein „primitives“ Fossil entdeckt, besteht oft die Neigung, der Schicht, in der das Fossil gefunden wurde, ein hohes Alter zuzuschreiben. Umgekehrt aber wird jedes Fossil eines modernen Typus, das in den Schichten des Unter-Pleistozän oder noch tiefer gefunden wird, verworfen, weil es nicht ins Bild des Evolutionsmodells paßt. Einige Paläontologen haben das auch offen zugegeben (Broom und Schepers, 1946). – Im Folgenden wollen wir dazu einige Beispiele betrachten.

Wie man auf dieser Säule lesen kann, wurden hier zwischen 1912 und 1913 von Charles Darwin die Überreste des sogenannten Piltdown-Menschen gefunden, einer gelungenen Konstruktion eines Menschensschädels mit einem Affenkiefer. Mehr als 40 Jahre galt dieser Fund auf englischem Boden als echt, auch nach gewissenhafter Untersuchung durch weltberühmte Paläontologen. Erst im Jahre 1953 stellte es sich heraus, daß dies eine Fälschung war, die von übereifrigen Evolutionsanhängern gemacht wurde.

Der Calaveras-Schädel

Im Jahre 1866 wurde von einem Arbeiter im Stollen einer Goldmine ein modern aussehender Schädel gefunden. Prof. *Whitney* war vollkommen von der Echtheit des Fundes überzeugt ... vor allem nach persönlichen Forschungen an Ort und Stelle. Leider jedoch stammte der Schädel aus einer Pliozänschicht – also einer viel zu „alten“ Schicht für den modernen Menschen, wenigstens nach dem Evolutionsmodell. Spätere Gelehrte haben versucht, den Fund als einen „Cowboyscherz“ abzutun. Doch dann bleiben einige unerklärliche Tatsachen übrig:

(1) Der „Scherzbold“ muß irgendwo in einer Grotte einen fossilen Schädel gefunden haben.

(2) Danach muß er ihn in eine Masse festen Materials aus der Mine eingemauert haben, und zwar so sachkundig, daß einer sofortigen Entlarvung vorgebeugt werden konnte.

(3) Die Geschichte vom Fund in der Mine muß so gut gestellt und vorbereitet gewesen sein, daß ein Mann wie Prof. Whitney nicht daran zweifeln konnte.

(4) Und dies alles soll nur ein Scherz von Minenarbeitern gewesen sein, die eigentlich gar nichts davon hatten, fachkundige Gelehrte irrezuführen, und die auch später nie lauthals lachend erzählten, wie sie die gelehrten Herren auf den Leim führten.

Daran wird ersichtlich, daß der Calaveras-Schädel kein Scherz war, sondern ein normaler menschlicher Schädel aus einer Pliozänschicht.

Der Castenedolo-Schädel

Im Jahre 1860 fand Prof. *Ragazzoni* bei Castenedolo in Italien in einer Pliozänschicht ebenfalls einen Schädel. Im Jahre 1880 fand einer seiner Freunde 18 Meter weiter die fossilen Reste zweier Kinder. Später wurde noch der Schädel einer Frau gefunden. Die Funde wurden von einem

Dozenten miteinander, und im Jahre 1921 publizierte Sergi einen Artikel, in dem er seine früheren Schlußfolgerungen hinsichtlich des Fundes von Castenedolo bekräftigte. Außer den Gegenargumenten, die auch jetzt wieder angeführt werden, weil die Schicht, in der die versteinerten Überreste vorkamen, für das Evolutionsmodell zu „alt" ist, bleiben neben den Augenzeugenberichten von glaubwürdigen Gelehrten noch folgende Tatsachen bestehen:
(1) Die Schichten über den Fossilien waren völlig intakt; die Fossilien wurden eingebettet in ein Muttergestein gefunden, das aus dem selben Material bestand wie die Schicht, in der man sie fand.
(2) Sie sind verbreitet über ein weites Gebiet.
So könnten auch noch folgende Funde genannt werden: der Olmoschädel (1883,

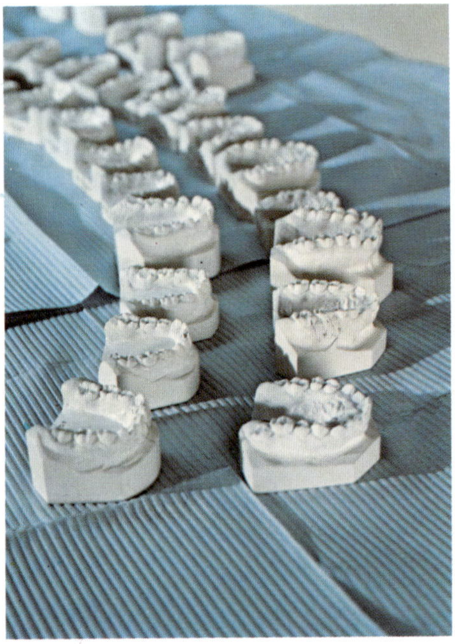

Dr. John W. Cuozzo (rechts), Kieferorthopäde, hat jahrelang Schädelformen und Kiefer von Patienten untersucht (ganz rechts). Aufgrund seiner Forschungen schlußfolgert er, daß so viele Variationen vorkommen, daß es oft äußerst schwierig ist, endgültig festzustellen, ob die fossilen Überreste von Menschen oder von Affen abstammen.
Unten: Ein Künstler machte diese Rekonstruktion des von Leaky gefundenen Zinjanthropusschädels. Es wurden jedoch auch andere, viel affenähnlichere Rekonstruktionen gemacht. Oft ist die Rekonstruktion von der Überzeugung des Auftraggebers abhängig; ein bißchen menschenähnlicher, wenn er dem Menschen nahestehen soll, ein bißchen affenähnlicher, wenn er von dem Forscher mehr zu den Affen gerechnet wird.

Olmo, Italien, voll mit blauem Ton, in dem er gefunden wurde; Pliozän), der Foxhallkiefer (1863, Ipswich, England, mit Gebrauchsgegenständen in noch tieferen Schichten gefunden; Pliozän), das Galley Hill-Skelett, das Clichyskelett usw.

Der menschliche Stammbaum

Welche „missing-links" (fehlenden Zwischenglieder) hat man nun in den vergangenen 150 Jahren als Beweis für die vermeintliche menschliche Abstammung angeführt?
1. Den *Neandertaler*. Von diesem Typus sind viele Überreste gefunden worden; im Grunde waren sie das einzige fossile Material, das Darwin zur Verfügung stand, als er sein Buch über die Abstammung des Menschen schrieb. Heute wissen wir aber, daß der Neandertaler kein gebückt gehender, wilder, behaarter Urmensch war, sondern zu einer Menschenrasse des Homo sapiens (der Gattung, zu der wir selber zählen) gehört haben muß, daß sein Aussehen gar nicht auffällig war (seine körperlichen Abweichungen waren wahrscheinlich die Folge von Arthritis und der Englischen Krankheit), und daß andere moderne Menschenrassen schon eher vorkamen als er.
2. Den *Homo erectus*. Hierzu werden der Pekingmensch (siehe oben) und der Javamensch von Dubois gerechnet. Einige Wissenschaftler haben, obwohl sie der Ansicht sind, daß diese Formen in jedem Fall der Gattung „Mensch" zugeordnet werden müssen, diese Typen als Vorstufen des Homo sapiens bezeichnen wollen. Wir wissen aber, daß der Homo erectus noch sehr rezent vorkam, während die alten Sapiensfunde mindestens so alt, wenn nicht sogar noch älter als alle Erectus-

Einen Blick in die Olduwaischlucht, wo Louis und Mary Leakey viele Jahre lang der Hitze trotzen auf ihrer Suche nach versteinerten Überresten von Lebewesen, die als gemeinsame Vorfahren von Mensch und Affe dienen könnten. Der größte Teil ihrer Funde betrifft den Australopithecus, der heute von vielen nur als eine ausgestorbene Affenart angesehen wird.

funde sind. Der berühmte Anthropologe F. Weidenreich meinte deshalb, daß alle sogenannten Erectustypen der Gattung Homo sapiens zugerechnet werden müssen. Das bedeutet, daß in diesem Falle alle Homofunde von Variabilitäten innerhalb der Sorte abzuleiten sind (vergleiche Kap. V). Andere wiederum glauben, wie wir sehen, daß bestimmte Formen des Homo erectus den Namen Homo zu Unrecht tragen und zu den Affen gezählt werden müssen.

Wie schwierig meistens festzustellen ist, ob man es mit den Überresten eines Menschen oder einer Affensorte zu tun hat, zeigt sich an einer Studie, die der Kieferorthopäde *Dr. John W. Cuozzo* aus New Jersey machte.

Lassen wir ihn selber zu Wort kommen:

„Was mir bei meiner Arbeit als Orthodonist an meinen Patienten auffällt, ist die enorme Verschiedenheit der Winkel, die die Kieferhälften des Unter- und Oberkiefers miteinander bilden können. Ich kenne Beispiele mit einem Winkel von 67°, während andere praktisch parallel verlaufen, genau wie bei Schimpansen oder anderen Affen. Die Variabilität des menschlichen Kiefers ist so groß, daß es bei einem Fund äußerst schwierig zu bestimmen ist, womit man es zu tun hat: mit den Kieferresten eines Menschen oder mit denen eines Affen.

Ein weiterer Aspekt hat mit den Backenzähnen zu tun. Es wird als sehr affenähnlich angesehen, wenn der dritte Backenzahn größer ist als der erste. Doch ich habe genau das bei zweien meiner Patienten [illegible]

Schädels machen lassen. Wie Sie sehen, habe ich oberhalb meiner Augen sehr starke Ränder an meinem Schädel, was ein ziemlich primitives Merkmal ist! Doch ist dies auch ein sehr menschliches Kennzeichen, denn wir haben ja meinen Schädel vor uns! Ferner kommen diese Ränder in extremer Form auch als Krankheit vor. Dann die vorstehenden Kiefer: Das sind nicht nur vorstehende Zähne, sondern auch die vorstehenden Teile des Schädels und des Unter- und Oberkiefers. Diese Kennzeichen finden sich zum Beispiel an den sogenannten Homo-erectus-Schädeln.

Patienten von mir weisen genau dieselben Kennzeichen auf, z. B. ein zehnjähriges Mädchen. Dasselbe fiel mir mehr oder weniger stark beim Kinn auf und auch beim Schädelvolumen. Viele unserer psychiatrischen Einrichtungen kennen Menschen,

Die Rekonstruktion des Unterkiefers eines Australopithecus (oben) zeigt, daß die beiden Kieferhälften parallel verlaufen wie bei den Affen. Die Rekonstruktion der Schädelform des Australopithecus (rechts) zeigt den hohen Knochenkamm auf dem Schädel, und die schweren Knochenwulste über Augen und Oberkiefer. Im Gegensatz zu den meisten anderen Affenarten findet man hier keine schweren hervorstehenden Eckzähne.

die als Folge einer Krankheit oder eines genetischen Defekts einen sehr kleinen Schädel besitzen. Bei früherer Inzucht von Menschengruppen kann dasselbe vorgekommen sein, und wenn wir heute ihre Schädel finden würden, könnte es gut sein, daß wir zu falschen Schlußfolgerungen kommen. Noch einmal: Es ist äußerst schwierig, aufgrund des Winkels, in dem die Kieferhälften zueinander stehen, oder aufgrund der Form oder Größe des Kiefers oder des Kinns, oder wegen des hervorstehenden Kiefers oder der Schädelform und der damit zusammenhängenden Gehirnmasse zu bestimmen, womit man es zu tun hat, weil all diese Kennzeichen beim Homo sapiens als Varianten vorkommen.

3. Den *Australopithecus*. Die vielen neuen Art- und Geschlechtsnamen, die die Forscher ihren Funden gegeben haben, bilden ein großes Problem. Doch wächst die Erkenntnis, daß alle Funde, die für die menschliche Evolution als bedeutsam geachtet werden, nur den zwei Arten Homo sapiens und Australopithecus („Südaffen") zuzurechnen sind.

Der Name Australopithecus ist direkt mit der Arbeit der Familie *Leaky* in Tansania verbunden. Ihre Forschungen sind sehr berühmt geworden. Louis und Mary Leakey arbeiteten etwa um die Mitte dieses Jahrhunderts auf der Suche nach Überresten von Zwischenformen zwischen Mensch und Affe 28 Jahre in der Hitze der Olduwaispalte. Im Laufe der Jahre waren schon an verschiedenen Stellen in Südafrika Reste des „Südaffen" gefunden worden. Aufgrund dieser Funde hatte man die „Südaffen" in zwei Gruppen eingeteilt. Man unterschied einen schwergebauten Australopithecus robustus und den leichtgebauten

Australopithecus africanus. Im Jahre 1959 wurden auch von den Leakeys in der Olduwaispalte Reste des Australopithecus gefunden. Das Schädelvolumen betrug etwa 600 ccm, was den Australopithecus näher bei den Affen als beim Menschen plaziert, der ein Schädelvolumen von etwa 1250–1500 ccm hat. Doch sein Kiefer wiederum ließ mehr auf einen Menschen schließen. Weil vor allem von Mary Leakey an diversen Stellen auch primitive steinerne Werkzeuge in der Olduwaispalte gefunden wurden, vermutete man, daß dieses Wesen Werkzeuge hergestellt – und gebraucht hatte. Trotz seines kleinen Gehirnvolumens hätte er aufgrund seiner Kieferform und wegen der Benutzung von Werkzeugen ein Vorläufer des modernen Menschen sein können. Was war dieser Australopithecus africanus oder Australopithecus habilis (oder Homo habilis, wie er auch genannt

Mary und Louis Leakey am 4. September 1959, während sie den Oberkiefer eines Schädels zeigen, den sie damals gerade gefunden hatten und dessen Alter Dr. Leakey damals auf 600 000 Jahre schätzte. Er gab ihm den Namen Zinjanthropus („Afrikamensch") (rechts). Die Londoner Presse, die dieses Photo weltweit publizierte, schrieb dazu: Dieser Schädel könnte das „missing link" sein! – Heute wird der Schädel von verschiedenen Forschern einer ausgestorbenen Affenart zugeschrieben.
Unten: Der Gedenkstein am Fundort des Australopithecus boisei, früher Zinjanthropus genannt, der von Dr. L. Leakey gefunden wurde. Der Ruhm dieses Affen ist inzwischen verblaßt.

wird, je nachdem, ob man ihn nun zu den Affen oder zu den Menschen rechnet) nun in Wirklichkeit? Die Form des Kiefers ist weniger winklig als die heutiger Affen. Die Kiefer sind massiv und so groß wie die einiger Gorillaarten. Dadurch sind sie auch groß und schwer. Forschungen von *Lord Zuckermann* und *Dr. Oxnard* zeigen auf, daß der Australopithecus die gleiche, typisch gebückte Gangart gehabt haben muß (mit den Knöcheln der Hände auf den Boden gestützt) wie andere Affen auch. Die Schlußfolgerung von Lord Zuckermann lautet darum ohne Zögern: Australopithecus war ein Affe. Und Oxnard sagt: Er bewegte sich fort wie ein Orang-Utan und ist nicht verwandt mit irgend einem heute noch vorkommenden Lebewesen. Australopithecus ist eine Affenart, die wie so viele Tierarten heute ausgestorben ist. Und was die Kieferform angeht: Der Pavian Theripithecus gelada aus Äthiopien hat einen Kiefer, der Ähnlichkeiten mit dem des Australopithecus aufweist. Wie steht es denn mit dem angenommenen Gebrauch von Steinwerkzeugen? Die Lösung liegt auf der Hand. Diese Werkzeuge wurden nicht von Affen, sondern von Menschen angefertigt, die vielleicht den inzwischen ausgestorbenen Affen Australopithecus jagten, um ihn zu verspeisen. Mary Leakey fand nämlich in der Olduwaispalte auch Überreste von Hütten, also Wohnorte normaler Menschen. Auch fand man, konzentriert auf ein Rechteck von 5x10 Metern, Überreste von Knochen und Steinwerkzeugen, drumherum einen etwa einen Meter breiten Freiraum ohne Funde und außerhalb davon

außerhalb davon von freiem Feld umgeben war. Die Essensreste ließ man entweder zu Boden fallen oder warf sie über die Hecke nach draußen. Auch kreisförmige Formationen von Wohnstätten wurden gefunden mit einem Durchmesser von etwa fünf Metern, wobei aufeinander gestapelte Steine die Trennwand bildeten. Diese Wohnstätten erinnern stark an ähnliche Behausungen, wie sie noch immer beim Okombambistamm ins Südwest-Afrika vorkommen.
Der Sohn des berühmten Ehepaares Louis und Mary Leakey, Richard, hat die Forschungsarbeit in Kenia fortgesetzt. Im Jahre 1972 machte er einen wichtigen Fund: den sogenannten „Schädel 1470". Den Evolutionisten zufolge ist es der älteste menschliche Schädel, der bisher gefunden wurde. Und was für ein Schädel ist das? Eine Zwischenform, ein affenähnlicher Schädel, wie es nach dem

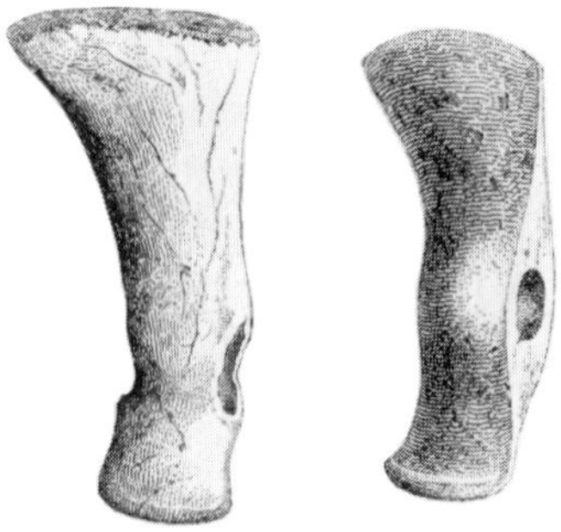

Einige aus Feuersteinen hergestellte Gebrauchsgegenstände, die unsere Vorfahren in der Steinzeit benutzten. Wie es bei der Herstellung zuging, sehen wir rechts.
An verschiedenen Orten Europas wurde ein Netz von Schächten gefunden, in denen Feuersteine gewonnen wurden.

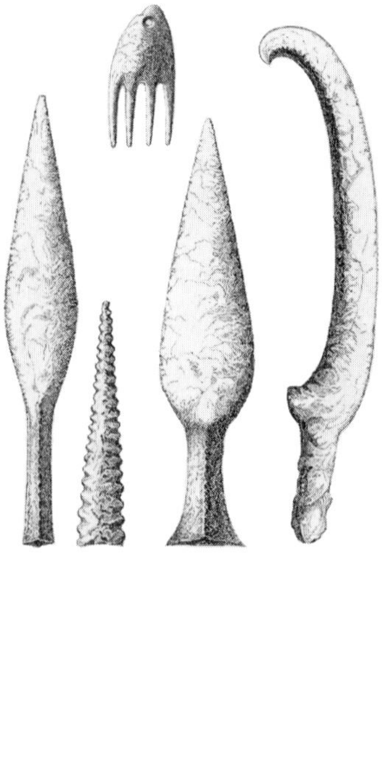

Evolutionsmodell zu erwarten wäre? Nein, es handelt sich dabei um einen Schädel, der ohne weiteres als zu einem Menschen gehörig charakterisiert werden kann. Das bedeutet aber, daß der älteste bisher gefundene, menschenartige Schädel der Schädel eines modernen Menschen ist. Das wiederum bedeutet, daß der moderne Mensch anscheinend älter ist als alle Formen, die früher als Zwischenglieder angenommen wurden. Die Konsequenz für das Evolutionsmodell ist, daß die Enkel anscheinend schon existierten, noch ehe ihr Opa geboren war. Was die neueren Entdeckungen über den Australopithecus angeht, können wir noch Folgendes hinzufügen. *Johannson* fand im Jahre 1974 in Äthiopien die Reste eines affenartigen Wesens, das er „Lucy" nannte. Obwohl Johannson behauptet, daß Lucy und ihre Artgenossen, die später von ihm entdeckt wurden, (im Jahre 1975 fand er Überreste von weiteren 13 Exemplaren) die bewußten „missing links" bilden – die fehlenden Übergangsformen zwischen Affe und Mensch – und er ihnen den Namen Australopithecus afarensis gibt, scheinen wir allen Grund zu haben, diese Art den übrigen Australopithecinen zuzuordnen und sie als ausgestorbene Affenart anzusehen.
Australopithecus war also im Grunde die einzige Gruppe, an der sich die Evolutionisten zur Untermauerung ihres Modelles festklammern konnten.
Viele verschiedene afrikanische Funde, ursprünglich mit meist divergierenden Art- und Geschlechtsbezeichnungen, werden nun alle zu dieser einen Gruppe gerechnet. Lange Zeit war diese Gruppe für den Menschen von evolutionärer Bedeutung: Hier mußten seine direkten Vorfahren gesucht werden. Aber wir können

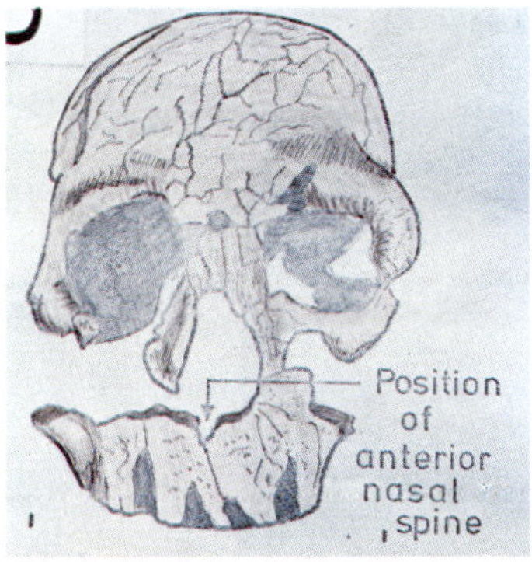

Der berühmte Schädel 1470 (oben), der im Jahre 1972 von Richard Leakey entdeckt wurde (unten). Der Schädel wurde auf ein Alter von 2,9 Millionen Jahre festgelegt, hat aber trotzdem deutlich menschliche Züge, nur das Schädelvolumen war klein geraten. Dieser Menschenschädel war älter als alle bisher gefundenen sogenannten Übergangsformen. Seitdem wurden noch andere, noch „ältere", modern aussehende menschliche Schädelreste gefunden. Die Karikatur rechts, zeigt einen grinsenden Darwin, der die Schöpfung des Menschen, wie sie Michelangelo dargestellt hat, in die Erschaffung eines Affens verändert hat.
Obwohl die Grundmuster, die der „Architekt" für Mensch und Affe benutzte, Parallelen aufweisen in ihrem Entwurf, bedeutet das noch keine Verwandtschaft.

zusammenfassend sagen, daß nach heutiger Erkenntnis diese Lebewesen als „Vorväter" nicht mehr in Betracht kommen. Auch für viele Evolutionisten ist es nun klar, daß diese Gruppe nichts anderes ist als eine ausgestorbene Menschenaffenrasse. Vor allem aufgrund der Gehirngröße und der Schädelkennzeichen sind *Zuckermann, Montagu, Robinson* u.a. zu dieser sicheren Schlußfolgerung gekommen. Der affenähnliche Charakter dieser Gruppe ist nach Meinung dieser Forscher so spezifiziert, daß sie für den vermeintlichen menschlichen Stammbaum nicht die geringste Bedeutung hat.
Wie schon gesagt, lag der Grund, daß sie ursprünglich doch als „menschenähnlich" angesehen wurden, darin, daß *R. A. Dart* und andere behaupteten, diese Individuen hätten Werkzeuge benutzt und Wild gejagt. Es scheint jedoch so, als ob diese Affen

eher selbst das Wild waren, anstatt die Jäger, und daß die Werkzeuge, die zusammen mit den Resten dieser Affen gefunden wurden, von modernen Menschen stammen. Vor allem die neueren Funde der
Leakeys und die von Taieb und Johannson haben deutlich gezeigt, daß gleichzeitig mit oder sogar schon vor dieser Affengruppe moderne Menschentypen auf Erden lebten. Das veranlaßt uns zu der beachtenswerten Schlußfolgerung, daß heute im Grunde kein einziger fossiler Mensch oder „Affenmensch" bekannt ist, der aus wissenschaftlichen Gründen als Vorfahre des Homo (sapiens) in Betracht kommt. Richard Leakey z. B. hat dies in letzter Zeit auch mehrmals ausgesprochen und betont, daß auch er keine Lösung für dieses Problem anbieten könne.
Unser Lösungsversuch liegt auf der Hand: aufgrund der fossilen Tatsachen sind alle Hauptgruppen der Pflanzen und Tiere wie auch der Mensch, anscheinend unabhängig voneinander entstanden. Natürlich ist das für das Evolutionsmodell eine lästige Schlußfolgerung. Darum hat es bisher auch nur so wenige Evolutionisten gegeben (eine positive Ausnahme bildet u.a. Prof. *G. A. Kerkut),* die zugegeben haben, daß diese Schlußfolgerung tatsächlich unwiderlegbar ist und sich geradezu aufdrängt.
Anhänger und Gegner der Evolutionstheorie erkennen heute: die Kluft zwischen Mensch und Affe ist trotz aller Funde noch unverändert groß. Es gibt Menschen und ausgestorbene Menschen, es gibt Affen und ausgestorbene Affen.

ziehen, daß beim Entwurf von beiden ein und derselbe Architekt an der Arbeit gewesen ist.

„So wurden vollendet Himmel und Erde mit ihrem ganzen Heer. Und so vollendete Gott am siebenten Tage seine Werke, die er machte, und ruhte am siebenten Tage von allen seinen Werken, die er gemacht hatte. Und Gott segnete den siebenten Tag und heiligte ihn, weil er an ihm ruhte von allen seinen Werken, die Gott geschaffen und gemacht hatte. So sind Himmel und Erde geworden, als sie geschaffen wurden" (1. Mose 2,1–4a). Den letzten kleinen Satz, der als Überschrift für das angesehen wird, was weiter folgt, sollte man besser als Zusammenfassung des Vorhergehenden ansehen (siehe: Clues to creation in Genesis, von D. J. Wiseman).

Die Menschheit nach dem Sündenfall

Die Urwelt hat wahrscheinlich (zwischen der Schöpfungswoche und dem Sündenfall) nur ganz kurz bestanden. Gott hatte den Menschen den Auftrag gegeben, fruchtbar zu sein, sich zu vermehren, die Erde zu füllen und sie zu beherrschen. Als aber der Mensch in Sünde fiel, hatte er noch keine Kinder und war anscheinend auch noch nicht aus dem Garten Eden herausgekommen, um sich die ganze Erde untertan zu machen. Bald, nachdem Gott Adam und Eva in den prächtigen Garten Eden gesetzt hatte, wurden sie von ihm daraus vertrieben, damit sie nicht vom Baum des Lebens essen würden, wodurch sie auf Erden immer am Leben geblieben wären. Der Mensch wurde aber nicht vertrieben ohne ein indirektes Versprechen, das in dem Fluch über der Schlange (und über dem Satan, der „alten Schlange"; Offenbarung 12,9) zum Ausdruck kam. Dieser Fluch bedeutete, daß in Zukunft ständig Streit sein würde zwischen dem „Samen der Frau" (das sind jene Sünder, die durch Bekehrung und Glauben wieder mit Gott versöhnt werden) und dem „Samen der Schlange" (das sind die Sünder, die gegen Gott im Aufstand sind und den Teufel zum Vater haben – vergleiche Joh. 8,44). Diesen Streit sehen wir in 1. Mose 4 schon im Gange, als Kain (nach seinem Charakter aus dem „Samen der Schlange") den gläubigen Abel (vergl. Hebräer 11,4) „in die Verse sticht", d.h. ermordet. Aber am Ende wird der Verheißung zufolge „der Samen der Frau" doch siegen, denn Gott wird zu seiner Zeit den Satan unter ihre Füße treten (Römer 16,20). Das wird möglich sein, weil der wahrhaftige „Samen der Frau", nämlich Jesus Christus, am Kreuz über Satan gesiegt hat (siehe

Einige Leute meinen, daß die Sphinx (ganz links) mit dem Körper eines Löwen und dem Kopf einer Frau alle Tierkreiszeichen (von Jungfrau bis Löwe) darstellt. Erzählten die Himmel früher von Gottes Erlösungsplan, der mit einer Jungfrauengeburt beginnt und mit dem Löwen aus Juda endet? Und war das Sternenbild von Herkules (links, mit einer Schlange kämpfend) eine Erinnerung an eine ursprüngliche Bedeutung: der göttliche Erlöser, der mit der alten Schlange, dem Satan, kämpft und gewinnt?
Rechts: Der göttliche Erlöser Jesus Christus am Kreuz, wie Rembrandt sich ihn vorstellte.

Hebräer 2,14; 1. Joh. 3,8). So begann die traurige Geschichte einer in Sünde gefallenen Menschheit doch mit einer hoffnungsvollen Verheißung. Sogar bei weitentfernten, heidnischen und götzendienerischen Nachkommen ist die Erinnerung daran nicht ganz verlorengegangen. Ihre Legenden und Mythologien sind voll von Geschichten über Helden, die auf Leben und Tod mit Schlangen und Drachen kämpften. Wir finden dies sogar in den Sternbildern wieder, vor allem in den Tierkreiszeichen. So kennen wir das Sternbild des Herkules, der mit einer Schlange kämpft, das Sternbild der Jungfrau mit der Weizenähre in den Händen (hinweisend auf den „Samen der Frau"), das Sternbild des Löwen, der den Kopf einer großen, fliegenden Schlange zerschmettert, und das Sternbild des Skorpions, der in die Ferse eines berühmten Helden sticht. Vielleicht bringt sogar die ägyptische Sphinx (halb Frau, halb Löwe) die Hoffnung zum Ausdruck, daß die Jungfrau den Löwen zum Nachkommen hat, der als Retter und König über die Menschheit herrschen wird. Doch nur in der Bibel haben wir die richtige Überlieferung dieses Urevangeliums am Anfang der Menschheitsgeschichte. In der Offenbarung sehen wir den letzten Kampf zwischen dem „Samen der Frau" (Christus und seiner Gemeinde) und dem „Drachen, der alten Schlange", das ist Satan. Kain ermordete seinen Bruder – nach Adams Sünde gegen Gott verübte nun Kain Sünde wider seinen Nächsten – und wurde zur Strafe ein Vagabund. Im Lande Nod (das bedeutet „Landstreicher") zeugte er Nachkommen. Seine Frau war und Eva schon viele Nachkommen gehabt haben. Als er flüchtete, nahm er wahrscheinlich eine seiner Schwestern als Frau mit und ließ sich in einem Land nieder, das seinen Namen aufgrund von Kains Umherziehen erhielt. Eine Ehe zwischen Bruder und Schwester war damals nichts Besonderes. In der Zeit der Erzväter war dies sowohl bei ihnen selbst als auch bei vielen Völkern des Altertums häufig üblich.

Die Nachkommen Kains entwickelten eine stattliche Kultur. *Jabal* erfand das Zelt, wodurch er ein Nomadenleben führen konnte. Auch entdeckte er, wie man auch andere Tiere als Abels Schafe als Haustiere zähmen und heranziehen kann. Vielleicht bedeutet das aber auch, daß sie Fleisch aßen und damit dem Gebot von 1. Mose 1,29 ungehorsam waren (das Verbot, Fleisch zu essen, wurde erst in 1. Mose 9,3 aufgehoben).

Jabals Bruder Jubal war musikalisch und hatte mehr Interesse an Kultur als an Wirtschaft. Er erfand sowohl Saiten- als auch Blasinstrumente. Beider Halbbruder *Tubal-Kain* war der Erfinder der Metallbearbeitung; er konnte sowohl mit Kupfer als auch mit Eisen umgehen. Man hat manchmal vermutet, daß sein Name in dem des römischen Feuergottes *Vulcanus* weiterbesteht. Die siebente Generation seit Adam beherrschte also bereits den Umgang mit Bronze und Eisen. Wie man dennoch dahin kam, Bronze- und Eisenzeiten zu unterscheiden, wollen wir im dritten Teil dieser Buchreihe aufzeigen. Es ist außerdem bemerkenswert, daß wir diese Kultur gerade in der Nachkommenschaft Kains antreffen und nicht beim „Samen der Frau". Es ist an sich nichts einzuwenden gegen Jabals Ökonomie, Jubals Ästhetik und Tubal-Kains Technologie; im Gegenteil, hier wurden Gaben gebraucht, die Gott den Menschen gegeben hat. Es stimmt aber doch nachdenklich, wenn diese Dinge bei denen vorkommen, die sich vom „Angesicht Jahwehs" entfernt hatten (1. Mose 4,16) und daß sie gebraucht wurden, um die kalte, leere und armselige Welt ohne Gott etwas zu erwärmen und aufzuheitern (wobei es bemerkenswert ist, daß die Schwester der drei Brüder Naëma hieß, was soviel bedeutet wie „die Liebliche"). Auf jeden Fall finden wir in der Linie des „Samens der Frau" anderes im Vordergrund. In der Gesellschaft von Adams Enkel Henoch (dem Sohn von Abels „Stellvertreter" Seth) „fing man an, den Namen Jahwehs anzurufen" (1. Mose 4,26); und von Henoch, dem „Siebten seit Adam" (vergl. Judas 14), lesen wir, daß er mit Gott wandelte und ihn Gott deshalb wegnahm, ohne daß er starb (1. Mose 5,22–24).

Nach dem Sündenfall und der Sintflut erwählte Gott sich ein Volk zum Vorbild für alle anderen Völker. Und diesem Volk gibt er durch seinen Knecht Mose das Gesetz. In diesen zehn Geboten sagt Gott dem Menschen, wie sie nach seinen Anweisungen leben sollen. Mose verfaßte auf Gottes Geheiß (oder ließ verfassen) die ersten fünf Bücher der Bibel, die Thora. Ob er für das 1. Buch Mose von den auf Tontafeln überlieferten Geschichten aus der „Vorzeit" vielleicht Gebrauch gemacht hat?

Die Zeit vor der Flut nach außerbiblischen Quellen

Wir wissen nicht viel über die eigentlich doch so lange Zeit zwischen dem Sündenfall und der Sintflut. Die Bibel sagt uns sehr wenig darüber. Die Sintflut war eine weltweite und einschneidende Katastrophe, so daß uns eventuelle Dokumente aus jener Zeit nicht überliefert wurden. Es sei denn, die Theorie stimmt, daß die alten Geschichten im 1. Buch Mose dem Mose durch Tontafeln zukamen, die von den Patriarchen, die vor der Sintflut lebten, geschrieben worden waren und in der Arche die Sintflut überlebt hatten (siehe Teil I: „So entstand die Bibel"). Andere schriftliche Informationen haben wir nicht, außer einer Reihe von mündlichen (und oft sehr verstümmelten) Überlieferungen, die nach der Sintflut aufgezeichnet wurden.

So erzählt uns *Flavius Josephus* diese legendäre Geschichte: die Nachkommen Seths sollen durch Adam erfahren haben, daß die Welt einmal durch Wasser und ein weiteres Mal durch Feuer vergehen würde. Aus Angst davor, daß dieses Wissen verlorengehen könnte, machten sie zwei Säulen, eine aus gebrannten und eine aus gehauenen Steinen, in die sie ihr Wissen eingravierten. Wenn dann eine Sintflut die eine Säule vernichten würde, würde immer noch die andere Säule übrigbleiben, um die Botschaft über ein zweites Urteil durch Feuer für die Nachkommen zu erhalten. Nach den Aussagen des Josephus stand eine dieser Säulen zu seiner Zeit noch in Syrien. Andere legendäre Berichte über die Zeit vor der Sintflut kennen wir aus der babylonischen Überlieferung, u.a. von dem Mardukpriester und Geschichtsschreiber *Berossos* (oder Berosus). Genau wie 1. Mose 5 zehn Namen enthält von Adam bis Noah, kannten die Babylonier auch zehn vorsintflutliche „Könige". Nach Berossos lebten diese Könige während insgesamt 432 000 Jahren (nach anderen babylonischen Texten 456 000 Jahre), das sind für jeden König ca. 40 000 Jahre. In dieser Liste wird ebenfalls von dem Siebten berichtet, daß er vorzeitig von den Göttern aufgenommen und in ihre Geheimnisse eingeweiht wurde (vgl. Henoch und die Prophetie in Judas 14 ff.), und der Zehnte in der Liste ist auch hier derjenige, dessen Regierungszeit von der Sintflut beendet wird. Es ist deutlich, daß die Babylonier die Erinnerung an die Zeit vor der Sintflut bewahrt haben – aber nur die Heilige Schrift gibt uns die richtige historische Überlieferung.

Ein Teil der babylonischen Sintflutgeschichte in Keilschrift. Eine andere babylonische Überlieferung berichtet, daß es zwischen der Schöpfung und der Sintflut zehn Könige gegeben hat. 1. Mose 5 nennt ebenfalls zehn Namen. Wahrscheinlich finden wir hier eine gemeinsame Erinnerung, die in der Bibel einfach und klar, von den Babyloniern jedoch mit Mythologien vermischt, wiedergegeben wurde.

Wir mögen die Altersangaben in 1. Mose 5 im Vergleich zu heute hoch finden (siehe Kap. III), aber die der babylonischen Tradition sind noch um ein Vielfaches höher. Noch wichtiger ist, daß es in den babylonischen Texten um Könige von Stadtstaaten geht. In der biblischen Geschichte aber geht es nicht um Könige, sondern um Patriarchen, und nicht um kleine Stadtstaaten, sondern um die ganze damalige Menschheit! Die Babylonier scheinen die Stammväter der Menschheit einfach für ihre eigene Geschichte verwendet und diese durch die hohen Alter noch etwas „verschönert" zu haben!
Damit sind wir nun bei der gewaltigen Katastrophe angelangt, von der die Welt einst betroffen wurde: der Sintflut.

Die Sintflut und die geologische Zeittafel

Links: Das „Aufbrechen der Brunnen der großen Tiefe", zusammen mit dem „Öffnen der Fenster des Himmels" verursachte eine gewaltige Flut, die auch „Sintflut" genannt wird.
Rechts: Sedimentgesteine sind Gesteine, die aus Materialien entstanden, die durch Wind oder Eis, aber vor allem durch Wasser abgelagert wurden. Die verschiedenen Schichten sind oft sehr gut zu sehen.

Unsere Erdkruste besteht aus einer Anzahl verschiedener Schichten von unterschiedlicher Art, was Stärke, Zusammenstellung, Verbreitung, Kombination und Fossilinhalte anbelangt. Es gibt Ergußgestein (entstanden durch Magma, welches in die Erdkruste eingedrungen oder durch die Erdkruste nach außen gedrungen ist), Ablagerungs- oder Sedimentgestein (entstanden durch Ablagerungen von Materialien, die durch Wind, Eis und vor allem durch Wasser von anderswo herangeführt wurden) und metamorphes Gestein (entstanden durch Umsetzung von Sedimentgestein unter Einfluß von gewaltiger Hitze und hohem Druck). Unsere Fragestellung lautet nun: Wann, unter welchen Umständen und in welchem Zeitraum sind all diese verschiedenen Erdschichten entstanden?
Die biblisch-historischen Angaben liefern uns den Schlüssel zum Verständnis der Entstehung der Erdschichten, denn sie bieten die einfachste und eleganteste Lösung für Probleme, die mit der Interpretation der Erdschichten verbunden sind. Um das zu zeigen, werden wir diese Angaben genauer betrachten und damit ein biblisches Katastrophenmodell aufbauen; ferner werden wir die Evolutionsalternative untersuchen.
(a) *Die Zeitspanne*. In Kapitel III haben wir gesehen, daß sowohl biblische als auch wissenschaftliche Angaben auf eine ziemlich junge Erde hinweisen. Auf einer jungen Erde von vielleicht nicht mehr als 15 000 oder 20 000 Jahren Alter war einfach nicht genügend Zeit für eine allmähliche Bildung aller Erdschichten durch

Der Grand Canyon in Amerika wird schon jahrelang erforscht, sowohl von Evolutionisten als auch von Kreationisten.
Für die Evolutionisten bedeuten die deutlich sichtbaren Schichten ebenso viele Perioden von Jahrmillionen, in denen die Schichten sich allmählich gebildet haben sollen.
Kreationisten sind der Meinung, daß man es hier anstatt mit einer Zeittafel eher mit einer Reihe von Ablagerungen zu tun hat, die während einiger Monate oder Jahre oder Jahrhunderte als Folge der Sintflut entstanden sind.

Anfang der Erdgeschichte berichtet (die sog. „Sintflut", das bedeutet „gewaltige Flut"), nicht weiter als etwa fünf- bis sechstausend (vielleicht siebentausend) Jahre zurückliegt.

(b) *Die Universalität.* Es kann unserer Meinung nach aus der Bibel nichts anderes herausgelesen werden, als daß sie uns von einer weltweiten Sintflut, das heißt von einer universalen Naturkatastrophe, berichtet. Folgende Punkte machen dies ersichtlich:

1. Die Höhe des Wassers der Sintflut. Es stieg 15 Ellen höher als die damaligen Berge (die aus bestimmten Gründen wahrscheinlich niedriger waren als die Berge, die wir heute kennen). Aber selbst wenn der Bibelverfasser dabei nur an die Berge des Nahen Ostens gedacht hatte, muß – wenn diese Berge bedeckt waren – die ganze Erde mit Wasser überflutet gewesen sein.
2. Die Dauer der Sintflut. Die lange Zeit, die verging, bis die Wasser wieder vom Erdboden gewichen waren, ist ein Hinweis für das gigantische Ausmaß der Flut.
3. Die Notwendigkeit des Baus einer Arche. Mensch und Tier konnten sich nicht außerhalb des Katastrophengebietes in Sicherheit bringen (wie später Lot nach einer Warnung durch Engel Sodom verließ, ehe es zerstört wurde).
4. Die Tatsache, daß die ganze damalige Menschheit in der Sintflut umkam. Und das, obwohl die Zeitspanne von der Schöpfung bis zur Flut so groß war, daß der ganze Erdkreis bevölkert sein mußte.
5. Die deutliche Terminologie von 2. Petr. 3 (siehe Kapitel IX).

(c) *Der Ursprung der Sintflut.* Wenn wir in der Bibel nachforschen, auf welche

Weise die Sintflut hereinbrach, können wir im Lichte unserer heutigen geologischen Kenntnisse daran ungefähr ermessen, wie verheerend die Folgen dieser Flutkatastrophe für die Erdkruste gewesen sein müssen. Unser Schlüsseltext dazu ist 1. Mose 7,11b + 12: „An diesem Tag brachen alle Brunnen der großen Tiefe auf und taten sich die Fenster des Himmels auf und ein Regen kam auf Erden vierzig Tage und vierzig Nächte."

Hier erhalten wir in der Tat Aufschluß über die Entstehung der Erdschichten. Zuerst wollen wir jedoch betrachten, welche Erklärung die Evolutionisten anzubieten haben. Ihre Erklärungsweise nennen wir Uniformitarianismus; er lehrt, daß die Erdschichten unter den gleichen Umständen entstanden seien, wie wir sie heute auf der Erde antreffen. Das bedeutet, daß sich die Erdschichten ruhig und äußerst langsam gebildet haben müssen, und zwar über einen Zeitraum von Millionen und Milliarden von Jahren. Örtliche Katastrophen sind dabei nicht ausgeschlossen, so wie wir sie auch heute als Erdbeben, Vulkanausbrüche und Überschwemmungen kennen. Aber weltweite Naturkatastrophen (die wir heute nicht kennen) werden abgelehnt. Über dieser Erklärung zur Entstehung der Erdschichten steht oft das Leitwort: „The present is the key to the past" (Die Gegenwart ist der Schlüssel zur Vergangenheit). Weil man im Uniformitarianismus annimmt, daß die Erdschichten allmählich entstanden sind, und weil man außerdem glaubt, unterscheiden zu können, welche Schichten früher und welche später entstanden sind, ging man dazu über (wie wir bereits sahen), die verschiedenen Typen der Erdschichten mit verschiedenen geologischen Zeitperioden in Verbindung zu bringen.

Sir Charles Lyell (1797–1875) war ein schottischer Geologe. Er erklärte, daß in der Vergangenheit nur die Prozesse auf der Erde stattfanden, die sich auch heute noch dort abspielen. Doch weil sie über lange Zeiträume stattfanden, sagte er, haben sie allmählich doch große Veränderungen hervorgebracht. Dieses Prinzip des Uniformitarianismus inspirierte Darwin beim Aufbau seiner Evolutionstheorie.

In jeder dieser Perioden, die Millionen von Jahren gedauert haben sollen, würde sich dann sehr langsam eine Erdschicht von bestimmter Art, d.h. mit einem charakteristischen Fossilieninhalt, an verschiedenen Orten der Erde gebildet haben. All diese Perioden zusammen bilden mit ihren spezifischen Erdschichten die geologische Zeittafel. In dieser Zeittafel sind die Erdschichten in chronologischer Reihenfolge so dargestellt, daß die „älteren" Schichten primitive Organismen und die „jüngeren" Schichten weiterentwickelte Organismen enthalten. Anhand dieser Zeittafel kann man „beweisen", daß in der Erdgeschichte eine Evolution des Lebens stattgefunden hat ...! Aufgrund von historischen Argumenten steht der Christ dem Uniformitarianismus skeptisch gegenüber. Diese Lehre stammt schließlich aus der Zeit der Aufklärung, also aus einer Periode der Aversion gegen die göttlichen Schriften (vor allem gegen die Bibel), die wir aus der Vergangenheit besitzen. Der Katastrophismus (eine Auffassung, derzufolge die Erdschichten durch eine oder mehrere weltweite Katastrophen entstanden sind) war vor dem 19. Jh. die allgemein anerkannte Lehrmeinung der Geologie und ist es auch noch bei vielen Geologen des 19. und 20. Jhs. Nicht etwa aufgrund neuer wissenschaftlicher Entdeckungen, sondern infolge der veränderten philosophischen Ansichten der „Aufklärer" kam man in der nachfolgenden Generation (erste Hälfte des 19. Jhs.) dazu, die katastrophistische Auffassung allmählich durch die uniformitarianistische zu ersetzen. Man zog das Studium der derzeitigen Erscheinungsformen (z. B. der Erdschichten) den Tatsachenberichten der schriftlichen Quellen (der Bibel) vor. Das Studium der heutigen Erscheinungsformen ist zwar gut und richtig, bietet aber nicht die gesuchte Erklärung zur „Entzifferung" des Erdbodens. – Der wesentlichste Grund für diese geschichtliche Entwicklung war eine radikale Ablehnung des Glaubens an das Übernatürliche. Nun brauchen weltweite Katastrophen an sich noch keinen übernatürlichen Ursprung (im buchstäblichen Sinne des Wortes) zu haben. Die Sintflut spielte aber unter allen bekannten Katastrophen von jeher die größte Rolle im Denken der früheren Geologen, und man hatte sie zurecht als ein Eingreifen und

mit der Idee von weltweiten Katastrophen ganz abzurechnen und die Entstehung der Erdschichten aus Vorgängen zu erklären, die wir heute noch auf der Erde beobachten können. Im Grunde zeigte es sich aber schon zu Lebzeiten Lyells, daß das gar nicht möglich ist, denn er sah sich im Jahre 1840 selber genötigt, die Eiszeittheorie von *Agassiz* zu akzeptieren – eine Theorie, die man nicht einfach aus den Vorgängen ableiten konnte, die wir heute wahrnehmen.
Hinsichtlich der Bevorzugung des Uniformitarianismus hat sich nicht viel geändert seit der Zeit Lyells, des Mannes, der von Darwin „das Haupt der Uniformitarianisten" genannt wurde. Lyell war ein fanatischer Gegner der historischen Bedeutung des 1. Buches Mose, und er hoffte, die Menschen von der „mosaischen Geschichte" abbringen zu können. Vor allem der Sintflutbericht war seiner Meinung nach „ein Alptraum für die geologische Wissenschaft". Doch war Lyell kein Atheist; ebenso wie viele andere heutige Wissenschaftler war er wohl bereit, die Bibel bis zu einem gewissen Grad ernstzunehmen – aber eben nur solange, wie er ihre historischen Aussagen nicht akzeptieren mußte. Doch genau das wollen wir jetzt tun.

Brunnen und Fenster

Wir wollen zurückkehren zu unserem Schlüsseltext aus 1. Mose 7,11b + 12. Wir lesen dort erstens, daß „alle Brunnen der großen Tiefe" aufbrachen. Das kleine Wort „alle" hat umfassende Bedeutung; es weist darauf hin, daß sich aus dem ganzen Ozeanboden heraus (der den dünnsten Teil der Erdkruste bildet) an einem einzigen Tag eine Katastrophe entwickelte. Der gesamte Ozeanboden wurde

angehoben, und gewaltige vulkanische Explosionen fanden statt. Gigantische Mengen Flüssigkeit, möglicherweise flüssiges Gestein oder Magmen, wie auch Wassermassen (wahrscheinlich in Form von Dampf), die vorher unter großem Druck unter dem Oberflächengestein aufbewahrt wurden, wurden nun als riesige „Brunnen" frei. Diese Ereignisse wiederum müssen zu gewaltigen Erdbeben und Flutwellen auf der ganzen Erdoberfläche geführt und eine enorme geologische Aktivität verursacht haben (siehe unten).
Zweitens lesen wir, daß die „Fenster des Himmels" geöffnet wurden und daß es vierzig Tage lang regnete. Diesen Ausdruck „Fenster des Himmels" finden wir noch öfter in der Bibel, jedoch niemals mehr im Zusammenhang mit Wasser, wie es hier der Fall ist. Es scheint fast so, als ob diese „Fenster" nicht gleichzusetzen wären

Natürlich kalkuliert der Uniformitarianismus sehr wohl kleinere, örtliche Katastrophen ein wie etwa diesen Ausbruch der Vulkaninsel Surtsey am 23. 9. 1964 (links). Doch er rechnet nicht mit der Möglichkeit von einzigartigen Ereignissen in der Geschichte der Erde, wie etwa mit einer weltweiten Wasserflut. Die Kraft des Wassers ist gewaltig (rechts). Auch heute noch können wir die unvorstellbaren Zerstörungen wahrnehmen, die durch Überschwemmungen entstehen. Wasser kann ganze Gesteine wegschleifen (ganz rechts). Was Erosion zu bewirken vermag, läßt sich an diesem Felsen am Meer erkennen. Wind und Wasser haben ihn ausgeschliffen und ein Tor entstehen lassen.

mit Regengüssen, wie wir sie heute kennen. Dies wird auch durch die Tatsache bestätigt, daß es unter den heutigen atmosphärischen Umständen niemals vierzig Tage lang auf der ganzen Erde regnen könnte. Dafür ist in der Atmosphäre einfach nicht genügend Wasser vorhanden. Wenn wir die biblische Geschichte also ernstnehmen wollen, müssen wir annehmen, daß vor der Sintflut ein atmosphärisches Wasserreservoir existiert hat von ganz anderer Art und anderem Umfang, als wir es heute kennen. In Kapitel IV haben wir schon gesehen, daß 1. Mose 2,5 ff. in der Tat darauf hinzuweisen scheint, daß Gott am zweiten Schöpfungstag in den höheren Schichten des Firmaments ein riesiges, durchsichtiges Wassergewölbe anbrachte. Während der Sintflut waren dann nicht weniger als vierzig Tage nötig, um diese gewaltigen Wassermengen auf die Erde niedergehen zu lassen!
Die große Bedeutung dieses Niederschlags lag nicht nur in der großen Menge des Wassers, das aus dem Firmament auf der Erde niederging. Man kann ziemlich leicht nachrechnen, daß von allen Sintflutgewässern, die schließlich sogar die höchsten Berge bedeckten, der Niederschlag des Regens nur einen Teil ausmachte. Den größten Anteil müssen die anderen genannten Quellen geliefert haben, nämlich die unterirdischen Wassermassen, die aus den „Brunnen der großen Tiefe" aufbrachen. Die wichtigste Bedeutung des Niederschlags lag vielmehr darin, daß die unvorstellbar schweren Regenfälle eine gewaltige, erodierende (= nagende und

ersten sedimentären Materialien mit sich, die durch Turbulenz und Reibung stark zur Erosion beitrugen. Die kleinen Flüsse suchten ihren Weg zum nächstgelegenen Strom und wuschen durch fortwährende Erosion riesige Becken aus, wobei sie dicke Ablagerungen hinterließen. Wir wissen, daß sogar heute bei örtlichen Regenstürmen und Überschwemmungen ganze Dörfer, Städte und Gebiete völlig weggespült werden können.
Selbst Steine mit einem Gewicht von einigen hundert Zentnern können in wenigen Stunden über große Entfernungen mitgeführt werden; und Zehntausende Kubikkilometer Material können pro Quadratkilometer weggescheuert und anderswo wieder gelagert werden. Auch ist es möglich, daß haushohe, alles zerstörende, über die Ufer tretende, reißende Flüsse entstehen. Wenn örtliche

Michelangelo: Diluvio Universale, Vatikan, Sixtinische Kapelle. Verzweifelt versuchen die Menschen, den steigenden Fluten zu entrinnen, indem sie auf die höchsten Erhebungen fliehen. Doch schließlich werden auch die letzten umkommen, denn Gott hatte gesagt, daß das Ende aller Lebenden beschlossen war (1. Mose 6,5–8).

Katastrophen das zustande bringen können, was muß dann eine Flut fertiggebracht haben, die so gigantisch war, daß sie schließlich die höchsten Berge der Erde bedeckte, und den ganzen Erdboden fast ein halbes Jahr lang verbarg, ehe sie zu sinken begann?

Die Bildung der ersten Erdschichten

Wenn wir die Sintflutgeschichte der Bibel auch nur halbwegs ernst nehmen wollen, ist es vollkommen klar, daß bei einer solchen Katastrophe, wie die Sintflut es war, eine gewaltige sedimentäre Aktivität stattgefunden haben muß. Durch solch unaufhörliche Regengüsse, sich auftuende Brunnen, gewaltige Magmaeruptionen, riesige Erdbeben, gewaltige Flutwellen, Landverschiebungen und Explosionen mußte die Erdkruste in kürzester Zeit aufbrechen. Auf dem Ozeanboden würden aufgewühlter Sand, Magmen, hervorbrechende Wassermassen und Dampf Millionen wirbelloser Tiere lebendig begraben.
Die ersten Schichten müßten also notwendigerweise die Überreste der wirbellosen Meerestiere enthalten, die auf dem Meeresboden leben, da sie von den aufgewühlten Bodenmassen als erste gefangen und begraben worden sein müßten. Dann, sofort über diesen untersten Schichten, würden wir Erdschichten erwarten, in denen Überreste von Fischen erhalten geblieben sind (die der Verschüttung etwas länger entkommen konnten), wie das auch tatsächlich der Fall ist.
Natürlich würden wir auch erwarten, wirbellose Meerestiere und Fische in viel höheren Schichten zu finden. – Unterdessen würden sich auch auf dem Festland

schreckliche Dinge ereignen. Am Ende würden auch alle Landtiere umkommen, und obwohl die Menschen durch Laufen, Klettern und Schwimmen versuchen würden, der Flut zu entkommen, würden sie schließlich ebenfalls ertrinken und in einer begrenzten Anzahl von Fällen von den aufgewühlten Erdmassen begraben werden, um so zu versteinern. Der Erdboden würde bald wegerodieren, Bäume und Pflanzen würden entwurzelt und in Massen zum Meer transportiert werden. Schließlich würden die Hügel und Berge von selbst auseinanderfallen und von den Wassern mitgerissen werden. Felsblöcke würden aneinander stoßen und brechen und sich allmählich zu Steinen, Kiesel und Sand formen und abrunden. Gewaltige Mengen Schlamm und Steine würden stromabwärts treiben und Unmengen Tiere und Pflanzen überfluten und mitreißen. Im Laufe der Zeit würden sich

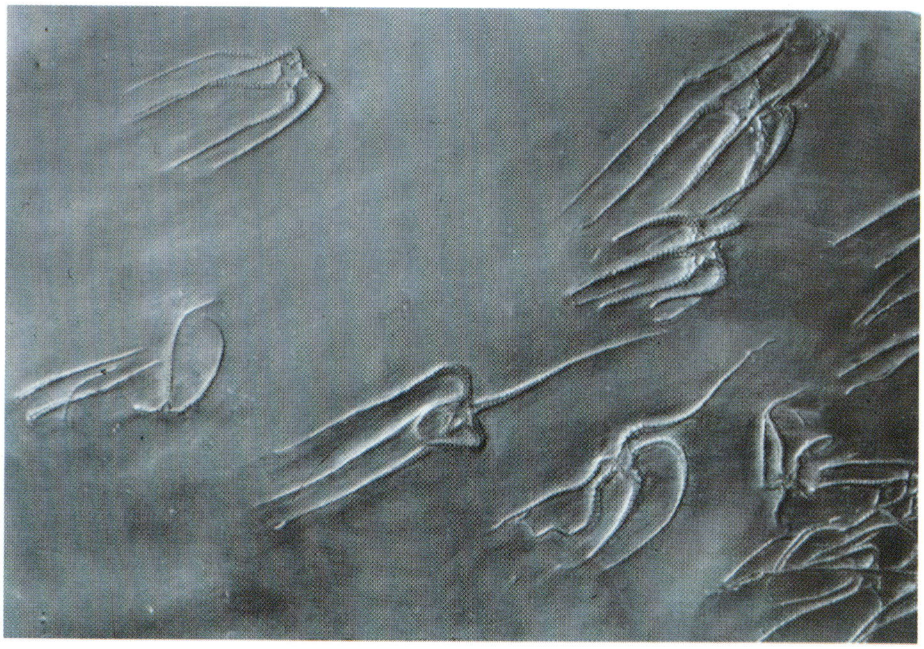

Diese Schlangensterne (rechts) müssen während einer sehr starken Wasserströmung begraben worden sein. Das wird aus der Tatsache ersichtlich, daß sich alle in dieselbe Richtung orientieren. Der abgebildete Krebs (Ergon) (unten) wurde zuerst im Kalkschlamm gefangen, aus dem er zu entkommen versuchte (wie die Spur zeigt), ehe er wieder von einer neuen Sedimentschicht bedeckt wurde. Diese Art Fossilien können nur durch sintflutähnliche Umstände entstanden sein.

Landsedimente und Süßwasser völlig mit den Ozeanen vermischen. Schließlich würden in dem Maße, wie die Wasser zur Ruhe kommen, die Sedimente wieder langsam versumpfen, aufgelöste Chemikalien würden sich zu bestimmten Zeitpunkten und an bestimmten Stellen – je nachdem, wie es Salzgehalt und Temperatur erlauben – in dicken Schichten niederschlagen, und massive Ablagerungsschichten, die sich bald zu Gestein verhärten, würden sich auf der ganzen Erde bilden. Nach dem Gesetz der hydrodynamischen Selektivität würde eine Wasserflut, die dermaßen mit schweren Stoffen beladen wäre, sie früher oder später als horizontale, aufeinandergestapelte Schichten absetzen. Die Reihenfolge dieser Schichten würde bestimmt werden von den spezifischen Gewichten und dem Abrundungsgrad der Teilchen in den Ablagerungsstoffen. Während die eine Flutwelle ihre Geschwindigkeit verringern und ihre Ladung in verschiedenen Schichten absetzen würde, würde schon wieder eine nächste Flutwelle heranrollen, eventuell aus einer anderen Richtung und mit einer anderen Art Material, um dieses auf den ersten Schichten abzulagern. So würden in allen Teilen der Erde innerhalb von einigen Monaten eine große Anzahl Sedimentschichten gebildet werden können, manchmal sogar in einer Tiefe von mehr als einem Kilometer.

Die geologische Zeittafel

Das überraschende Ergebnis dieser Betrachtungsweise ist, daß dadurch eine herausbildet und in den Jahrhunderten danach ihre endgültige Form annimmt. Es ist natürlich wichtig, Letzteres zu beachten, weil jedermann begreifen wird, daß das „Sich-setzen" der Erdschichten auch nach dem eigentlichen Jahr der Sintflut noch eine Zeitlang weiterging, während die Versteinerung der Erdschichten mit den darin enthaltenen Organismen ein sehr viel langwierigerer Prozeß war als die Bildung dieser Erdschichten selbst. Dazu kommt noch, daß nicht alle Erdschichten ihre Entstehung der Sintflut zu verdanken haben. Es liegt auf der Hand, anzunehmen, daß die (fossilarmen) Schichten des Präkambriums schon vor der Sintflut vorhanden waren, während zumindest die obersten Erdschichten (die des sogenannten Tertiärs und Quartärs) aus der Zeit nach der Sintflut stammen müssen, wie auch vielleicht ein Teil (und nach Meinung einiger Fachleute sogar die

Diese Ammoniten (eine Gruppe ausgestorbener Weichtiere) wurden von der starken Strömung des Sintflutwassers gegen ein Stück Holz gespült. Solch eine Strömung beweist eine schnelle Ablagerung, wie sie unter katastrophischen Umständen stattfindet.

Gesamtheit) der Erdschichten des Mesozoikums.

Die geologische Zeittafel, mit der die evolutionistischen Geologen arbeiten, ist insofern ein brauchbares Instrument, als sie, wenn wir den Begriff „Zeittafel" einmal vergessen, auf jeden Fall eine grobe Reihenfolge der Erdschichten bietet, wie wir sie heute im Erdboden antreffen. Frappierend ist nun, daß diese Reihenfolge mit derjenigen übereinstimmt, die wir nach unserem Sintflutmodell erwarten dürfen, daß aber dieses Modell gleichzeitig die Probleme löst, die beim evolutionistischen Gebrauch der „Zeittafel" auftauchen. So bietet nur das Sintflutmodell eine plausible Erklärung für das Vorkommen der vielfältigen und gigantischen Massengräber, in denen manchmal die Reste von Hunderttausenden von Tieren gefunden wurden, die vielleicht in Todesangst einen scheinbar sicheren Unterschlupf gesucht haben und dort von der Katastrophe eingeholt wurden. Nicht nur das uniformitarianistische Modell, sondern auch das Sintflutmodell kann erklären, warum wir zunächst ausschließlich Erdschichten mit Meeresorganismen antreffen und erst in höher gelegenen Schichten Landorganismen; doch nur das Sintflutmodell kann erklären, warum in Ausnahmefällen auch in den untersten Schichten Landorganismen (Menschen, Landtiere, Landpflanzen, Bäume) vorkommen. Nach dem uniformitarianistischen Modell dürften wir erwarten, in den untersten Schichten allmählich die Entwicklung von Einzellern, einfachen Pflanzen und Tieren sowie die allmähliche Bildung der verschiedenen Hauptabteilungen der wirbellosen Tiere abgebildet zu sehen.

Nach dem Sintflutmodell erwarten wir jedoch in den untersten, fossilhaltigen

Erdschichten alle Gruppen von Tieren, die wir auch heute noch im Meer finden (zuzüglich einer Reihe ausgestorbener Gruppen), anzutreffen. Genau das Letztere ist der Fall. Über den so gut wie fossillosen Schichten des Präkambriums finden wir sofort die Schichten des Kambriums und Ordoviziums, in denen fast alle Gruppen der Meerestiere, ja so gut wie alle Klassen des Tierreiches vertreten sind. Dies ist wohl eine der schwächsten Stellen des uniformitarianistischen Modells, weil sie vom Evolutionsmodell her überhaupt nicht zu erklären ist. Mit anderen Worten: das Sintflutmodell bietet etwas, was das uniformitarianistische Modell unmöglich geben kann: Es liefert eine Erklärung für die Reihenfolge der Schichten in der Erdkruste (wie sie von der gängigen geologischen Zeittafel angegeben werden), und auch für die vielen Ausnahmen hinsichtlich der üblichen

Rechts: Durch die Wasserfluten und Strömungen, wie sie die Sintflut mit sich brachte, wurden viele Tiere begraben. Massengräber mit Hunderttausenden fossiler Gebeine wurden gefunden. Reptilien, Säugetiere, alle durcheinander. Unten: Diese Tiefseekoralle wurde nicht in einer marinen Schicht (das ist eine Erdschicht voller Meeresorganismen) angetroffen, sondern in einer Steinkohleschicht, also in einer Ablagerung von Landpflanzen. Bei der ruhigen, allmählichen Bildung von Steinkohleschichten, wie sie sich die Evolutionisten vorstellen, sind derartige Vermischungen undenkbar, aber unter den katastrophischen Umständen der Sintflut konnten marine Organismen gelegentlich in Landablagerungen geraten.

Reihenfolge und des Inhalts der Erdschichten, und löst außerdem die Probleme, mit denen die evolutionistische Interpretation der Erdkrustengeschichte zu kämpfen hat. Das heißt nicht, daß das Sintflutmodell keine Probleme kennt; auch dort ist bestimmt nicht alles eindeutig und sind noch lange nicht alle Fragen gelöst. Doch hat es den Anschein, als ob die Probleme lediglich einige weniger wesentliche Detailfragen betreffen würden, und daß sich das Modell, als Ganzes betrachtet, bewährt hat. Dieser Erfolg ist denen zu verdanken, die gegen die Meinung der Mehrheit angingen und den Mut hatten, von den biblischen Angaben auszugehen.

Die Bildung der Erdschichten

Nicht nur die Bildung der Steinkohleschichten (siehe Kapitel VI), sondern auch die der vielen anderen Erdschichten weist auf katastrophale Ereignisse hin; keinesfalls jedoch auf Prozesse, wie wir sie heute in der Erdkruste wahrnehmen (und die der Uniformitarianismus so gerne in Anspruch nimmt). Die Ergußgesteine weisen auf kolossale Vorgänge in der Erdkruste selbst hin. Es gibt auf der Erde Gebiete mit Hunderttausende Quadratkilometer dicken Ergüssen von basaltartiger Lava, die sich in wahren Sturzbächen aus der Erdkruste an die Oberfläche gedrängt haben müssen. Solch massiven Vulkanismus kennen wir heute (glücklicherweise) in der derzeitigen Erdkruste nicht einmal mehr im Ansatz. Auch die gewaltigen „Batholiten", das sind gewaltige Ergüsse, die das Rückgrat vieler großer

ziemlich jung angesehen, sind jedoch immer noch – nach dem Evolutionsmodell – viele Millionen Jahre alt.
Es wurden aber reichlich Beweise dafür gesammelt, daß die Anden, der Himalaya und andere Gebirge noch zu historischen Zeiten Hunderte bis Tausende von Metern hochgehoben wurden.
An verschiedenen Stellen der Erde kommen Hunderttausende Quadratkilometer flacher, horizontaler Ablagerungsgesteine vor, die oft Tausende von Metern dick sind. Solche Ablagerungen werden heute nicht mehr gebildet. Auch entstehen viele Typen von Ablagerungsgestein heute nicht mehr, wie z. B. Sandstein, Konglomerate, Kalkstein, Hornstein und Evaporite von der Sorte, wie wir sie in den Erdschichten antreffen. Sie sind redlicherweise nur zu erklären durch

Diese Lavalandschaft auf Hawaii (rechts) zeigt ein Beispiel von Ergußstein (in diesem Fall aus jüngerer Zeit stammend).

Seite 137 oben: Ein Querschnitt durch den Grand Canyon. Es ergeben sich folgende Probleme für den Evolutionisten: 1. die sehr gleichmäßige Ablagerung von vielen Schichten über Hunderte von Quadratkilometern; 2. das Fehlen bestimmter Erdschichten (die Hunderte Millionen Jahre vertreten ...), ohne eine Spur von Erosion; 3. das Wechselspiel der Kambrium- und Mississippi-Schichten (und diese stellen doch Perioden dar ...); 4. das Vorkommen versteinerter Reste hochentwickelter Organismen in sehr „alten" Schichten (Proterozoikum). Das Katastrophenmodell hat keinerlei Schwierigkeiten, diese Vorkommnisse einzuordnen.

gigantische, schnelle, hydraulische und chemische Prozesse, die große Mengen Sand, Ton und andere Erdarten sowie Chemikalien aufgewühlt und aussortiert haben, die dann anderswo wieder abgesetzt wurden, und das mit solcher Geschwindigkeit, daß sogar riesige Tiere schnell davon begraben wurden. Den Umfang der Wassereinwirkung, die nötig ist, um Sand und Lehm auszusortieren, die Tausende Quadratkilometer Sandsteinablagerungen produziert haben, kann man nicht beschreiben. Wir können uns keine Vorstellung von dem kontinentweiten ozeanischen „Mahlstrom" machen, der so mächtig war, daß er in Nordamerika Hunderttausende Quadratkilometer Konglomerate abladen konnte, wie auch in anderen Teilen der Welt. Der ozeangroße Hexenkessel, in dem sich das Kalziumkarbid und das Silikagel, welches die weitverbreiteten Kalkstein-, Dolomit- und Hornfelsschichten bildet, plötzlich niederschlugen, läßt uns schwindlig werden. Und die gewaltigen Becken aus sogenannten Salz- und Gips-„Evaporiten", die so auffällig sauber und frei von organischem Material sind, müssen durch schnellen Niederschlag aus konzentrierten heißen Lösungen entstanden sein, anstatt durch langsame Verdampfung („Evaporation") in seichten Meeren, wie die Uniformitarianisten gerne behaupten. Nicht nur Umfang und Zusammensetzung des Ablagerungsgesteins, sondern auch die Formen, die diese Becken nach den ursprünglichen Ablagerungen des Materials bekommen haben (durch starke Spaltung, Anhebung, riesige Brüche und Versackungen), weisen auf Prozesse hin, die heute im Hinblick auf Ausmaß und Geschwindigkeit völlig unbekannt sind. Alle genannten Faktoren weisen in ein und dieselbe Richtung, und

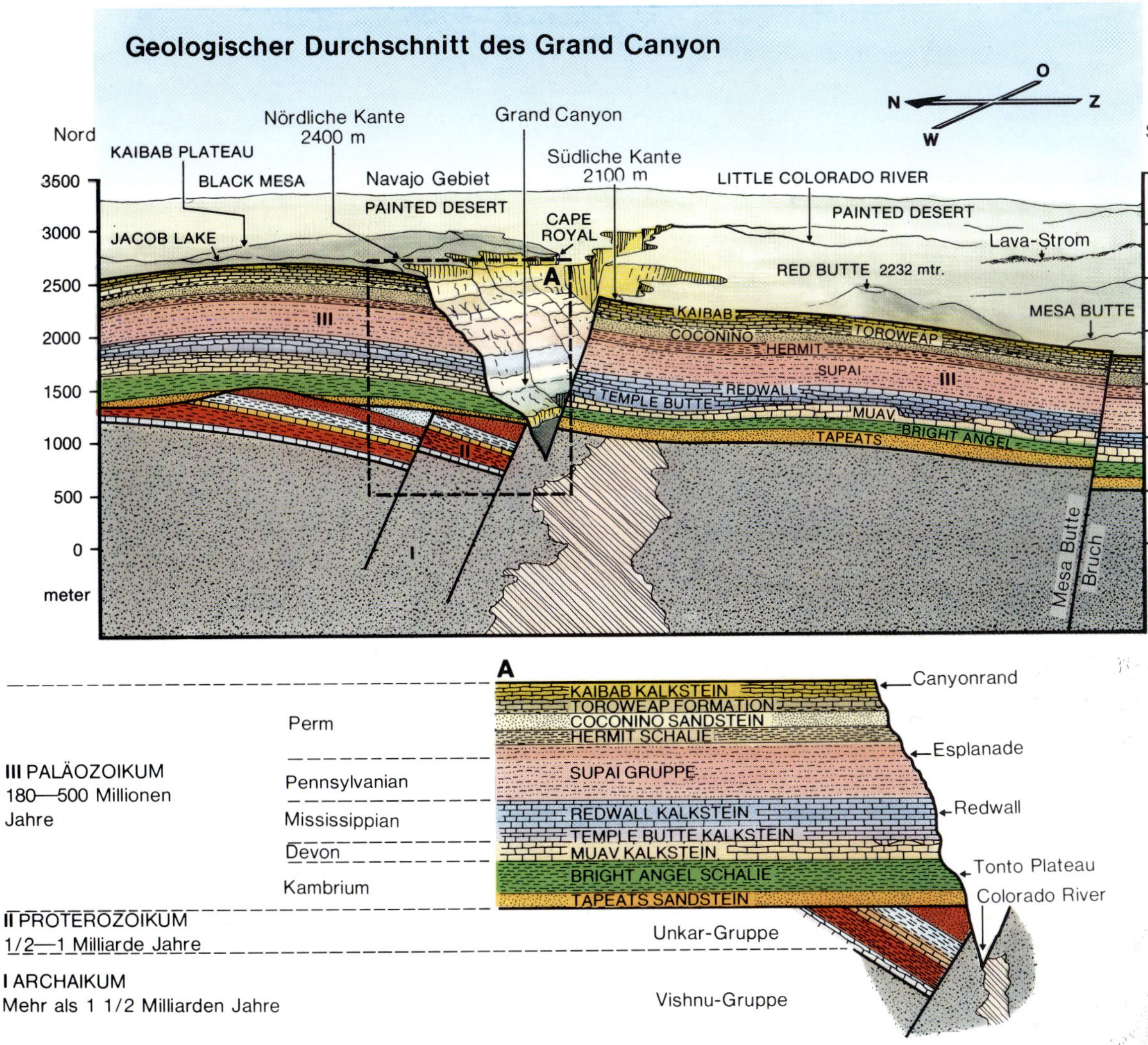

Unten: Auf dem Boden des Grand Canyons fließt der Colorado. Im Evolutionsmodell hat der Fluß sich im Laufe von Jahrmillionen durch die Gesteine geschliffen. Nach dem Katastrophenmodell waren die Erdschichten noch weich, als sich der Strom seinen Weg suchte. Man bedenke die enormen Kräfte, die nötig sind, um solch einen tiefen und gleichzeitig sich windenden Weg auszuhöhlen.

die heißt Katastrophismus. Aber nicht in dem Sinne, daß die Erde vielleicht eine Reihe begrenzter Katastrophen erlebt haben könnte, die aufeinander folgend an verschiedenen Stellen die unterschiedlichen Erdschichten gebildet haben. Der kolossale Umfang der Prozesse, die stattgefunden haben müssen, weist eher auf eine oder höchstens einige Katastrophen hin, und diese waren in jedem Fall von weltweitem Umfang. Sämtliche Untersuchungen legen den Schluß nahe, daß der Großteil der „geologischen Zeittafel" während einer einzigen, weltweiten Katastrophe entstanden sein muß. Wir wollen uns zum Beispiel nur an die vielen versteinerten Baumstämme erinnern, die manchmal 10 bis 20 Meter tief verschiedene Erdschichten durchschneiden und keine andere Schlußfolgerung zulassen, als daß sich all diese Schichten praktisch gleichzeitig gebildet haben müssen. Auch hat sich herausgestellt, daß einige Flüsse, wie z. B. der Coloradofluß im Grand Canyon, ihr Flußbett nur dann auswaschen konnten, wenn die tiefen Erdschichten (etwa eineinhalb Kilometer unter den heutigen höchsten Schichten!) noch weich, also noch nicht versteinert waren, als die höheren Schichten gebildet wurden.

Das aber kann nur der Fall gewesen sein, wenn diese Schichten sich ziemlich schnell hintereinander bildeten. Ein anderer Hinweis darauf, daß sich der größte Teil der geologischen Formationen innerhalb sehr kurzer Zeit gebildet haben muß, sind „versteinerte" Meteoriten. Wir wissen, daß verschiedene Arten von geschah dies schon seit Milliarden von Jahren, nämlich während der ganzen angenommenen Erdgeschichte, und in den frühesten Zeiten sogar öfter als heute. Doch hat man in den tieferen und sehr alten Ablagerungsschichten keine Meteoriten angetroffen, sondern nur in den oberen, jüngeren Erdschichten (die höchst wahrscheinlich nach der Sintflut entstanden sind). Die einzig vernünftige Erklärung für diese bemerkenswerte Abwesenheit von Meteoriten in älteren Schichten ist, daß sich die meisten dieser Schichten so schnell gebildet haben, daß nur sehr wenige Meteoriten darin aufgenommen werden konnten. Nun kommen zwischen bestimmten Erdschichten wohl (sogenannte) „Diskordanzen" vor, also Stellen, wo die Erdschichten nicht ordentlich übereinander liegen, sondern erst entstanden, danach wieder abgeschliffen wurden (oder nach dem Sintflutmodell „abgespült"), um dann wieder neue Schichten aufzunehmen. Da muß also zwischen zwei Ablagerungen eine kurze oder lange Periode vergangen sein (wobei man im Sintflutmodell nur an Tage oder Wochen zu denken braucht)! Aber das Merkwürdige ist nun, daß es möglich ist, ab den untersten Schichten von unten bis oben ununterbrochen die ganze geologische Zeittafel vorzufinden, wenn man nur den richtigen Weg durch diese Erdschichten sucht und dabei die Diskordanzen umgeht, weil diese niemals weltweit, sondern nur örtlich begrenzt vorkommen! Das bedeutet, abgesehen von örtlichen Störungen (wodurch Diskordanzen entstehen können), daß viele Erdschichten sich sehr schnell und fast gleichzeitig abgelagert haben müssen.

Wie schnell die Landmassen abgelagert wurden, ist aus diesem Fund zu erkennen, wo fossile Bäume aufrecht stehend manchmal 10 bis 20 Meter verschiedene Erdschichten durchschneiden. Das ist nur dann möglich, wenn sich die Schichten schnell nacheinander „gesetzt" haben, ehe der Baum Gelegenheit hatte zu verrotten. So schnell von der Außenwelt abgeschnitten, versteinerte der Baum.

Das versteinerte Organismenreich

An dieser Stelle müssen wir uns an unsere wichtige Schlußfolgerung von Kapitel VI erinnern. Dort haben wir uns mit der Bedeutung von Fossilien beschäftigt, und sie wird nun in unserer Diskussion wiederum eine wichtige Rolle spielen. Wir haben gesehen, daß die Fossilien die gleiche Trennung in Hauptgruppen aufweisen, wie wir sie auch in der heutigen Natur antreffen. Sie weisen die gleiche Einteilung in Hauptabteilungen, Klassen, Ordnungen und Familien auf, die wir heute noch immer kennen (abzüglich einer Reihe ausgestorbener Tiere). Sie sehen normalerweise so aus wie heute (abgesehen von Veränderungen innerhalb der Schöpfungsgruppen) und kennen keine Zwischen- und Übergangsformen, wie sie das Evolutionsmodell fordert.

Doch es geht uns nicht nur um die negative Schlußfolgerung: die Widerlegung des Evolutionsmodells. Es gibt auch ein positives Ergebnis. In Kapitel VI zeigten wir nämlich anhand der Fossilien, daß von Anfang an eine große Anzahl von Lebensformen nebeneinander existiert hat, die sich nicht auseinander entwickelt haben. Doch nun ist es an der Zeit, noch eine zweite Schlußfolgerung zu ziehen: Die versteinerten Organismen in den verschiedenen Erdschichten müssen gleichzeitig gelebt haben! Das versteinerte Organismenreich zeigt eine Welt von Pflanzen und Tieren, die gleichzeitig, wenn auch an verschiedenen Orten der Erde, gelebt haben. Auch dieser Punkt ist eine Bestätigung dafür, daß sich ein Großteil der „geologischen Zeittafel" gleichzeitig gebildet haben muß. Die versteinerten Pflanzen und Tiere in den aufeinanderfolgenden Erdschichten spiegeln keine Tier- und Pflanzenwelten wieder, die nacheinander auf Erden existiert haben (während Millionen von Jahren); sie vermitteln kein Zeitbild aufeinanderfolgender Lebensstadien (Evolutionsstadien), sondern ein Raumbild gleichzeitig lebender Tiere und Pflanzen, die im Augenblick des Ausbruchs der großen Katastrophe an verschiedenen Orten der Erde lebten: vom Tiefseeboden bis zum Hochgebirge. Nur so verstehen wir, wie es kommt, daß eine so gewaltige Übereinstimmung zwischen dem Organismenreich vor der Sintflut und dem von heute besteht: Es ist im Wesen die gleiche Pflanzen- und Tierwelt, auch wenn heute viele Formen ausgestorben sind und innerhalb der Grenzen der Schöpfungsgruppen neue Lebensformen entstehen. Nur das Sintflutmodell kann darum erklären, warum im versteinerten Organismenreich die von den Evolutionisten geforderten Zwischen- und

Ein faszinierender Meteorit mit Diamantspuren (rechts). In tieferen Erdschichten wurden solche Meteoriten nicht angetroffen, wohl aber in den höheren Schichten; anscheinend wurden die untersten Schichten zu schnell gebildet.
Unten: Ein Stück Grauwacke (sehr fester Kieselsandstein) mit erodierter „Ader"-Beschichtung; manchmal sind derartige Grauwacken viele Hundert Meter dick, aber die „Ader"-Struktur weist darauf hin, daß sie trotzdem sehr schnell abgelagert sind.

Übergangsformen völlig fehlen, warum soviele „lebende Fossilien" existieren und weshalb soviele „persistente" Arten vorkommen (siehe Kapitel VI).

Kritische Betrachtung der geologischen Zeittafel

Wir haben schon festgestellt, daß die „geologische Zeittafel" (die gar keine Zeittafel ist) einen guten Überblick über die Reihenfolge bietet, in der die Erdschichten normalerweise angetroffen werden. Sie ist keine Zeittafel, weil die Erdscichten nicht an Zeitperioden gekoppelt werden können, gibt aber wohl korrekt die Reihenfolge wieder, in der sich während der Sintflut viele Erdschichten abgelagert haben. Eine grundlegende Schwierigkeit besteht jedoch darin, daß in der geologischen „Zeittafel" viele Ausnahmen vorkommen, die mit dem uniformitarianistischen Modell nicht, mit dem Sintflutmodell aber sehr wohl erklärt werden können. Daraus wird ersichtlich, daß die geologische „Zeittafel" an sich gar kein Beweis für die Richtigkeit des uniformitarianistischen Modells ist, sondern sich im Gegenteil gegen dieses Modell stellt. Die „Zeittafel" als solche liegt gar nicht im Streit mit dem Sintflutmodell, im Gegenteil: Sie stimmt mit den Prognosen dieses Modells überein, und auch die Ausnahmen, die der „Zeittafel" widersprechen, werden durch das Sintflutmodell auf einfachere Weise interpretiert. Es gibt zwei klare Maßstäbe, an denen man die „Zeittafel" messen kann. Erstens kann man sich fragen: Ist es tatsächlich so, daß die Reihenfolge der Erdschichten, wie sie uns in der „Zeitmancher Laie, daß das nicht immer der Fall ist; die Reihenfolge ist manchmal „falsch". Aber, wird man argumentieren, das kommt daher, weil die Erdschichten nachfolgend – also nachdem sie sich in der „richtigen" Reihenfolge abgelagert hatten – auf den Kopf gestellt wurden. Nun ist es tatsächlich denkbar, daß Teile von Erdschichten später durch Kräfte aus der Erdkruste (sog. „tektonische" Kräfte) gefaltet wurden und sich über andere Erdschichten legten; es könnten auch Brüche in Teilen bestimmter Erdschichten entstanden sein, und durch tektonische Kräfte können sich ältere Erdschichten über jüngere Erdschichten geschoben haben. In bestimmten Fällen wurden tatsächlich geologische Anzeichen dafür gefunden, daß solche Vorgänge stattgefunden haben (allerdings nur in geringem Maße, denn es sind keine Prozesse denkbar, bei denen solche Verschiebungen über Hunderte von

Ein Detail aus einer Torfdolomitenknolle (unten) mit perfekt konserviertem, nicht zusammengedrücktem Zellgewebe frischer Pflanzen. Ein Beweis für die katastrophische Entstehung von Steinkohleschichten aus dem Karbon. Der Anfang eines Anhängsels ist an der Achse eines Stigmariums (Wurzelstock von wolfsklauenartigen Bäumen) im Längsschnitt zu sehen.

Kilometern auftreten könnten, ohne den ganzen Schichtverband zu zerstören). Solche geologische Anzeichen können zum Beispiel so aussehen, daß man bei einer Überschiebung Schleifspuren zwischen den übereinandergeschobenen Schichten findet, oder man trifft zwischen diesen Schichten an deren Reibungsflächen einen Trümmerhaufen (eine sog. Breccie) an. Diese Art von Vorkommnissen bildet in unserer Diskussion keine Schwierigkeit, und darum brauchen wir auch nicht darauf einzugehen. Aber man kennt auch viele Vorgänge (u.a. berichtet die Literatur Fälle in Schottland, der Schweiz, Amerika und Kanada), bei denen man aufgrund der „Zeittafel" annehmen müßte, daß solche sogenannten Überschiebungen manchmal über Hunderte (!) von Kilometern stattgefunden haben, und das ohne jedes Anzeichen von Schleifspuren oder Zwischenschichten. Ein objektives Studium solcher Fälle kann aber zu keiner anderen Schlußfolgerung führen als der, daß die Schichten so aufeinander abgelagert wurden, wie man sie antrifft – auch wenn jeder dieser Fälle einen gewaltigen Schlag für die evolutionistisch-uniformitarianistische Interpretation der geologischen „Zeittafel" darstellt. Im Sintflutmodell bereiten solche Ausnahmen keine Schwierigkeit; im Gegenteil, unter den rauhen und chaotischen Umständen einer solcher Katastrophe kann man sicher in grober Reihenfolge vorhersagen, welche verschiedenen Lebensgemeinschaften nacheinander begraben werden, aber Ausnahmen von dieser Regel sind natürlich zu erwarten.

Im übrigen könnten die „Ausnahmen" möglicherweise sehr umfangreich sein. Kreationisten haben mehr als 500 Fälle aus der geologischen Literatur gesammelt,

in der solche sogenannten Umkehrungen der Erdschichten beschrieben werden. In den meisten dieser Fälle (also einigen hundert!) fehlen die Zeichen für eine angenommene Überschiebung ganz, und der Zeitraum, über den hinweg die Verschiebung stattgefunden haben soll, ist oft so gewaltig, daß von einer konsistenten Überschiebung keine Rede sein kann; die Reibungskräfte hätten die Kompressionskräfte innerhalb der Schichten bei weitem übertroffen.
Ein berühmtes Beispiel für eine solche Schichtenumwälzung ist die sogenannte Lewis-Überschiebung, die ein Gebiet von fast 34 000 Quadratkilometern im nördlichen Teil der Rocky Mountains einnimmt. Hier liegen ganze Gebirgsketten, bestehend aus Präkambriumschichten auf Kreideschichten, die schon wegen ihres Fossilieninhaltes mindestens 400 Millionen Jahre jünger geschätzt werden

Unter den katastrophischen Umständen der Sintflut wurde der Seeigel links (Pedina lithographica) lebendig im Kalkschlamm begraben.
Daß dieser Seeigel keines natürlichen Todes gestorben ist, wird aus der Tatsache ersichtlich, daß er seine Stacheln praktisch nicht verloren hat (bei einem natürlichen Tod verliert er diese zuerst). Auch der Fisch oben (vom Geschlecht der Catures) hatte nicht einmal mehr Zeit, seine Beute zu verschlingen! Solche Funde sind keine Ausnahme.

als das darüber liegende Präkambriumgestein. Die einzige Erklärung, die die Uniformitarier für dieses Phänomen anbieten können, ist, daß sich eine Menge von ca. 400 Billionen Zentner alten Gesteins auf einer Länge von etwa 55 km über jüngeres Gestein schob. Das Gestein bietet jedoch keine Anzeichen dafür, daß eine solche Überschiebung tatsächlich in der Vergangenheit stattgefunden hat, ganz abgesehen von dem genannten Problem, ob eine solche massive Überschiebung überhaupt möglich ist.
Es gibt noch einen zweiten wichtigen Prüfstein für die uniformitarianistische Anwendung der „Zeittafel". Stellen wir uns vor, daß man eine Erdschicht finden würde, die aufgrund ihres Fossilieninhaltes als sehr alt eingestuft werden müßte – zum Beispiel Kambrium, eine Schicht, von der man annimmt, daß sie aus einer Periode stammt, in der noch keine Wirbeltiere und Landorganismen existierten – und man würde in einer solchen Schicht unerwartet das Fossil eines Menschen, eines Baumes oder eines Elefanten finden! Was dann? Man würde natürlich zuerst nachforschen, ob solch ein Fossil vielleicht erst später in diese Schicht gelangte, und in einer Reihe von Fällen hat man auch Anzeichen dafür gefunden, daß eine solche Vermischung („Remanenz") von Material aus älteren und jüngeren Schichten tatsächlich stattgefunden haben kann. Aber jeder Fall, bei dem man diese Möglichkeit ausschließen muß, oder bei dem wenigstens die Anzeichen für eine Remanenz fehlen, ist wieder ein schmerzhafter Schlag für die geologische Zeittafel

An der englischen Küste ist diese Falte in Old Red Sandstone zu sehen. Derartige Falten in der Erdkruste, durch innere Kräfte verursacht, kommen sehr oft vor. Manchmal schieben sich sogar ganze Schichten übereinander. In vielen Fällen jedoch, wo die geologische Zeittafel praktisch auf dem Kopf steht – oft über Hunderte von Kilometern – findet man keinerlei Anzeichen für eine Überschiebung. Das ist nach dem Evolutionsmodell überhaupt nicht, nach dem Katastrophenmodell jedoch sehr einfach zu erklären.

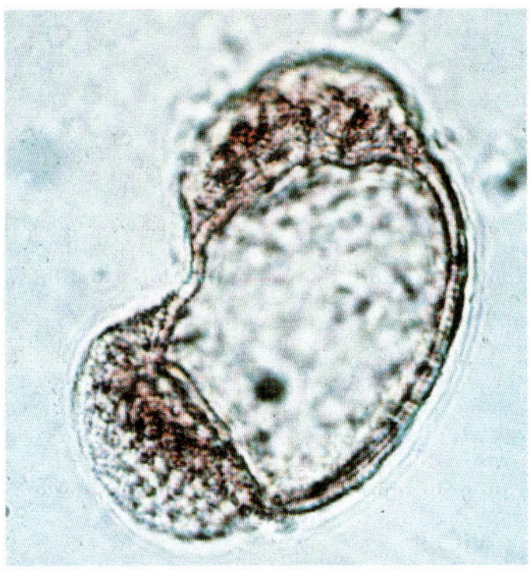

Ein sehr merkwürdiger Fund ist dieses versteinerte Pollenkorn (oben) in der Hakalie-Schalie aus dem Proterozoikum des Grand Canyon. Nach dem Evolutionsmodell ist es unmöglich, daß in einer einzigen Präkambriumschicht Überreste von Nackt- und Bedecktsamern vorkommen.
Rechts: Die gewaltige Lewis Overthrust (Überschiebung) in Nordamerika ist gar keine Überschiebung. Obwohl weder Schleifspuren noch Zwischenschichten zu finden sind, liegen hier Präkambriumschichten auf den viel „jüngeren" Kreideschichten. Im Flußbett des Paluxyflusses wurden in einer Kreideschicht die Fußspuren von Dinosauriern neben denen von Menschen gefunden (unten). Sie lebten also gleichzeitig! Außerdem ist nach neuester C 14-Datierung die Schicht nur etwa 6000 Jahre alt.

Nun, man kennt heutzutage viele solcher Fälle; einige Beispiele sollen als Illustration genügen:
(1) Es gibt versteinerte Pollenkörner von vielen verschiedenen Baumsorten – also von den am höchsten entwickelten Landpflanzen – aus dem Gestein vom Grund des Grand Canyon, sogar in den Schichten des Präkambriums, wo nach Meinung der Evolutionisten doch erst Bakterien und dergleichen existierten.
(2)Europäische und russische Wissenschaftler haben zahlreiche Fälle berichtet von versteinerten Pollenkörnern in allen möglichen Erdschichten, sogar in solchen des Kambriums.
(3) Man hat Fossilien von vielen Arten holziger Pflanzen entdeckt, in Erdschichten, von denen angenommen wird, daß die Zeit ihrer Entstehung viel weiter

zurückliegt als die Zeit des evolutionären Entstehens dieser Pflanzen; sogar aus dem Kambrium ist versteinertes Holz bekannt.
(4) In den Kalksteinschichten wurden viele versteinerte Abdrücke sowohl von Menschen als auch von Dinosauriern entdeckt, identifiziert und analysiert: und das, obwohl die Dinosaurier nach dem Evolutionsmodell schon mindestens 60 Millionen Jahre ausgestorben waren, als der Mensch erschien.
(6) Es gibt verschiedene andere Berichte über menschliche Überreste, sogar über versteinerte menschliche Knochen, in Schichten, die älter sind als das Tertiär. Es ist deutlich, daß alle diese Fälle im Evolutionsmodell nicht erklärt werden können: Die Nachkommen können nun einmal nicht lange Zeit vor ihren Vorfahren geboren werden! Von den Evolutionisten werden diese Fälle darum einfach wegdiskutiert oder ignoriert, was die Glaubwürdigkeit ihrer Theorie nicht gerade erhöht. Wir haben gesehen, daß sowohl das uniformitarianistische als auch das Sintflutmodell eine Erklärung bieten können für die Tatsache, daß wir in den niedrigen Erdschichten meist nur Meeresorganismen und erst in den höheren Schichten Landorganismen antreffen; doch nur das Sintflutmodell kann erklären, warum in Ausnahmefällen auch in den untersten Schichten Landorganismen (Menschen, Landtiere, Landpflanzen, Bäume) in versteinertem Zustand vorkommen.

ቶባቲ፡ተሰወ፡ሶዓለ፡ሶጋወሠ፡መሰዘ

ና፡ሶቶመዮ፡ቶለጥሮለ፡ሀዋየ
ና ቶቅበ፡ፈልሢቶቶሏ፡ለዚ
ልለ፡ቶለጠሮሚለ፡መሰለ
⁘ ⁘ ሐጸሮ፡ሰለቡ

ባቶ፡ሠጋሰ፡ተሰወ፡ሶለበለዘለ
፡ቶፈወ፡ልየቂ፡ቀቃጺ⁘ሶዋለ፡ቶ
ለዚዮለ፤ሶዷለበ፡ቅልሐየ፡መለ
ሚዩቋ፡ለበዮለዘ፡ዓሐመ፡ጋሐቡ

Die Arche Noah

In einem äthiopischen Manuskript, das sich im Britischen Museum befindet, wird die Arche Noahs so abgebildet (links). Nicht allein in der Bibel, sondern auch in den Überlieferungen vieler Völker finden wir die Erinnerung an eine große Flut, durch die die damalige Welt untergegangen ist bzw. vom Wasser verschlungen (2. Petrus 3,6) wurde.
Rechts: Ein Teil der babylonischen Sintflutgeschichte, der Gilgamesch-Epos.

Sintflutüberlieferungen

„Gilgamesch, ich werde Dir ein Geheimnis offenbaren, und zwar werde ich Dir ein Geheimnis der Götter erzählen." So spricht *Utnapishtim* zu *Gilgamesch* und erzählt dann, wie die Götter beschlossen hatten, eine Sintflut über die Menschen kommen zu lassen, und wie *Ea,* der Gott der Weisheit, ihm dies verraten hatte und ihm befahl: „Brich dein Haus ab, baue ein Schiff! Gib deinen Besitz auf und versuche, dein Leben zu retten! Bringe Samen von allen lebendigen Wesen in das Schiff. Die Maße des Schiffes, das du bauen sollst, werden ganz genau bestimmt werden."
Utnapishtim erzählt Gilgamesch und den Menschen, welche Beschreibung die Götter ihm gegeben hatten und wie er sich an die Arbeit machte: „Am fünften Tag brachte (ich) die ersten Balken. Die Grundfläche war ein „iku" (3600 m^2), 120 Ellen war die Höhe der Wände, 120 Ellen lang war jede Seite des Daches (...). Sechs Decks (übereinander) brachte ich an (...). Ich sorgte für Ruderriemen und legte Vorräte an."
Nachdem das Pech angebracht war, und das Volk, das beim Bauen geholfen, eine Belohnung empfangen hatte, brachte Utnapishtim alles an Bord: Besitz, Familie, Verwandte und die Tiere. Dann schloß er die Tür, und es begann zu regnen. Dieser Regen nahm solch gewaltige Ausmaße an, daß sogar „die Götter zusammenschreckten wie Hunde und vor Angst zu kriechen begannen". Als jedoch der siebente Tag anbrach, nahmen die Stürme und die Wasserflut, die

alle Menschen waren zu Staub geworden (...). Ich bückte mich, setzte mich hin und weinte." Dann erzählt Utnapishtim, wie das Fahrzeug auf dem Berg Nisir zum Stillstand kam. Am siebenten Tag danach sandte er eine Taube aus: „Die Taube flog weg und kam zu mir zurück: es gab für sie keinen Ort, wo sie ausruhen konnte." Danach sandte er eine Schwalbe aus und schließlich einen Raben: „Der Rabe flog weg, und als er sah, daß die Wasser abgenommen hatten, flog er herum, fraß etwas, krächzte (und) kehrte nicht wieder. (Dann) sandte ich alle Vögel aus in die vier Windrichtungen und opferte ein Schlachtopfer."
Weil Utnapishtim als Auserkorener unter den Menschen die Katastrophe überlebt hatte, segnete einer der Götter (der Kriegsgott *Enlil*) ihn und seine Frau und sprach: „Bis jetzt ist Utnapishtim nur ein Mensch gewesen; doch nun sollen er und seine

Utnapishtim ist der Noah der babylonischen Sintflutgeschichte, deren Aufzeichnungen in Ninive gefunden wurden. Die Geschichte findet man im Gilgamesch-Epos, in dem sich der Held Gilgamesch mit seinem Freund Enlidu auf die Suche nach dem Lebenskraut macht.
Unten ist der Held zu sehen als Dompteur wilder Tiere. Auch die Ureinwohner Nordamerikas haben ihre Sintflutgeschichte, wie z.B. die Athapascas an der Westküste (rechts). Die Bewohner Alaskas (ganz rechts) erzählen sich, daß ihr Stammvater durch einen Traum gewarnt wurde, daß eine Wasserflut die Erde verwüsten würde. Er baute ein Floß, mit dessen Hilfe er sich und seine Familie und alle Tiere rettete. Er trieb monatelang umher. Schließlich erschien eine neue Erde, und sie gingen an Land.

Frau uns Göttern gleich sein." Damit endet Utnapishtims Erzählung von Gilgamesch.
Dieses Gilgamesch-Epos wurde im Jahre 1872 von *George Smith* aus Tontafeln, die sich im Britischen Museum befanden, entziffert. Es stammt aus der alten Bibliothek des babylonischen Königs Assurbanipal (668–626 v. Chr.) von Ninive, die den Archäologen etwa 20 000 Tontafeln lieferte.
Eine Sintflutgeschichte, die aus einer Zeit vor der babylonischen Gefangenschaft des Volkes Israel stammt, aber erstaunliche Parallelen zum biblischen Bericht aufweist, ist natürlich außerordentlich interessant. Kritische Bibelgelehrte erklärten sofort, daß die in der Bibel beschriebene Geschichte von Noah und der Arche von diesem Gilgamesch-Epos abstammt. Es ist jedoch viel wahrscheinlicher, daß beide Gelehrte unabhängig voneinander lebten und aufschrieben, wie zwei verschiedene Völker des Nahen Ostens vor dieser gewaltigen Katastrophe aus der Vorzeit bewahrt wurden. Außerdem hatten nicht nur sie diese gewaltige Flut in Erinnerung, sondern auch zahlreiche andere Völker auf der Welt, die ihre eigene Sintflutgeschichte besaßen. Bei den Eskimos, den Indianerstämmen Amerikas (wie den *Crees* und den *Cherokesen)*, bei den mexikanischen Indianern (mit ihrem Held *Montezuma)*, den Einwohnern Hawaiis (die den Held *Noe-oe* nennen), auf den Fidschiinseln, in Australien, in China, Birma, Sumatra und Indien (mit dem Held *Manu)*, im Sudan, in Ägypten, in Griechenland, im Uralgebirge, bei den Kelten, in Norwegen und Armenien. Überall auf der Welt kann man diese Geschichten finden, und sie haben oft erstaunliche Parallelen:

1. Den Bau einer Arche oder eines ähnlichen Fahrzeuges als Mittel zum Überleben.
2. Die totale Vernichtung aller Lebewesen durch Wasser.
3. Die Bewahrung eines auserwählten Restes.

Weniger häufig vorkommende, aber dennoch wichtige Parallelen sind:

4. Die Ursache für die Flut ist die Sünde der Menschen.
5. Ein Mann wird zuvor gewarnt und kann dadurch sich selbst und seine Familie oder auch seine Freunde retten.
6. Tiere spielen eine Rolle als Mitbewohner der Arche, so z.B. Vögel, um die Zustände nach der Flut zu erkunden.
7. Die Arche landet schließlich auf einem Berg.
8. Die Überlebenden beten die Gottheit an und empfangen deren Gunst.

Ein Flut-Rollsiegel aus dem Nahen Osten, auf dem ein Boot zu sehen ist (unten).
Rechts: Ein von oben einsehbarer Teil eines Modells der Arche Noah, hergestellt von dem Amerikaner Jack Dabner.

Es scheint, daß die Menschheit kollektiv die Erinnerung bewahrt hat an die gewaltige Katastrophe, von der die Erde einst getroffen wurde. Beinahe alle diese Geschichten unterscheiden sich jedoch von der Bibel durch Angaben, die deutlich auf Phantasie beruhen. Durch diese Phantastereien und auch durch mystische Züge (Beschreibung der streitenden und amoralischen Götter), stehen sie im Kontrast zur Schlichtheit und Sauberkeit der Bibelerzählung. Die Bibel gibt uns einen nüchternen, vertrauenswürdigen Bericht. Hier wird die Geschichte beschrieben, wie sie geschah, und vielleicht sind Noah und seine Söhne sogar selber die Verfasser dieses Berichtes gewesen (siehe Teil I: „So entstand die Bibel").

Die Arche

Der Held Utnapishtim aus dem Gilgamesch-Epos kann keine große Überlebenschance gehabt haben, wenn seine Arche so beschaffen war, wie es die babylonische Überlieferung beschreibt. Sie muß nämlich ein Würfel gewesen sein von 60x60 Metern, der mit seinen 6 Stockwerken von je 10 Metern Höhe auch 60 Meter hoch war. Ein nicht besonders brauchbares Fahrzeug, denn solch ein Würfel mußte sich auf dem Wasser langsam im Kreise drehen. Die Arche Noah hingegen sah ganz anders aus. Das hebräische Wort „tebah", das auch für das geflochtene Körbchen verwendet wird, in dem Mose lag, bedeutet soviel wie „Kiste" oder „Schrank".

breit und 18 Meter hoch und mindestens 138 Meter lang, 22,5 Meter breit und 13,8 Meter hoch. Zum Vergleich: Der Ozeanriese „Titanic" war 251 Meter lang, 20 Meter breit und hatte eine Wasserverdrängung von 46 000 Bruttoregistertonnen. Durch den flachen Boden der Arche und durch ihre eckige Form besaß sie, selbst wenn wir vom niedrigeren Wert der Elle ausgehen, eine ähnliche Wasserverdrängung: 43 000 Bruttoregistertonnen. Erst gegen Ende des vorigen Jahrhunderts gelang es den Menschen zum ersten Mal, seetüchtige Schiffe zu bauen, die größer waren als die Arche. Es handelte sich dabei jedoch um Metallschiffe.

Interessant ist, daß im Jahre 1604 ein gewisser *Pieter Jansz* aus dem holländischen Ort Hoorn zwei Schiffe baute, die zwar nicht die gleiche Größe, aber doch den gleichen Aufbau hatten wie die Arche. Er hatte damit solch einen Erfolg für seine Frachtfuhren (weil diese kleinen Archen ein Drittel mehr Fracht laden konnten als die normalen Schiffe, ohne mehr Besatzungsmitglieder zu benötigen), daß andere Reeder seinem Beispiel folgten. Diese Schiffe kamen besser vorwärts als andere; dafür aber waren sie weniger wendig, weshalb sie sich nicht als Kriegsschiffe eigneten. Doch während eines Zeitraumes von zwölf Jahren, in denen wenig Krieg geführt wurde, wurden viele Schiffe dieser Art gebaut. – Die Arche hatte Kammern und Abteilungen und drei Etagen. Sie wurde aus Tannenholz (oder Zypressenholz?) gebaut und von innen und außen mit Pech bestrichen.

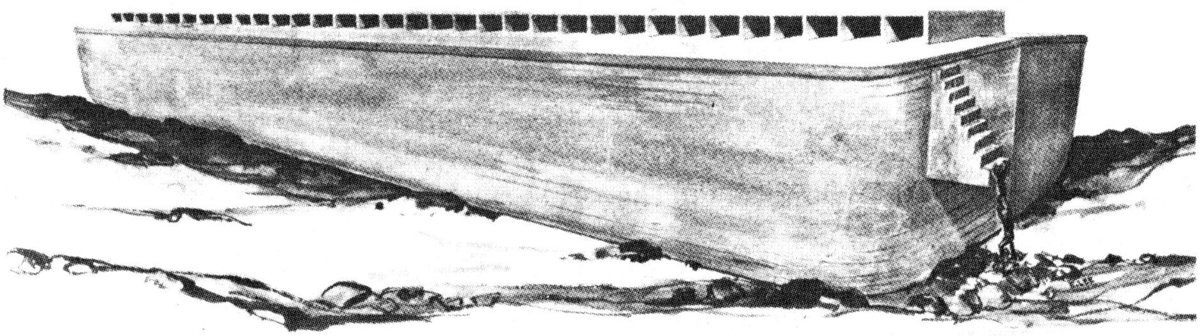

Alfred Lee fertigte anhand eines auf Tonband festgehaltenen Berichtes diese Illustration (rechts) der Arche an. Ein alter Armenier hatte ihm von einer Reise in den Jahren 1902 und 1904 berichtet, wo er als Junge mit seinem Onkel die Arche gesehen hatte. Für die Arche Noah und für das geflochtene Körbchen, in dem Mose ausgesetzt wurde (unten), verwendet die hebräische Sprache dasselbe Wort „tebah". „Mache dir einen Kasten von Tannenholz und mache Kammern darin und verpich ihn mit Pech innen und außen. Ein Fenster sollst du darin machen oben ... die Tür sollst du mitten in seiner Seite setzen; und er soll drei Stockwerke haben" (1. Mose 6,14–16).

Es gab eine Tür und Öffnungen, um Licht einzulassen. Diese „Luken" befanden sich wahrscheinlich im Dach.

Noah hat 120 Jahre lang geplant, gezeichnet und gebaut, und dann war dieses gigantische Schiff fertig. Nun war die Arche bereit, die durch das Verhältnis von Breite und Länge (1:6) mühelos imstande war, mit viel Fracht die Meere zu befahren. Die Zeichnung, die nach der Beschreibung eines alten Armeniers gemacht wurde, der nach eigenen Angaben die Arche als kleiner Junge auf dem Ararat gesehen hat, vermittelt einen guten Eindruck davon, wie das Schiff ausgesehen haben muß.

Groß genug?

Ein Gegner des Berichtes von der weltweiten Sintflut schreibt: „Wer an eine weltweite Sintflut glaubt, muß (...) annehmen, daß alle ‚Arten' von Tieren, die wir kennen, in der Arche vertreten waren. Also von den reinen Tieren und Vögeln je sieben Paare und von den unreinen Tieren je ein Paar. Weil wir im Augenblick etwa 15 000 Vogelarten kennen, bedeutet dies, daß in der Arche 210 000 Vögel gewesen sein müssen. Von den Insekten kennen wir etwa 800 000 Arten. Wenn wir diese zu den unreinen Tieren rechnen (wozu sie aber nicht alle gehörten, siehe 3. Mose 11) kommen wir zu dem Ergebnis, daß ca. 1,6 Millionen Insekten in der Arche waren. Die niedrigste Schätzung von der Summe aller Tiere, die in der Arche waren, beläuft sich auf mehr als 2,5 Millionen Exemplare. Dabei bleiben die Unmengen Nahrung ohne Berücksichtigung (siehe 1. Mose 6,21), die mitgenommen werden

Ein Querschnitt der Titanic, die während ihrer ersten Reise im Jahre 1912 auf so tragische Weise unterging. Die Titanic und die Arche Noah hatten etwa die gleiche Wasserverdrängung: 46 000 bzw. 43 000 Bruttoregistertonnen. Die zwei Schiffe hatten ungefähr diesselbe Breite, aber die Titanic war etwa hundert Meter länger. Die Titanic ging auf ruhigem Meer unter, die Arche blieb während der Sintflut erhalten.

mußten, um all diese Tiere etwa ein Jahr lang zu ernähren. Es versteht sich von selbst, daß die Arche all das gar nicht in sich aufnehmen konnte ..."

Hier wird ersichtlich, zu welchen Fehldeutungen man kommen kann, wenn man die Bibel nicht sorgfältig liest. Von den unreinen Vögeln kam nur je ein Pärchen in die Arche, von (sehr wenigen) reinen Vögeln je sieben Pärchen. Aufgrund unserer Betrachtung über die Schöpfungsgruppen, die in etwa mit den biologischen Familien übereinstimmen, ist es wahrscheinlich, daß nicht mehr als 35 000 Wirbeltiere in der Arche waren, zuzüglich einer unbekannten Zahl (größtenteils sehr kleiner) wirbelloser Tiere. Der Biologe *A. J. Jones* aus England behauptet sogar, daß aufgrund der Einteilung der Tiere in 3. Mose 11 und 5. Mose 14 keine wirbellosen Tiere in die Arche aufgenommen zu werden brauchten. Wie dem auch sei, neben den Vertretern der Familien der Landtiere, Reptilien (vielleicht auch einigen Amphibien) und Vögel (und eventuell einigen wirbellosen Landtieren) waren nur noch Noah und seine Familie in der Arche anwesend, denn alle Wassertiere blieben selbstverständlich draußen. Mit den Tieren war nur etwa 1/5 der Kapazität der Arche ausgelastet, vielleicht sogar noch weniger. Die Frage sollte also nicht lauten: War die Arche groß genug?, sondern: War sie nicht zu groß? Aber das scheint nicht der Fall gewesen zu sein, weil die Arche ja als Lebensraum dienen mußte, nicht zuletzt auch für Noah und seine Familie.

Aber paßten die riesigen Dinosaurier überhaupt in die Arche hinein? Als Jungtiere

kann wohl sieben Meter lang sein. Aber um die Art am Leben zu erhalten, war es nicht notwendig, alte Tiere an Bord zu nehmen.
Junge und deshalb noch kleine, aber geschlechtsreife Reptilien (und demzufolge auch Dinosaurier) genügten.
Wie kamen die Tiere zur Arche? Alles deutet darauf hin, daß die Scheidung der Kontinente erst nach der Sintflut geschah (siehe Kapitel X). Davor gab es nur einen Kontinent (vgl. 1. Mose 1,9). Auch die Tiere, die von weither kamen, konnten einfach über Land ziehen. Doch aus so großer Entfernung brauchten sie gar nicht zu kommen. Durch das gleichmäßige Klima vor der Flut, über das wir schon gesprochen haben, bevölkerten artgleiche Tiere überall das Land. Augustinus sagt: „Was eine andere gebräuchliche Form der Beschwerden anbelangt: ... die

P. Ucello: Diluvio universale. Florenz, Italien (rechts). Verzweifelt versuchen die Menschen, die Noah zuvor nicht glauben wollten, in die Arche zu gelangen, als das Unwetter ausbricht. Die Beschreibung, die die Bibel von der Sintflut gibt, läßt keine andere Schlußfolgerung zu, als daß diese weltweit gewesen ist. Der Franzose Navarra besuchte in den fünfziger Jahren verschiedene Male den Ararat. In einer Spalte auf dem Eisfeld fand er am 7. Juli 1955 ein, mit der Hand bearbeitetes Stück Holz (unten). Ein interessanter Fund in einem baumlosen Gebiet! Navarra glaubt, daß es ein Überrest der Arche ist. Andere meinen, daß es vielleicht der Überrest eines Klosters oder einer Kirche ist, die irgendwann auf dem Berg gebaut worden seien. Neue Forschungen bringen hoffentlich Klarheit.

Personen, die diese Schwierigkeit haben, muß man daran erinnern, daß die Worte ‚alles kriechende Getier der Erde' nur andeuteten, daß es nicht nötig war, in der Arche Tiere zu erhalten, die im Wasser leben können, seien es die Fische, die ganz darin leben, oder die Seevögel, die auf der Oberfläche schwimmen können. Denn Noah fing die Tiere nicht, um sie in die Arche zu bringen, sondern sie kamen, um sie zu suchen, und er gewährte ihnen Einlaß. Darin liegt die Kraft der Worte: ‚Sie werden zu dir kommen' (1. Mose 6,20). Das will besagen: nicht durch Anstrengung des Menschen, sondern durch Gottes Willen.“ Und wie wurden die Tiere in der Arche genährt und gepflegt? Es ist gut möglich, bedingt durch den Temperaturrückgang, der durch den Einsturz des „Wassergewölbes“ entstand, daß während der Reise viele Tiere lange Zeit einen Winterschlaf („Hibernation“) gehalten haben. Während solch eines Winterschlafs geht der Pulsschlag zurück, nimmt der Sauerstoffverbrauch ab und verändert sich die Blutzusammensetzung. Daneben kommt auch Sommerschlaf vor. Wie dem auch sei, in 1. Mose 8,1 steht: „Da gedachte Gott an Noah und an alles wilde Getier und an alles Vieh, das mit ihm in der Arche war.“ Und an wen Gott „gedenkt“, dem schenkt er seine persönliche, liebevolle Aufmerksamkeit (vgl. Jeremia 2,2; 31,20; 1. Mose 19,29; 2. Mose 2,24; 1. Samuel 1,11; Richter 16,28; Lukas 1,54 ff.; 23,42). Ob es um die wilden Tiere, die zahmen Tiere oder den Menschen geht: Gott sorgt für sie.

Der Ararat

Unbewohnt und baumlos erhebt sich das Araratgebirge 5165 Meter über der

Grenze von drei Ländern: Rußland, Iran und Türkei. Durch die ganze Geschichte hindurch finden wir Berichte, daß sich die Arche, die von Noah, seiner Familie und den Tieren verlassen wurde, immer noch auf diesem Berg befindet.
Flavius Josephus berichtet, daß nach Meinung des babylonischen Priesters Berossos (475 v. Chr.) Überreste der Arche auf dem „Berg der Kurden" zu finden waren, und daß zu seinen eigenen Lebzeiten Armenier Teile davon besaßen. Die Kirchenväter berichten ähnliche Dinge. Während des Mittelalters und danach wurden ernsthafte Untersuchungen durchgeführt. Der Niederländer *Jan Struys* besuchte im Jahre 1670 auf dem genannten Berg einen Eremiten. Dieser schenkte ihm ein Kreuz, aus Holz der Arche angefertigt, und gab ihm eine schriftliche Bestätigung mit, in der zu lesen war, daß er das Holz persönlich aus der Arche geschlagen hatte.

Im Laufe der Jahrhunderte wurden viele Expeditionen auf den Ararat unternommen, die manchmal überraschende Ergebnisse lieferten. Obwohl der „lehrhafte und überzeugende" Beweis, daß sich die Arche noch immer auf diesem Berg befindet, noch immer nicht erbracht ist, ist heutzutage, unter dem Einfluß der bisher erzielten Ergebnisse, bei vielen die Überzeugung gewachsen, daß sich die Arche dort immer noch tief unter dem Eis befinden muß.

Ein Kloster, in dem Überreste der Arche aufbewahrt wurden, fiel im Jahre 1840 leider einem Erdbeben zum Opfer. Im Jahre 1856, als die Diskussionen zwischen Uniformitarianisten und Katastrophisten sehr heftig waren, besuchten drei britische Gelehrte (Uniformitarianisten) den Ararat. Sie wurden von einem armenischen Führer und dessen Sohn begleitet. Obwohl sie die Arche fanden, legten Gelehrte und Führer einen Eid ab, daß sie mit keinem Wort über den Fund sprechen würden. Einer der Führer hat jedoch die Geschichte auf seinem Sterbelager ausgeplaudert. Sie wurde von dem Prediger *Harold H. Williams* aufgezeichnet. Auch einer der britischen Gelehrten gab kurz vor seinem Tode eine ähnliche Erklärung ab.
Die Arche scheint unter dem Eis des Gletschers begraben zu sein und halb in einem See unter der Spitze des Berges zu stecken. Am Ende eines sehr warmen Sommers wird manchmal ein Teil sichtbar. In den Jahren 1902 und 1904 bestiegen ein armenischer Junge (später *George Ucell* genannt) und sein Onkel den Berg und fanden die Arche. Der Junge emigrierte später (unter dem Druck der Verfolgungen und Massenmorde gegen Armenier) nach Amerika und starb dort im Jahre 1972. Es existiert eine Bandaufnahme von seinem Bericht. Einer der bestbelegten Berichte ist der einer russischen Expedition aus dem Jahre 1916, die auf Befehl des Zaren *Nikolaus II.* stattfand. Nach Berichten von Piloten sandte er 150 Männer aus, die die Arche schon bald fanden. Als sie mit all ihrem Material, darunter auch Photos, nach Rußland zurückkehrten, war dort 1917 schon die Revolution

unabhängig voneinander die Ergebnisse dieser Expedition. Auch in unserem Jahrhundert wurden die Expeditionen fortgesetzt, unter anderem von dem Franzosen *Navarra*. In den Jahren 1952, 1953 und 1954 besuchte er den Berg und fand in einem Loch des Eisfeldes ein großes Stück von fast schwarzem Holz. Ein bemerkenswerter Fund in einem völlig baumlosen Gebiet!
Wegen der politischen Situation im Gebiet des Ararat (der, wie schon erwähnt, im Grenzgebiet dreier Länder liegt) und der oft stümperhaften Art, mit der einige Expeditionen zu Werke gingen, ist die türkische Regierung heute bei der Vergabe von Genehmigungen zur Besteigung des Ararat zurückhaltend. Doch der im Jahre 1972 von der NASA lancierte Satellit ERTS (Earth Resources Technology Satellite) schoß detaillierte Aufnahmen von dem Gebiet. Auf einem der Photos wurde genau

an der Stelle, die frühere Forscher als Liegeplatz der Arche angegeben hatten, ein merkwürdiger, rechteckiger Gegenstand entdeckt, der anscheinend nicht auf den Berg gehört. Eine Arche in 4000 Meter Höhe wäre eine interessante Entdeckung, denn sie würde definitiv beweisen, daß es sich bei der Sintflut um mehr als eine nur lokale Flut handelte. Die Sintflut war eine weltweite Katastrophe, wie wir schon im vorigen Kapitel behauptet haben. Wir wollen uns nun noch mit dem beschäftigen, was der Apostel Petrus über dieses Thema zu sagen hat.

Ein schwarzer Bär ist gerade dabei, sich zum Winterschlaf zu begeben. Einige Forscher meinen, daß eine Art Winterschlaf (auch Sommerschlaf kommt vor) einer der Mechanismen gewesen sein könnte, die eine Reihe von Tieren in der Arche ohne viel Mühe und ohne viel Nahrung überleben ließen. Während des Winterschlafs geht der Pulsschlag zurück und der Sauerstoffverbrauch nimmt ab und verändert die Blutzusammensetzung.

Petrus und Jesus Christus

Petrus hat unter der Leitung des Heiligen Geistes deutlich vorhergesagt, daß in den letzten Tagen Menschen mutwillig vergessen würden, daß es jemals so etwas wie eine weltweite, alles vernichtende Sintflut gegeben hat. Diese Prophezeiung finden wir in 2. Petrus 3,3–7: „So wisset aufs erste, daß in den letzten Tagen kommen werden Spötter, des Spottes voll, die nach ihrem eigenen Gelüste wandeln und sagen: Wo bleibt die Verheißung seines Kommens? Denn nachdem die Väter entschlafen sind, bleibt es alles, wie es von Anfang der Schöpfung gewesen ist. Denn sie wollen nichts davon wissen, daß ein Himmel vorzeiten auch war, dazu eine Erde aus Wasser und im Wasser bestanden durch Gottes Wort; dennoch ward damals die Welt durch die Sintflut verderbt. So auch werden der Himmel, der jetzt ist, und die Erde durch dasselbe Wort aufbewahrt, daß sie zum Feuer behalten werden auf den Tag des Gerichts und der Verdammnis der gottlosen Menschen."
Petrus bestätigt hier in vier Punkten, daß die Sintflut eine weltweite Katastrophe war:
1. Aus den Versen 5 und 6 wird ersichtlich, daß „Himmel und Erde", die im Anfang geschaffen wurden, in die Sintflut miteinbezogen waren; Gott schuf ja in 1. Mose 1 nicht nur einen Teil der Erde.
2. Aus den Versen 5–7 wird ersichtlich, daß „Himmel und Erde", die am Tage des Gerichts vom Feuer getroffen werden, einmal von Wasser vernichtet wurden. Gott wird bald nicht nur einen Teil der Erde richten. In Vers 6 geht es um den „Kosmos" (die Welt).

3. Es wird deutlich unterschieden zwischen zwei verschiedenen Welten: der ,,damaligen Welt" und dem ,,heutigen Himmel und der Erde". Die Grenzlinie zwischen den beiden Welten war die Sintflut, die die alte Erde nicht nicht nur überflutete, sondern ganz und gar verwüstete (vgl. 1. Mose 6,13).
4. Nach den Versen 5 und 6 ist das Wasser der Sintflut dasselbe, aus dem die Erde (die aus Wasser und im Wasser besteht) am dritten Schöpfungstag zum Vorschein kam (1. Mose 1,9 ff.) und von dem das Land heute noch umspült wird. Dies kann nur bedeuten, daß alles trockene Land während der Sintflut wieder von ,,den Wassern" bedeckt wurde.
Petrus hätte den Unifomitarianisten nicht treffender beschreiben können. Dieser glaubt, ,,daß alles so bleibt, wie es seit dem Anfang der Schöpfung gewesen ist."

Die faszinierende Tierwelt aus der Zeit vor der Sintflut (oben), als Fossil erhalten in den Erdschichten. Dinosaurier, wie alle Reptilien, wuchsen ihr ganzes Leben weiter und konnten gewaltige Ausmaße erreichen. Wahrscheinlich wurden junge Exemplare in die Arche aufgenommen, doch das veränderte Klima nach der Flut sorgte dafür, daß ihre Nachkommen ziemlich schnell ausgestorben sind.

Nicht nur Petrus wußte um die weltweite Flut, auch der Verfasser des Hebräerbriefes (siehe Hebr. 11,7) und Jesus Christus selbst nahmen den Sintflutbericht historisch ernst. Wir wollen auf Jesu Wort achten in Matthäus 24,37–39, wo er sagt: ,,Denn wie es in den Tagen Noahs war, so wird auch sein das Kommen des Menschensohnes. Denn wie sie waren in den Tagen vor der Sintflut – sie aßen, sie tranken, sie freiten und ließen sich freien bis an den Tag, da Noah in die Arche hineinging; und sie achteten's nicht, bis die Sintflut kam und nahm sie alle dahin –, so wird auch sein das Kommen des Menschensohnes." In Lukas 17,26 ff. finden wir Worte mit derselben Bedeutung.
Wenn wir Christi Wort ernst nehmen wollen, werden wir Folgendes feststellen müssen:
a) Wenn Jesus die Wahrheit sagt, dann hat es in der Tat einen Noah, eine Arche und eine Sintflut gegeben.
b) Die Sintflut war nicht nur eine lokale Überschwemmung, sondern sie hat nach den Worten Christi alle Menschen auf der Erde weggerafft (Noah und seine Familie natürlich ausgenommen).
c) Der Einsatz der Sintflut als Gericht Gottes ist ein Vorschatten der Gerichte, die mit dem Kommen des Menschensohnes zusammenhängen.

Sintflut und Gericht

In der modernen Theologie hat man den Glauben von den Tatsachen losgelöst und begonnen, die existenzielle Bedeutung der Bibel zu betonen, wobei man ihre historische Bedeutung zur Seite schob. Doch wäre es ebenso falsch, die historische Bedeutung zu betonen auf Kosten der geistlichen, das heißt der heilsgeschichtlichen Bedeutung.
Denken wir noch einmal zurück an unsere Betrachtung von 2. Petrus 3, wo die Wiederkunft Jesu mit der Sintflut verglichen wird. Wenn wir behaupten, daß die Sintflut ein historisches Ereignis war, das an einem bestimmten Punkt in Raum

Erlösung ein historisches Ereignis darstellt, und zwar sowohl die von Noah und seiner Familie als auch die der Christen. Ferner muß auch das Gericht ein historisches Ereignis sein, sowohl das über die Gottlosen in den Tagen Noahs als auch das über jene aus unseren Tagen. Die Bedeutung der historischen Glaubwürdigkeit der Bibel für die Christen ist nicht nur die, daß die Sintflut und die Wiederkunft wirkliche historische Ereignisse (in Vergangenheit und Zukunft) sind, sondern auch die, daß sie Erlösung für die Gläubigen und Verdammnis für die Welt bedeuten. Das Tragische ist, daß derjenige, der die Historizität der Sintflut und die Wiederkunft Christi leugnet, nicht nur „modernistisch", „freidenkend", „neo-orthodox" oder „bultmannianisch" ist, sondern im Begriffe, verlorenzugehen. Wir brauchen heute keine Bedenken zu haben, die Warnungen der Bibel in dieser

Hinsicht klar und deutlich weiterzugeben. Die Bibel ist durch und durch glaubwürdig und vermittelt uns historische Informationen, die so brauchbar sind, daß wir dadurch sogar die Entstehung der Erdschichten verstehen können. Aber noch wichtiger ist, daß dieselbe Sintflut, die anscheinend den größten Teil der Erdschichten entstehen ließ, uns erkennen läßt, daß Gott die Sünde nicht ungestraft läßt. Es ist tragisch, die Tatsache der Sintflut „zu vergessen" (absichtlich, wie Petrus sagt), denn dadurch fehlt uns der rechte Einblick in die Geschichte der Erdkruste. Doch wesentlich schlimmer ist, daß uns dadurch der rechte Blick für den gerechten und heiligen Gott fehlt, der früher oder später das Gericht über die Menschen senden muß, die sich weigern, seinem Aufruf zur Bekehrung und zum Glauben Folge zu leisten.

Nachdem das „Wassergericht" über die Erde gegangen und das „Wassergewölbe", von dem die Erde umgeben war, eingestürzt war, setzte Gott als Verheißung das Zeichen des Regenbogens an den Himmel, damit die Menschen wissen würden, daß er die Erde nie mehr durch Wasser vergehen lassen würde. Auf die Erde wartet nun das Feuergericht, in dem „die Himmel verbrennen und die Elemente im Feuer vor Hitze zerschmelzen werden" (2. Petrus, 3,12; unten).
Seit der Sintflut wurde die Erde wohl örtlich oft genug von tosenden Wassermassen überspült (rechts), doch wurde sie niemals mehr von einer weltweiten Katastrophe getroffen. Viele Christen glauben aber, daß die Sonne bald über dem heutigen „Tag des Heils" untergehen wird (2. Kor. 6,2).

Auch in den Tagen Noahs zeigte Gott seine große Geduld mit den Menschen. Nachdem er das Gericht angekündigt hatte, gab er den Menschen noch 120 Jahre Zeit, sich zu bekehren (1. Mose 6,3), und während dieser ganzen Zeit war Noah der „Prediger der Gerechtigkeit" (2. Petrus 2,5), aber schließlich „kamen die Wasser der Flut über die Erde" (1. Mose 7,10).
Doch Noah und seine Familie wurden bewahrt! Auch heute hat Gott viel Geduld: „Der Herr verzögert nicht die Verheißung (gemeint ist Jesu Wiederkunft), wie es etliche für eine Verzögerung achten; sondern er hat Geduld mit euch und will nicht, daß jemand verloren werde, sondern daß sich jedermann zur Buße kehre" (2. Petrus 3,9). Die Christen warten schon lange auf die Wiederkunft Christi, aber gerade die lange Wartezeit, die die Spötter zum Anlaß ihres Spottes genommen haben (Vers 3), ist in Wirklichkeit ein Beweis von Gottes Geduld. Gott gibt noch immer Gelegenheit zur Umkehr, weil es ihn nicht verlangt nach dem Gericht über irgend jemand. Aber so gewiß, wie die Strafe schließlich doch kommt für die, die sich weigern, umzukehren, so gewiß wird es eine ewige Errettung geben für alle, die Jesus Christus als ihren Erlöser angenommen haben.

Die Welt nach der Sintflut

Das tote Meer ist ein Teil des gewaltigen Erdkrustenrisses, der sich über ca. 8000 km vom Gebirge Ararat im Nordosten der Türkei bis nach Johannesburg in Südafrika erstreckt (links). Solche Aufbrüche der Erde entstanden nach der Sintflut, noch lange nachdem Noah und seine Familie die Arche verlassen hatten (rechts).

Die Sintflut war vorüber und das Festland wieder trocken geworden. Noah und seine Familie verließen die Arche. Was sie vorfanden, war im Grunde eine ganz neue Welt; die „damalige Welt" (2. Petrus 3,6) war gänzlich verschwunden. Viele verstehen nicht, was es bedeutet, daß Gott durch die Sintflut nicht allein die Lebewesen „verderbt" hatte, sondern auch die Erde (1. Mose 6,13). Sie hatte ein ganz neues Aussehen erhalten. Die vorherige Landoberfläche war verwüstet, Gebirge und Meere waren verschwunden und ganz neue Berge und Ozeane an ihre Stelle getreten. Noah und seine Söhne setzten ihren Fuß auf einen für sie völlig unbekannten Planeten, der sich immer noch veränderte. Noch Jahrhunderte nach der Sintflut litt die neue Weltbevölkerung unter den lästigen und einschneidenden Folgen der großen Weltkatastrophe: Es gab fortwährende und große Erdverschiebungen, anhaltende Flutwellen und unvorstellbar schwere Niederschläge. Es sollte noch Hunderte von Jahren dauern, bis die gewaltige Bewegung, die mit dem Ausbruch der Sintflut entstanden war, ganz zur Ruhe kam und Verhältnisse eintraten, wie wir sie heute noch kennen. Die „Eiszeiten" und „Kontinentverschiebungen" von denen die Uniformitarianisten sprechen, müssen tatsächlich stattgefunden haben – und zwar vor noch nicht allzu langer Zeit: nämlich in den Jahrhunderten nach der Sintflut. Im dritten Band dieser Reihe werden wir uns mehr mit der Menschheitsgeschichte nach der Sintflut beschäftigen: mit dem Turmbau zu Babel, mit der Verbreitung der Völker, den mit der Entstehung des Volkes Israel. Aber in diesem letzten Kapitel des zweiten Bandes wollen wir unsere Überlegungen fortsetzen, mit denen wir schon in den vorigen Kapiteln begonnen haben. Wir haben die Welt hauptsächlich in naturwissenschaftlicher Hinsicht betrachtet. Wir haben gesehen, wie die Pflanzen- und Tierwelt und auch die Menschheit entstanden ist; wir haben erforscht, wie die Erde ihr Aussehen erhielt, zuerst in der Schöpfungswoche und danach in der Sintflut, und entlang dieser Linien wollen wir dieses Buch abschließen. Wie entwickelte sich die Welt, wie sie direkt nach der Sintflut war, zu der Welt, wie wir sie naturwissenschaftlich gesehen heute kennen?

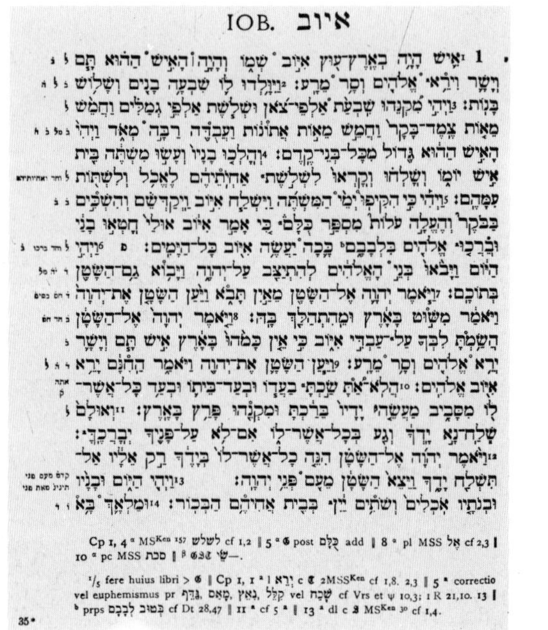
IOB. איוב

1 1 איש היה בארץ־עוץ איוב שמו והיה ׀ האיש ההוא תם
וישר וירא אלהים וסר מרע: 2 ויולדו לו שבעה בנים ושלוש
בנות: 3 ויהי מקנהו שבעת אלפי־צאן ושלשת אלפי גמלים וחמש
מאות צמד־בקר וחמש מאות אתונות ועבדה רבה מאד ויהי
האיש ההוא גדול מכל־בני־קדם: 4 והלכו בניו ועשו משתה בית
איש יומו ושלחו וקראו לשלשת אחיתיהם לאכל ולשתות
עמהם: 5 ויהי כי הקיפו ימי המשתה וישלח איוב ויקדשם והשכים
בבקר והעלה עלות מספר כלם כי אמר איוב אולי חטאו בני
וברכו אלהים בלבבם ככה יעשה איוב כל־הימים: ס 6 ויהי
היום ויבאו בני האלהים להתיצב על־יהוה ויבוא גם־השטן
בתוכם: 7 ויאמר יהוה אל־השטן מאין תבא ויען השטן את־יהוה
ויאמר משוט בארץ ומהתהלך בה: 8 ויאמר יהוה אל־השטן
השמת לבך על־עבדי איוב כי אין כמהו בארץ איש תם וישר
ירא אלהים וסר מרע: 9 ויען השטן את־יהוה ויאמר החנם ירא
איוב אלהים: 10 הלא־את שכת בעדו ובעד־ביתו ובעד כל־אשר־
לו מסביב מעשה ידיו ברכת ומקנהו פרץ בארץ: 11 ואולם
שלח־נא ידך וגע בכל־אשר־לו אם־לא על־פניך יברכך:
12 ויאמר יהוה אל־השטן הנה כל־אשר־לו בידך רק אליו אל־
תשלח ידך ויצא השטן מעם פני יהוה: 13 ויהי היום ובניו
ובנתיו אכלים ושתים יין בבית אחיהם הבכור: 14 ומלאך בא

Cp 1, 4 ª MS^{Ken} 157 לשלש cf 1,2 ‖ 5 ª 𝔊 post כלם add ‖ 8 ª pl MSS אל cf 2,3 ‖ 10 ª pc MSS סכת ‖ ᵝ 𝔊𝔖𝔗 שׂ—.

1/5 fere huius libri > 𝔊 ‖ Cp 1, 1 ª l ירא c 𝔗 2MSS^{Ken} cf 1,8. 2,3 ‖ 5 ª correctio vel euphemismus pr גדף, מאס, נאץ, קלל vel שכח cf Vrs et ψ 10,3; 1 R 21,10. 13 ‖ ᵇ prps בטוב לבבם cf Dt 28,47 ‖ 11 ª cf 5 ª ‖ 13 ª dl c 𝔖 MS^{Ken} 30 cf 1,4.

35*

Das vielleicht älteste Buch des alten Testaments ist das Buch Hiob, welches die Leiden Hiobs beschreibt. Einige jüdische Überlieferungen sagen, daß es von Mose geschrieben wurde, andere sagen, daß es älter ist als Mose, ja, sogar älter als Abraham. Es ist sehr gut möglich, daß sich die Geschichte Hiobs in den Jahrhunderten kurz nach der Sintflut abgespielt hat. Klima- und Landschaftsbeschreibungen weisen in diese Richtung.

Das Buch Hiob

Bei all unseren Fragen haben wir uns immer an die Bibel gewandt, um zu erfahren, ob sie historische Informationen enthält, auf die wir bei unserer Forschungsarbeit nicht verzichten können. Verblüffend ist nun, daß wir ein ganzes Bibelbuch haben, das uns kostbare Hinweise auf die Geschehnisse in der Natur gibt, wie sie nicht lange nach der Sintflut eintraten. Wir meinen das Buch Hiob. Es ist ein ganz besonderes Bibelbuch, nicht allein wegen seines hohen literarischen Wertes, seiner tiefen Weisheit (es behandelt das ergreifende Thema des menschlichen Leidens), sondern auch wegen seines meteorologischen und geophysischen Gehalts. Wir zweifeln nicht daran, daß Hiob innerhalb der ersten tausend Jahre nach der Sintflut gelebt hat. Sein Buch gibt ein eindrückliches Zeugnis von den gewaltigen Bewegungen, die auf der Erde nicht lange nach der Sintflut stattfanden. Ohne dies hier in aller Ausführlichkeit darzulegen, bleiben wir bei unserer Überzeugung, daß das Buch Hiob aus oder sogar vor der Zeit Moses stammt. Wenn wir bedenken, daß Mose vermutlich sehr alte Dokumente zur Verfügung standen, aus denen er den ersten Teil von 1. Mose zusammenstellte (siehe Band I dieser Reihe), so kann aus alter Zeit auch das Buch Hiob in seinen Besitz gelangt sein (möglicherweise in einer anderen Sprache). Durch die Autorität des Mose (der den göttlichen Charakter des Bucher erkannte) wurde es dann möglich, daß dieses an sich nicht-israelische Buch seinen Platz im Kanon bekam. Auf jeden Fall sieht es so aus, als ob das Buch nicht allzulange nach den Ereignissen geschrieben wurde, die in ihm erzählt werden. Das naturwissenschaftliche (und historische) Bild ist so realistisch und konsequent, daß es trotz seiner poetischen Form ganz deutlich wird. Das führt uns zu der Frage, wann Hiob selbst gelebt hat.

Daß er eine wirkliche historische Person war, sehen wir in Hesekiel 14,14 + 20 und Jakobus 5,11. Wir sind der Meinung, daß Hiob nicht später gelebt haben kann als in der Zeit um 2000 v. Chr., vielleicht aber auch viel früher. Zu dieser Annahme veranlaßt uns folgendes:

a) Das hohe Alter von Hiob (vgl. Hiob 42,16). Wenn wir bedenken, daß das Durchschnittsalter der Menschen nach der Sintflut allmählich zurückging, dann deutet Hiobs Alter auf einen Zeitabschnitt vor Abrahams Vater Terah.

b) Das Buch kennt keine andere religiöse Gemeinschaft als die Familie, in der Hiob als Familienoberhaupt gleichzeitig Priester war (1,5); auch kannte er genau wie die

Die Anbetung von Sonne und Mond als Götter kommt auch im Buch Hiob vor. Diese antike Form des Götzendienstes kann eventuell auf das hohe Alter des Buches Hiob hinweisen. Abgebildet ist ein Tonzylinder, ca. 2100–1900 v. Chr., mit der Mondgöttin. Es ist an sich verständlich, daß der Mensch, als er sich von Gott abgewandt hatte, seine Hilfe bei den beeindruckendsten sichtbaren Dingen suchte: den Himmelskörpern.

Erzväter nur das Brandopfer, das noch nicht vom speziellen Sündopfer unterschieden wurde (Hiob 1,5; 42,8; vgl. 1. Mose 8,20; 22,1–13; 3. Mose 1,4–6).

c) Wahre Gotteserkenntnis außerhalb Israels wurde vor allem zu sehr frühen Zeiten gefunden. Man denke neben Hiob an Abraham, Melchisedek, Abimelech und Jethro. Auch kommt in dem Buch als Gottesname vor allem „der Allmächtige" vor, ein Name, den wir sonst hauptsächlich im Pentateuch finden.

d) Andere Verbindungen vor allem zum 1. Buch Mose, die für Hiobs Existenz auf eine frühe Periode hindeuten, sind u.a. die Bezeichnung der Engel als „Söhne Gottes" (Hiob 1 und 2; 1. Mose 6), die Übereinstimmung in Sprachgebrauch und Wortschatz, und das Fehlen von jeglichem Hinweis auf das Sinaigesetz oder auf den Auszug Israels aus Ägypten.

e) In dem Buch Hiob wird nur auf eine sehr antike Form von Götzendienst hingewiesen, nämlich auf die Anbetung von Sonne und Mond (31,26). Diesen Kult finden wir schon bei den Ägyptern, Akkadern und Sumerern (vgl. Josua 24,2; 5. Mose 4,19; 17,2–7).

Die Geschehnisse im Buch Hiob spielen sich ab im Lande *Uz* (Hiob 1,1), das wahrscheinlich mit dem Land *Edom* in Verbindung gebracht werden muß (1. Mose 36,28). Die Septuaginta nennt Uz das Land der *Aisitai,* eines Volkes, das der Geograph *Ptolemäus* in der arabischen Wüste ansiedelt (demnach waren sie die Nachbarn der Edomiter im Seirgebirge). Einige Vertreter der Antike meinten

Freund Eliphas (4,1) aus Teman kam, einem bekannten Ort in Edom (1. Mose 36,4. 11. 15. 42), und Elihu kam von den Busitern, die vermutlich nahe bei den Chaldäern im Nordosten Arabiens wohnten (vgl. Hiob 1,17; 32,2). Schließlich scheint Klagelieder 4,21 (vgl. auch Jeremia 25,20) die Verbindung zu Edom endgültig zu beweisen.

Das Klima in den Tagen Hiobs

Wenn wir nun wissen, wo das Land Uz lag, dann fällt uns sofort auf, daß das Klima zur Zeit Hiobs dort ganz anders war als heute. Jetzt herrscht dort ein heißes Wüstenklima. Die Tiere aber, die in dem Buch genannt werden: Gemse, Wildesel, Hirschkuh, Schakal, Strauß usw. (Hiob 39,1–21; 30,29) kommen heute in Arabien

Der Vogel Strauß, der im Buch Hiob genannt wird, kommt heute in Arabien nicht mehr vor, wohl aber in den Savannen Ostafrikas und weiter südlich (rechts). Das Klima in den Tagen Hiobs war also anders als das heutige, heiße Wüstenklima. „Der Fittich der Straußin hebt sich fröhlich, ... Gott hat ihr die Wahrheit versagt, und hat ihr keinen Verstand zugeteilt. Doch wenn sie aufgescheucht wird, verlacht sie Roß und Reiter" (Hiob 39, 13 und 18). Auch die Löwen, die Hiob nennt, kommen heute weiter südlich vor: „Kannst du der Löwin ihren Raub zu jagen geben und die jungen Löwen sättigen, wenn sie sich legen in ihren Höhlen und lauern in ihrem Versteck?" (Hiob 38,39-40)

gar nicht vor, wohl aber zum Beispiel in den Savannen Ostafrikas. Das deutet darauf hin, daß die Gegend, in der Hiob wohnte, damals ein viel kühleres und feuchteres Klima besaß als heute. Auch spricht das Buch sehr viel von Flüssen und Strömen, doch findet man heutzutage in der Gegend südlich des Toten Meeres kaum ein Wadi (trockenes Flußbett), das ab und zu noch Wasser führt, geschweige denn einen Bach oder Fluß. Dort ist eines der heißesten und trockensten Gebiete der Erde. Ein anderes, bemerkenswertes Anzeichen für ein ganz anderes Klima in den Tagen Hiobs ist die große Niederschlagsmenge, von der in dem Buch die Rede ist; aber nicht nur schwere Regenfälle (36,26–33), sondern vor allem auch Schneetreiben (6,15–18; 37,6–11; 38,28–30) werden genannt.

Die Tatsache, daß die Bewohner des Landes Uz zu der Zeit anscheinend mit Schnee und Eis vertraut waren, kann nichts anderes bedeuten, als daß Arabien und die Länder ringsumher ein gemäßigteres Klima besaßen, als das heute der Fall ist. Und solch eine Veränderung ist nur durch erhebliche Verschiebungen im Klimagürtel denkbar, wie wir sehen werden. Der Niederschlag fiel zu Zeiten Hiobs nicht nur häufig, sondern auch so intensiv, daß dadurch der Erde verwüstet wurde. Schwere Platzregen spülten auf den Äckern die Gewächse manchmal einfach aus der Erde heraus (14,18 + 19). Eine Generation vorher war es anscheinend noch schlimmer, denn Hiob erinnert sich daran, wie das vorige Geschlecht durch Mangel und Hunger ausgemergelt war und auf dem dürren Land nach etwas Eßbarem suchte. Diese Unglücklichen wurden von denen, die es besser hatten, aus der Gesellschaft verjagt und waren gezwungen, in Grotten und Höhlen zu leben (30,1–8).

Wie wir sehen werden, haben wir es hier mit den berühmten Höhlenmenschen aus dem Zeitabschnitt des Pleistozän zu tun!
Die Ursache ihres Elends kann nicht allein der Niederschlag gewesen sein. Auch das Auftreten größerer Erdverschiebungen spielte eine Rolle. Man stelle sich vor, in einem Land zu leben, in dem die Armen in Lehmhütten wohnen, die von einem Tag zum anderen einfach vom Erdboden weggefegt werden (4,19-21)! Einige Gegenden waren (anscheinend durch die Gefahr vulkanischer Ausbrüche und/ oder Erdbeben) gänzlich unbewohnbar geworden, und nur die Ausgestoßenen fanden den Mut, sich dort niederzulassen (15,28). Noch heute kann man südlich von Palästina an vielen Stellen solche Ruinen und Steinhaufen aus der von den Uniformitarianisten so bezeichneten „Steinzeit" antreffen, in der der Mensch

Die Bewohner des Landes Uz, zu denen Hiob gehört, waren mit Schnee und Eis vertraut. Das können die heutigen Bewohner Arabiens nicht behaupten!
Eine der ersten Städte nach der Sintflut war möglicherweise Jericho. Bei dortigen Ausgrabungen fand man in den untersten Schichten gut erhaltene menschliche Schädel (unten).

sich in einfachen Hütten am Leben zu halten versuchte. Im dritten Band dieser Reihe, wenn wir uns mit den untersten Wohnschichten der ältesten Städte auf Erden, wie z.B. denen von Jericho beschäftigen, werden wir auf solche Erscheinungen ausführlicher eingehen.
Eine andere Bedrohung für Hiobs Zeitgenossen (oder die vorherige Generation) ergab sich durch das Meer. Heutzutage liegt das Land Uz sehr weit davon entfernt, aber doch erwähnt Hiob das Meer des öfteren. In Kapitel 6,3 redet er über den Sand des Meeres und in Kapitel 9,8 über die „Höhen" (hohen Wellen) des Meeres. Was wußte der Savannenbewohner Hiob über die hohen Wellen des Meeres? In Kapitel 12,15 sagt er sogar von Gott: „Siehe, wenn er das Wasser zurückhält, so wird alles dürr, und wenn er's losläßt, so wühlt es das Land um." War er denn mit derartigen, das Land überspülenden Flutwellen vertraut? Achten wir darauf, was er in Kapitel 7,12 sagt: „Bin ich denn das Meer oder der Drache, daß du eine Wache gegen mich aufstellst?" Anscheinend waren es die Leute in Hiobs Gegend gewohnt, Wachtposten aufzustellen, um die Bewohner rechtzeitig vor kommenden Flutwellen zu warnen, oder auch vor „Seeungeheuern" wie den großen Dinosauriern, die auch nach der Sintflut noch eine Weile auf der Erde vorkamen (siehe Kapitel IV und Hiob 40-41).
Wie kam es, daß Hiobs Zeitgenossen so mit dem Meer vertraut waren? Grenzte ihr Land vielleicht an ein Meer, das heute nicht mehr da ist? Die Geologen sind

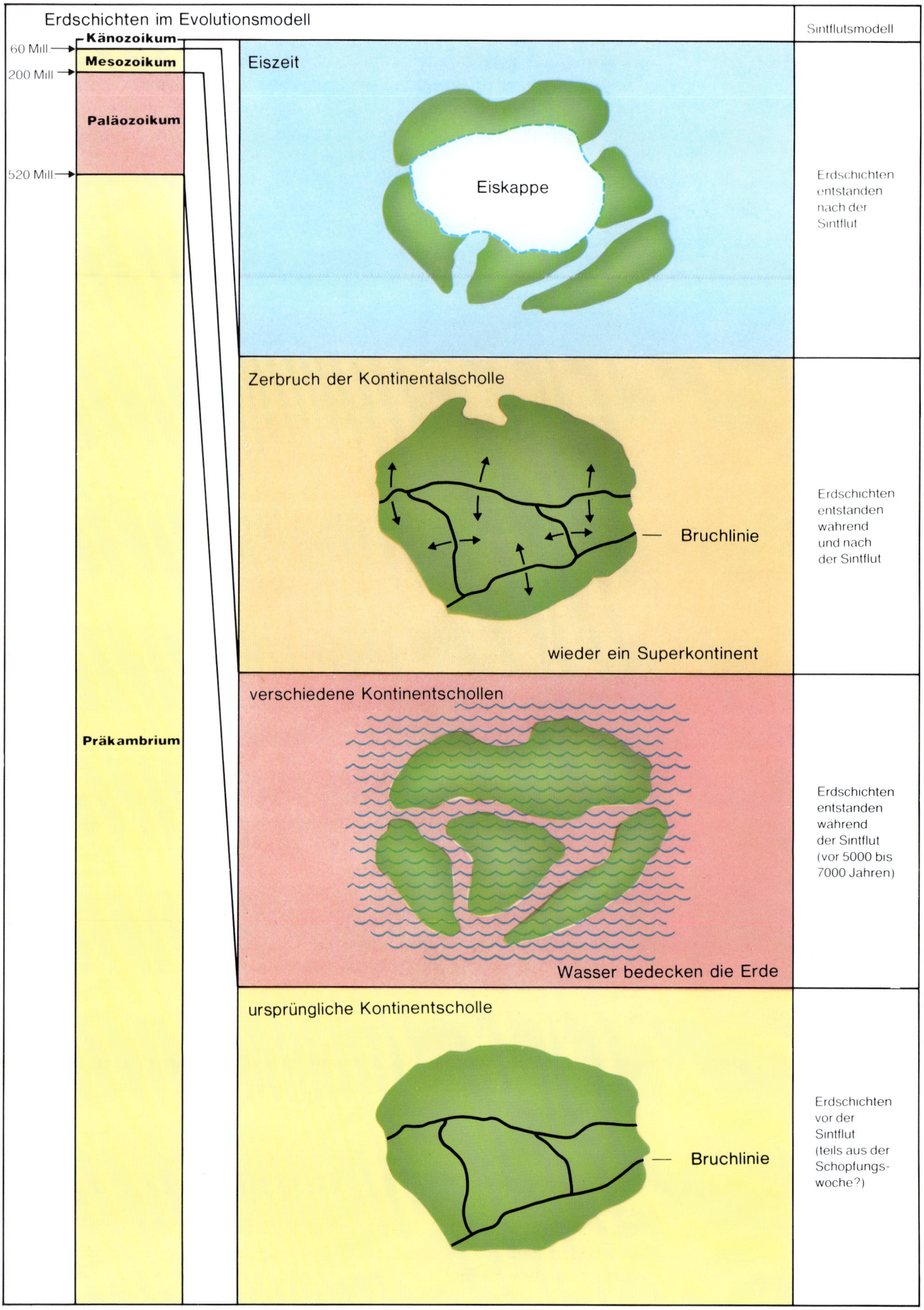

Erdschichten im Evolutionsmodell
Sintflutsmodell
Känozoikum
60 Mill.
Mesozoikum
200 Mill.
Paläozoikum
520 Mill.
Präkambrium
Eiszeit
Eiskappe
Erdschichten entstanden nach der Sintflut
Zerbruch der Kontinentalscholle
Bruchlinie
wieder ein Superkontinent
Erdschichten entstanden während und nach der Sintflut
verschiedene Kontinentschollen
Wasser bedecken die Erde
Erdschichten entstanden während der Sintflut (vor 5000 bis 7000 Jahren)
ursprüngliche Kontinentscholle
Bruchlinie
Erdschichten vor der Sintflut (teils aus der Schöpfungswoche?)

Meer umfaßte und viele Meter höher lag als der heutige Meeresspiegel. Sogar heute kann man noch Terrassen und Strände finden, die von den enormen Wassermassen geformt wurden. Dies geschah zu einer Zeit, wo es in Palästina anhaltend regnete, während es weiter nördlich gewaltig schneite. Die Erosion, die durch diesen Niederschlag verursacht wurde, muß enorm gewesen sein; eine ihrer Auswirkungen war die Aushöhlung von Grotten im weichen Kalkstein, die wie wir sahen, in Hiobs Tagen von „Höhlenmenschen" bewohnt wurden.

Verschiebung der Kontinente

Warum sollten die Menschen Wachtposten am Meer aufgestellt haben? Weil, wie wir sahen, das Meer einige Male mit gewaltigen Flutwellen das Land überspülte. Kapitel 12,15 beschreibt genau, wie solch eine Flutwelle hereinbricht. Zuerst zieht sich das Wasser zurück; immer mehr kommt der Strand zum Vorschein. Die Menschen werden von den Wachtposten gewarnt und verlassen eilends das Gebiet. Dann plötzlich schlägt die Flutwelle zu, und die Wasser rasen über den trockengelegten Strand und das angrenzende Wohngebiet. Auch Eliphas verweist auf die Wasserfluten, obwohl wir mit der Möglichkeit rechnen müssen, daß er nur Erinnerungen an die verwüstenden Kräfte der Sintflut heraufbeschwört, wenn er sagt: „Dein Licht ist Finsternis, so daß du nicht sehen kannst, und die Wasserflut bedeckt dich (sinnbildlich gemeint?). Ist Gott nicht hoch wie der Himmel? Sieh die Sterne an, wie hoch sie sind! Du sprichst zwar: ‚Was weiß Gott? Sollte er durchs Gewölk hindurch richten können? Die Wolken sind seine Hülle, daß er nicht sehen kann; er wandelt am Rande des Himmels.' Hältst du den Weg der Vorzeit ein, auf dem die Ungerechten gegangen sind, die fortgerafft wurden, ehe es Zeit war, und das Wasser hat ihren Grund weggewaschen (Kap. 22,11–16)?" Eine lebendige Erinnerung an eine Flutwelle hat auch Hiob, wenn er seine Freunde damit vergleicht: „Sie kommen wie durch eine Bresche herein, wälzen sich unter den Trümmern heran." Hiob und seine Zeitgenossen wohnten am Meer und waren mit Flutwellen vertraut.

Flutwellen (mit denen Hiob vertraut war) können gewaltige Zerstörungen anrichten und meterdicke Schlamm- und Tonschichten zurücklassen (oben). (Links) Übersicht der Erdgeschichte nach dem Sintflutmodell (links davon die geologische Zeittafel des Evolutionsmodells). Die Präkambriumschichten stammen aus der Zeit vor der Sintflut; es gab nur einen Kontinent (vgl. 1. Mose 1,9,10). Die Schichten des Paläozoikums wurden während der Sintflut gebildet, wobei der ursprüngliche „Superkontinent" auseinandergefallen ist. Das Mesozoikum war größtenteils sofort nach der Sintflut vorhanden, durch gewaltige Gezeitenwirkungen entstanden neue Erdschichten, und der neu formierte „Superkontinent" begann erneut, sich zu zerteilen

In Palästina finden wir hoch über der heutigen Küstenlinie Strände, die man bis in den Libanon verfolgen kann und an der Südküste der Türkei entlang. Sie kamen deshalb so hoch zu liegen, weil das Land sich hob, aber es ist noch deutlich zu erkennen, wo die Flutwellen hereingeströmt sind und entlang dieses ganzen Gebietes an die Riffe geschlagen haben. Heutzutage ist der Baumwollgürtel der Türkei, die warme Südküste des Mittelmeergebietes, nichts anderes als ein großer Pleistozänstrand, auf den die Flutwellen fortwährend einschlugen. Sie zermürbten das Gestein und machten es zu dem schönen, guten Ackerboden, den man heute dort findet.

Doch wodurch entstehen Flutwellen eigentlich? Sie werden verursacht durch die Bewegung der Erdkruste an einer bestimmten Stelle. Wir haben gesehen, daß es Erdverschiebungen auf dem Land gab, aber es muß auch Erdbewegungen am Ozeanboden gegeben haben. Hinsichtlich des Festlands sagt Hiob: „Er versetzt Berge, ehe sie es innewerden; er kehrt sie um in seinem Zorn" (9,5), und an einer anderen Stelle sagt er: „Ein Berg kann zerfallen und vergehen, und ein Fels von seiner Stätte weichen; Wasser wäscht Steine weg, und seine Fluten schwemmen die Erde weg: so machst du die Hoffnung der Menschen zunichte" (Kapitel 14,18 + 19).

Und von den Ozeanen sagt Hiob: „Durch seine Kraft hat er das Meer erregt" (26,12). Wie dem auch sei, wir stellen im Einklang mit den vorherigen Kapiteln hier einen historischen Rahmen vor, demzufolge die Zeit Hiobs mit der des Pleistozän, einer der letzten geologischen Zeitperioden, identisch ist oder sofort darauf folgt, und meinen deshalb, daß die katastrophalen Erdverschiebungen zu seiner Zeit den Verschiebungen der Kontinente zuzuschreiben sind („continental drift"-Theorie).

Spaltung der Jordanebene. Durch die Bewegungen in der Erdkruste entstand ein riesiger Riß in der Erde, der mehr als 8000 km lang ist und sich vom Gebirge Ararat im Nordosten der Türkei bis nach Johannisburg in Südafrika erstreckt. Das ist schon ein gewaltiger Riß, doch verglichen mit einem ähnlichen im Atlantischen Ozean, der etwa 67 000 km lang ist, ist er noch sehr klein. Man kann sich vielleicht vorstellen, was es bedeutet haben muß, im Lande Uz zu wohnen, während all diese Spaltungen stattfanden.
Es ist oft schwierig, Hinweisen auf diese Ereignisse im Buch Hiob auf die Spur zu kommen, weil die Übersetzer, die sich des katastrophistischen Hintergrundes des Buches nicht bewußt waren, sich oft nicht an die buchstäbliche Bedeutung gehalten haben. Ein Kommentator wie etwa Karl Budde (1913) wollte zum Beispiel Hiob 12,22 lieber ganz weglassen, weil er die Aussage zu abstrakt fand. Doch wenn wir buchstäblich übersetzen, steht dort: „Bloßliegende Tiefen aus der Finsternis und ans Licht gebrachte Todesschatten", wobei „Tiefe" wohl einmal „etwas Unergründliches" bedeuten kann (siehe Prediger 7,24; Psalm 64,7), dabei aber abgeleitet wird von üblichen konkreten Bedeutungen wie „tiefe Grube" (Sprüche 22,14; 23,27), oder „tiefe Wasser" (Sprüche 18,4; 20,5). Hiob 11,8 steht zwischen der abstrakten und der konkreten Bedeutung. Das zweite wichtige Wort in unserem Vers: „Todesschatten", bedeutet im Buch Hiob entweder einfach „tiefe Finsternis" (3,5; 16,16; 24,27; 34,22) oder weist auf die Unterwelt (10,21 ff.; 38,17; 34,22) oder auf die Tiefen der Erde hin (28,3). Die letzten beiden Bedeutungen sind übrigens schwer zu unterscheiden.
Wenn wir einmal Hiob 12 im Zusammenhang betrachten, dann liegt eine konkrete Bedeutung von Vers 22 viel mehr auf der Hand als eine abstrakte (vgl. dazu vor allem Vers 7–9, 14 ff., 23–25). Es geht dort um Gottes grenzenlose, scheinbar willkürliche Macht, welche die Wasser der Erde aufwühlt und Völker zerstreut. Darum meinen wir, daß man Vers 22 wie folgt lesen muß: „Tiefe Klüfte der Finsternis bloßlegend und finstere Tiefen ans Licht bringend". Dieser Vers ist sehr gut zu verstehen, wenn Hiob tatsächlich erlebt hat, wie unter Gottes Leitung die große syrisch-afrikanische Spalte (The Great Rift Valley) entstand. Erforscher der Jordanebene meinen, daß die Ebene im Grunde auseinandergerissen wurde. Viele Erdschichten in den Gesteinen an der Westseite des Jordan liegen noch immer horizontal, so wie sie aufgespaltet und buchstäblich auseinandergerissen wurden. Die Erdschichten selber entstanden während der Sintflut, die Kontinentverschiebung hingegen war eines beeindruckendsten Naturereignisse in den Jahrhunderten nach der Sintflut.

In den Jahrhunderten zwischen Noah und Abraham ist viel geschehen. Nach dem Turmbau zu Babel und nachdem Gott ihre Sprache verwirrt hatte, wurden die Völker über die ganze Erde zerstreut. Während der Völkerwanderungen, die einige Jahrhunderte dauerten, müssen die Menschenrassen entstanden sein. Einigen Gelehrten zufolge gehen Reste von Bilderschriften aus Mesopotamien und Ägypten bis auf die Zeit um ca. 3000 v. Chr. zurück; demnach muß der Turmbau davor stattgefunden haben.

Gottes kosmologischer Unterricht

In diesem Zusammenhang ist die Beschreibung, die Gott in Hiob 38 von der Entstehung der Welt und von ihrer weiteren Geschichte gibt, außerordentlich interessant. Im ersten Teil des Kapitels (wo Gott Hiob prüft, ob er denn so viel von „Schöpfung" versteht, daß er meint, darüber urteilen zu können) spricht er über die Erschaffung der Erde (Vers 4–7), die Entstehung des Meeres (Vers 8), die Bildung des schon angesprochenen Wasserdampfmantels rund um die Erde (Vers 9), die Scheidung von Meer und trockenem Land (Vers 10) und weist ferner auf andere Aspekte seiner Schöpfung hin (die Morgenröte, das Licht, den Niederschlag). Aber wenn wir im Kapitel IV etwas gelernt haben über die Atmosphäre auf der Erde vor der Sintflut, ist es klar, daß wir mit der Erwähnung von Schnee und Hagel (Vers 22) in der Zeit nach der Sintflut angekommen sind.
Anschließend lesen wir dann den Vers, um den es hauptsächlich geht: „Wer spaltet für die Wasserflut eine Rinne?" (holländische Version; Luther übersetzt: „Wer hat dem Platzregen seine Bahn gebrochen?", Vers 25). Das Wort „Wasserflut" oder „Platzregen" finden wir in der gleichen Bedeutung in Nahum 1,8 und Psalm 32,6; und das Wort „Rinne, Wasserrinne, Grube" finden wir in der gleichen Bedeutung („Wasserleitung") in 2. Kön. 18,17; 20,20; Jesaja 7,3; 36,2. Unser Vers fragt also:

„Wer spaltete für den überströmenden Platzregen eine Rinne (Wassergraben, Wasserlauf)?" In diesem Vers ist vor allem auch das Verb interessant. Wir finden hier die verstärkte Form des Verbes „peleg", das in einer anderen Bedeutung nur noch in Psalm 55,10 vorkommt, die normale Form des Verbes kommt in 1. Mose 10,25 und in 1. Chronik 1,19 vor, wo wir zweimal lesen: „Eber wurden zwei Söhne geboren. Einer hieß Peleg, weil zu seiner Zeit die Erde zerteilt wurde (= peleg)." Man hat sich über die Bedeutung dieses Verses ziemlich den Kopf zerbrochen, aber ehe wir näher darauf eingehen, wollen wir erst folgendes feststellen:

Die heutigen Gebirge entstanden während und nach der Sintflut. Der Boden der Ozeane wurde hochgedrückt –, auf den Bergspitzen findet man manchmal abgelagerte Muscheln und Tausende anderer Fossilien. Andere Teile der ehemaligen Erdoberfläche „versackten" und wurden zum Boden neuer Ozeane (Psalm 104,6–9). Im Grunde geht der Prozeß der Gebirgsbildung – wenn auch sehr viel langsamer – noch heute weiter.

a) Das in 1. Mose 10,25 genannte Ereignis muß etwa zur Zeit Hiobs stattgefunden haben (siehe oben).

b) Das Wort „peleg" bezeichnet in Hiob 38,25 das „Spalten" von Landmassen, um einen Wassergraben zu schaffen.

c) Ableitungen des Wortes „peleg" („verteilen") bedeuten manchmal „Abteilung", doch meistens „Bach" oder „gegrabener Kanal". Das Wort steht also tatsächlich gewöhnlich in Verbindung mit Wasserläufen. Dies ist auch der Fall in verwandten semitischen Sprachen.

d) Interessant ist auch eine angenommene Verbindung zu dem griechischen Wort „pelagos" („Meer"), das wir noch in Wörtern wie „Archipel" und „pelagisch" wiederfinden.

Es scheint also nicht zuviel gesagt, wenn wir Hiob 38,25 mit den Verschiebungen der Kontinente und der Entstehung der kontinentalen Risse in Verbindung bringen und in diesem Sinne auch 1. Mose 10,25 erklären. Die übliche Erklärung, daß die „Aufteilung" der Erde in den Tagen Pelegs im Zusammenhang mit der Völkerverbreitung nach der babylonischen Sprachverwirrung stehen würde, scheint uns nicht haltbar zu sein. Aus 1. Mose 10,8–12 wird ersichtlich, daß die Sprachverwirrung spätestens in den Anfangstagen von Nimrods Reich stattgefunden hat – aber Nimrod gehörte schon zur dritten Generation nach Noah, während Peleg von der fünften Generation war, also geraume Zeit (womöglich wird!), sondern von der Spaltung der Erde selbst – einer Erde, die wir genau wie in 1. Mose 6–9 noch in ihrer Ganzheit zu betrachten haben (vgl. Kapitel 8). Es handelt sich hier also um eine weltweite Zerteilung der Erdkruste, die in Verbindung steht mit der Bildung neuer Wassergräben.

Atlantis

Es ist zu verstehen, daß Historiker und Naturwissenschaftler, die nur nach dem uniformitarianistischen Modell denken wollen, Schwierigkeiten haben mit einem Modell, welches das gesamte Pleistozän (das nach ihrer Meinung eine Million Jahre umfaßt!) zusammenpreßt auf die Menschheitsgeschichte der letzten 5000–6000 Jahre. Wer unsere Argumente für eine junge Erde und für die Bildung der meisten

Die Kapverdischen Inseln sollen Überreste des sagenumwobenen Atlantis sein (rechts). Eine schreckliche Flutwelle machte ein Ende mit Atlantis, so lesen wir bei Plato.
Unten: Plato (Fresko von Rafael: „Die Schule von Athen", Vatikan)

Erdschichten in der Sintflut verfolgt hat, hat damit hoffentlich schon weniger Mühe. Aber abgesehen davon sind auch sehr bemerkenswerte alte Legenden bekannt, die auf die Spaltung der Kontinente hinzuweisen scheinen, und zwar auf eine, die vor noch nicht allzu langer Zeit stattgefunden hat. Am meisten bekannt ist wohl die Erzählung von *Plato* in seinen beiden Dialogen *Critias* und *Timäus*, in denen ägyptische Priester die große Insel Atlantis beschreiben, die gegenüber der Straße von Gibraltar lag (im später danach benannten Atlantischen Ozean), und auf der sich ein mächtiges Reich befand. Während einer großen Katastrophe wurde innerhalb eines Jahres die Insel mit ihrer gesamten Bevölkerung von den Wassern verschlungen. Die Geologen entnahmen dieser Geschichte den Namen für einen hypothetischen Kontinent, der einen großen Teil des heutigen Atlantischen Ozeans zwischen Nord- und Mittelamerika einerseits und Europa und Nordwest-Afrika andererseits eingenommen haben würde. Grönland, die Azoren, Madeira, die Kanarischen Inseln und die Kapverdischen Inseln würden die letzten Überreste davon sein.

Natürlich dürfen Uniformitarianisten nicht ernsthaft damit rechnen, daß ihr Hunderte von Millionen Jahre alter Kontinent, dessen Namen sie Platos Erzählung entnommen haben, möglicherweise mit dessen Atlantis identisch sein könnte. In ihrem Modell bilden Nord-Amerika und Europa im Kambrium (vor etwa 500 Millionen Jahren) einen einzigen Kontinent, der ganz allmählich, in mehreren Phasen (die letzte davon möglicherweise im Tertiär, vor einigen Millionen Jahren), durch Verschiebung der Kontinente und „Absacken" des Mittelmeeres auseinanderfiel. Im Katastrophenmodell jedoch ist das Kambrium die erste Phase der Sintflut, vor etwa 5000–6000 Jahren, während die Kontinentverschiebung in einer späteren Phase stattfand, nämlich in den Tagen Pelegs, und möglicherweise ziemlich schnell, unter katastrophalen Umständen. Nicht das uniformitaristische Modell, sondern das Katastrophenmodell schließt sich direkt an die antiken Überlieferungen an, die diese Ereignisse ebenfalls in historische Zeiten verlegen und katastrophisch erklären. Obwohl Uniformitarianisten keine Katastrophen lieben, konnten auch sie nicht um katastrophische Erklärungen für das Verschwinden von Atlantis herumkommen. So hat man unter Zuhilfenahme einer Sonde nördlich der Azoren einen riesigen Block Vulkangestein aus dem Ozeanboden hervorgeholt, der nur durch die Erhärtung von Magma an der Luft entstanden sein kann. Auch

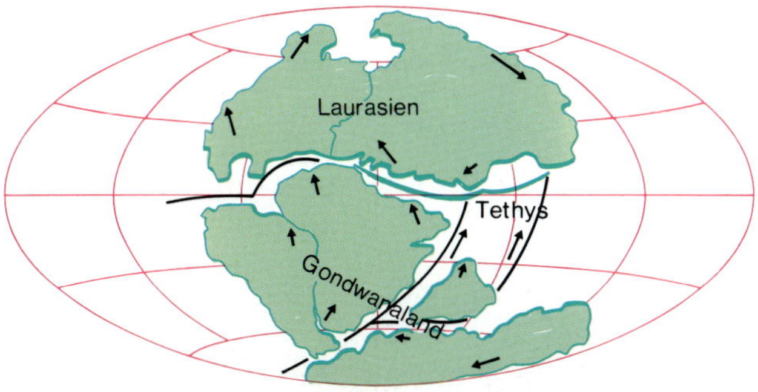

A. Trias/Jura vor 180 Millionen Jahren

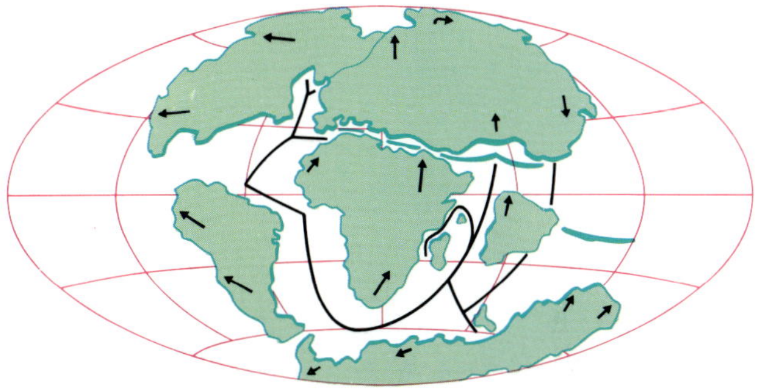
C. Anfang des Tertiär vor 65 Millionen Jahren

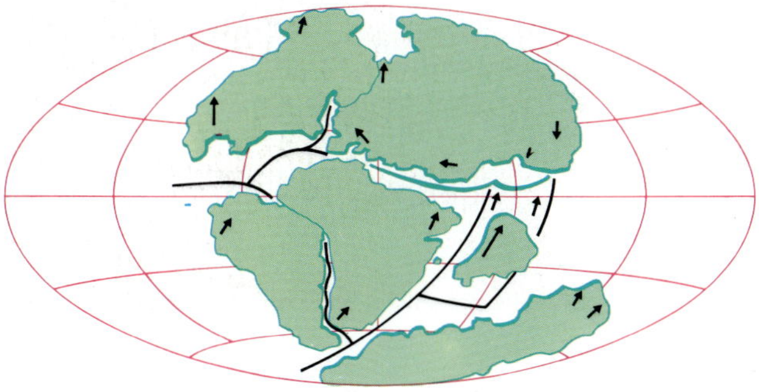
B. Jura/Kreide vor 135 Millionen Jahren

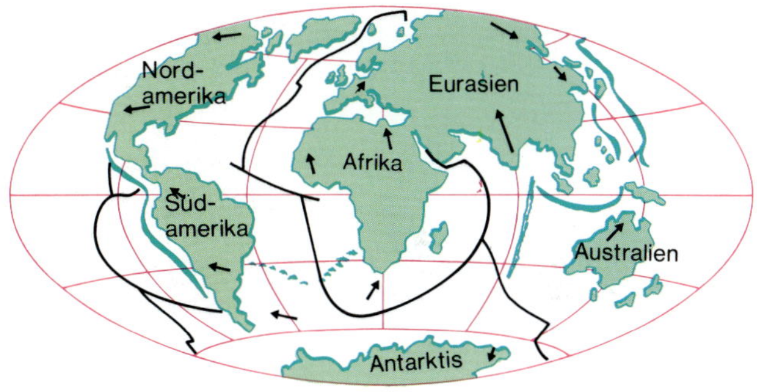

D. Quartär heutige Lage

„Continental Drift", Verschiebung der Kontinente.
Rekonstruktion, gezeichnet nach dem Evolutionsmodell (A). Der Urkontinent Pangea begann sich zu teilen; die Tethys war ein flaches Meer zwischen Afrika und Asien; (B) die Risse haben sich stark vergrößert; Indien, das sich von Australo Antarctica abgetrennt hat, bewegt sich in Richtung Asien; (C) die Kontinente haben fast ihre heutige Positionen erreicht; (D) die heutige Situation: die zwei Teile Amerikas sind nun verbunden durch eine Landenge. Indien hat sich an Asien verankert (durch den Aufprall hat sich der Himalaya gebildet).

findet man entlang einer von Nord nach Süd verlaufenden Linie, parallel zur europäischen Küste auf dem Boden des Ozeans nacheinander zahlreiche Spuren vulkanischer Art, von denen man vermutet, daß sie eine Folge der vertikalen Bewegung sind, die der „Absackung" des Landes voranging. Und dies im Bewußtsein der bekannten vulkanischen Natur von Mittel-Amerika, von den Antillen und der anderen schon genannten Inseln. Unsere Erde hat tatsächlich eine sehr unruhige Zeit hinter sich, und zwar in viel jüngerer Vergangenheit, als manch einer denkt. Einige biblische Personen scheinen Zeugen jener Zeit gewesen zu sein! Und es war ihnen außerdem bewußt, daß es sich dabei nicht nur um Naturerscheinungen handelte: „Wer spaltete eine Rinne für den Wasserstrom?" Wenn unsere Ansicht richtig ist, hat die Kontinentverschiebung also nicht vor Millionen von Jahren stattgefunden, auch nicht während der Sintflut, sondern in den Jahrhunderten nach der Sintflut, und zwar in den Tagen Pelegs (abgesehen von den Anzeichen dafür, daß die Kontinentverschiebung in viel kleinerem Maße noch heute stattfindet). Interessanterweise wurde vermutet, daß Alfred Wegener, der im Jahre 1912 zum ersten Mal die Theorie der Kontinentverschiebung öffentlich vertrat, diese Idee von seinem eigenen Vater, einem evangelischen Prediger

geäußert. Wegener schlußfolgert, daß der Atlantische Ozean durch das Auseinandertreiben von Nord- nach Süd-Amerika einerseits und Europa und Afrika andererseits entstanden war, die vorher zusammen einen Kontinent bildeten. Seitdem scheint wissenschaftliches Studium des Ozeanbodens überzeugend nachgewiesen zu haben, daß der Ozeanboden in dem Maße, wie man sich dem Mittelatlantischen Rücken nähert, der zwischen den Kontinenten liegt, immer jünger wird. Auch die Inseln im Atlantischen Ozean sind um so älter, je weiter sie von diesem Rücken entfernt liegen.

Außerdem liegt, wie sich gezeigt hat, auf dem Ozeanboden auffallend wenig Ablagerungsgestein. Genau das würden Kreationisten erwarten, wenn die Kontinentverschiebung tatsächlich nach (und nicht während) der Sintflut stattgefunden hat. Es gibt keinen einzigen Grund, anzunehmen, daß der Ozeanboden, wie die Uniformitarianisten meinen, durch irgendeinen Prozeß von seinen vermeintlichen Sedimenten befreit wurde, sondern der Ozeanboden ist einfach nie mit Sintflutsedimenten bedeckt gewesen, weil er erst nach der Sintflut entstanden ist. Was auf dem Boden liegt, ist lediglich die äußerst geringe Anzahl von Sedimenten aus der Zeit nach der Kontinentverschiebung. Dieses Problem der Evolutionisten ist auch eines für den Kreationisten, der die Kontinentverschiebung der Sintflut zuschreibt. Beide stehen vor der unüberwindbaren Schwierigkeit, daß keine paläozoischen Ablagerungen auf dem Ozeanboden vorkommen, während sie andererseits einen großen Teil der heutigen Kontinente ausmachen. Die

Kontinentzerteilung verlief also quer durch diese paläozoischen Sedimente (die während der Sintflut entstanden sind), so daß die Zerteilung stattgefunden haben muß, nachdem diese Sedimente gebildet waren, d.h. also nach der Sintflut (und zwar erst geraume Zeit danach).

Rekonstruktion

Wenn wir nun alle Informationen zusammenfügen, die wir in diesem und dem vorherigen Kapitel verarbeitet haben, kommen wir zu folgendem Modell:

Die Arche war ein sicheres Versteck für die Familie Noahs (links). Durch seine Nachkommen breitete sich das Menschengeschlecht allmählich wieder über die ganze Erde aus. Die Arche war die „Wiege" für eine neue Menschheit. In den ersten Jahrhunderten nach der Sintflut muß die Erde jedoch sehr unzugänglich gewesen sein. Erdbeben und Flutwellen waren noch an der Tagesordnung. Das Bauen oder Bewohnen von Häusern war meistens zu gefährlich oder sogar unmöglich. In den ältesten Schichten Jerichos müssen schnell nacheinander viele Wohnungen verwüstet und wieder aufgebaut worden sein. Viele Menschen suchten deshalb Zuflucht in Höhlen (Hiob 30,6). Die Höhlenmenschen aus dem sogenannten Pleistozän (rechts) stammen also aus der Zeit kurz nach der Sintflut.

1. *Präkambrium.* Die Erdschichten, die mit diesem Namen bezeichnet werden, müssen aus der Zeit vor der Sintflut stammen. Zum Teil sind sie eine Folge der gewaltigen Ereignisse während des zweiten und dritten Schöpfungstages. Diese Erdschichten weisen darauf hin, daß damals nur ein Kontinent auf der Erde existierte. Wir gewannen diesen Eindruck auch aus 1. Mose 1,9 ff. (siehe Kapitel IV).
2. *Paläozoikum* (Kambrium, Ordovizium, Silur, Devon, Karbon, Perm). Das sind Ablagerungen, die sich durch die und während der Sintflut gebildet haben, die Tiefsee und die Schildablagerungen, die schon in den ersten Phasen der Sintflut entstanden, zumeist im Ozean. Den Erdschichten zufolge muß der ursprüngliche Kontinent unter diesen „Aufwühlungen" in verschiedene Kontinente zerfallen sein, die sich am Ende wieder zu einem Superkontinent zusammenschlossen.
3. *Mesozoikum* (Trias, Jura, Kreide). Diese Erdschichten wurden teilweise vielleicht noch von der Sintflut gebildet, teilweise entstanden sie nach der Sintflut. In den Jahrhunderten nach der Katastrophe wurde die Erde wegen der Bildung des neuen Ozeanbeckens, den vulkanischen Nachwirkungen und anderen Ursachen andauernd von riesigen Gezeitenauswirkungen heimgesucht. Durch diese Gezeitenauswirkungen entstanden neue Ablagerungen. Irgendwo in dieser Periode muß als Folge des Aufwühlens der Erdkruste „die Zerteilung" der Erde zur Zeit Pelegs (1. Mose 10,25) stattgefunden haben: die Scheidung des amerikanischen vom euroafrikanischen Kontinent (auch die genannte Jordanspalte zieht sich quer durch

begann nach der Kontinentverschiebung die sogenannte Eiszeit. Es gibt starke Anzeichen dafür, daß es tatsächlich einmal eine Eiszeit gab, die nach der Sintflut stattfand. Die Eiszeit ist eine Periode, an die auch im Buch Hiob erinnert wird: Wir lesen dort von der Verschiebung der Kontinente, den damit zusammenhängenden Flutwellen, der riesigen Eiskappe im Norden (von der auch das arabische Gebiet einen Teil abbekam in Form von Schnee, Eis und gewaltigen Platzregen), und den letzten Dinosauriern.

4. *Tertiär* (Paläozän, Eozän, Oligozän, Miozän, Pliozän) und *Quartär* (Pleistozän und das heutige Holozän). Diese Erdschichten entstanden als Folge der Eiszeit. Die Dinosaurier sind nun ausgestorben. In der Mitte dieser Periode begannen sich in Palästina Risse zu bilden. Während der großen Kälte der Eiszeit und des heftigen Niederschlags war es für den Menschen sehr schwierig, sich gegen das Klima zu schützen und irgendwo dauerhaft niederzulassen. Viele fanden zeitweise oder auch für immer ihre Zuflucht in natürlichen Höhlen und Grotten. Aber die Menschheit, die nie eine Evolution durchlief, sondern damals genauso intelligent gewesen sein muß wie heute, versuchte sich bald schon wieder an den geeignetsten Orten niederzulassen und anzufangen mit Städtebau, Ackerbau und Viehzucht.

Das Buch Hiob läßt uns indirekt hinter die Kulissen jener Zeit blicken. Es war die Zeit, in der die letzten Erdschichten gebildet wurden. Sie endete etwa zur Zeit Abrahams (2100 v.Chr.), als die Erde endlich zu der relativen Ruhe gekommen war, wie wir sie heute noch immer haben.

Wir geben gerne zu, daß es in diesem Bild vieles gibt, was noch undeutlich ist und näheren Studiums bedarf. Es ist ein „Modell", ein wissenschaftliches Bild, das zu weiterer wissenschaftlicher Forschung einlädt. Vor allem aber ist es ein Modell, das mit den historischen Tatsachen harmoniert, die in der Bibel genannt werden – auch wenn wir gesehen haben, daß wir bei der Auslegung mancher Bibelverse Vorsicht walten lassen müssen, um ihnen nicht eine falsche Bedeutung unterzuschieben. Es ist verblüffend zu entdecken, daß das (poetische) Buch Hiob keine fromme Poesie ist, sondern eine authentische Episode aus einer für uns schwer vorstellbaren, aber dennoch historischen Zeitperiode – einer bewegten, eiskalten, aufgewühlten und stürmischen Zeit, voller Spannungen innerhalb der Erdkruste und in den Ozeanen. Das Buch ist darüber hinaus ein mächtiges Zeugnis davon, daß Gott auch in solchen Zeiten die Seinen zu erhalten weiß.

Schluß

Wir sind am „Ende des Anfangs" angelangt, am Schluß dieser langen ersten Phase der Weltgeschichte, in der die Erde ihr heutiges Aussehen bekommen hat. Wir haben die entscheidenden Ereignisse studiert, die zu unserer Anschauung beigetragen haben: die Schöpfungswoche, den Sündenfall und die „Zerteilung der Erde" unter Peleg. Sie führten zur Entstehung unserer Welt (in naturwissenschaftlicher und biologischer Hinsicht), wie wir sie heute kennen. Um diese Entstehung verstehen zu lernen, konnten wir nicht ohne die Informationen auskommen, die die Gottesoffenbarung uns darüber gegeben hat. Auch heute dürfen wir die Bibel noch immer als ein historisch glaubwürdiges Buch ansehen; wer von den historischen Tatsachen Gebrauch macht, die dieses Buch enthält, und nach den göttlichen Maßstäben arbeitet, die es lehrt, kommt zu der einzig richtigen Auffassung über die Entstehung der Welt. Unser in diesem Buch entworfenes Bild von dieser Entstehungsgeschichte enthält nicht allein biblische Angaben, sondern darauf aufbauend auch zahlreiche wissenschaftliche Forschungsergebnisse. Dadurch ist unser Bild von der Entstehungsgeschichte noch vage und mangelhaft; es ist noch viel Forschung nötig, um es klarer werden zu lassen. Aber wir meinen auf dem richtigen Wege zu sein, weil wir von dem einzig glaubwürdigen Ausgangspunkt ausgegangen sind und die Resultate schon jetzt besser zu sein scheinen als die der nicht-bibeltreuen Forschung.

Die Geschichte unseres Planeten ist gleichzeitig die Grundlage für die Geschichte

„Wenn das alles soll so zergehen, wie müßt ihr da geschickt sein in heiligem Wandel und gottesfürchtigem Tun, die ihr wartet und eilet zu der Ankunft des Tages Gottes, an welchem die Himmel vom Feuer zergehen und die Elemente vor Hitze zerschmelzen werden!"
„Wenn aber dieses anfängt zu geschehen, so sehet auf und erhebt Häupter, darum daß sich eure Erlösung naht." (2. Petrus, 3,11.12; Lukas 21,28).

der Menschheit. Das, was wir „Geschichte" nennen, ist im Grunde nur die Vergangenheit der Menschheit seit der Sintflut, und das eigentlich auch erst seit der Entstehung der ersten großen Kulturen, die schriftliche Quellen hinterlassen haben. Zum Teil wurden durch die falschen Auffassungen über die Geschichte unseres Planeten auch völlig falsche Ideen entwickelt über das, was (schon sehr verwerflich) die „Prähistorie" genannt wird; und weil man sich auch hier weigerte, von den glaubwürdigen biblischen Informationen auszugehen, ist auch die Rekonstruktion der Geschichte der Antike (die Historie der ältesten Kulturen nach der Sintflut) in mancher Hinsicht ein Fehlschlag geworden. Aber um das zu zeigen, ist ein weiteres Buch nötig, und das wird der dritte Teil dieser Reihe werden: *So entstand Israel.*

STICHWORT-REGISTER

BIBELSTELLEN-INDEX

Altes Testament

1. Mose

2. Mose

3. Mose

5. Mose

Josua

Richter

1. Samuel

1. Könige

2. Könige

1. Chronik

Hiob

Literaturverzeichnis

Eine Auswahl evolutionskritischer und kreationistischer Literatur im deutschsprachigen Raum

Blechschmidt, E.: Die Erhaltung der Individualität, Neuhausen-Stuttgart, ²1985

Gish, D. T.: Fossilien und Evolution – Fakten hundert Jahre nach Darwin, Neuhausen-Stuttgart, 1982

Gitt, W. (Hrsg.): Am Anfang war die Information – Forschungsergebnisse aus Naturwissenschaft und Technik, Gräfelfing, 1982

Gitt, W.: Logos oder Chaos? Neuhausen-Stuttgart, ²1985

Gitt, W.: Schuf Gott durch Evolution? Bielefeld, 1988

Hartwig-Scherer, S.: Ramapithecus – Vorfahr des Menschen? Neuhausen-Stuttgart, 1989

Junker, R., Scherer, S.: Entstehung und Geschichte der Lebewesen, Gießen, 1986

Junker, R.: Rudimentäre Organe und Atavismen, Neuhausen-Stuttgart, 1989

Kahle, H.: Evolution – Irrweg moderner Naturwissenschaft? Bielefeld, ³1984

Kuhn, W.: Stolpersteine des Darwinismus, Berneck/Schweiz, 1984

Ouweneel, W. J.: Gedanken zum Schöpfungsbericht, Neustadt, ⁶1990

Ouweneel, W. J.: Evolution in der Zeitenwende, Hückeswagen, 1990

Scheven, J.: Karbonstudien – Neues Licht über das Alter der Erde, Neuhausen-Stuttgart, 1986

Scheven, J.: Mega-Sukzessionen und Klimax im Tertiär – Katastrophen zwischen Sintflut und Eiszeit, Neuhausen-Stuttgart, 1988

Schneider, H.: Der Urknall und die absoluten Datierungen, Neuhausen-Stuttgart, 1982

Whitcomb, J. C., Morris, H. M.: Die Sintflut, Neuhausen-Stuttgart, 1977

Wilder-Smith, A. E.: Herkunft und Zukunft des Menschen, Neuhausen-Stuttgart, 1972

Wilder-Smith, A. E.: Erschaffung des Lebens, Neuhausen-Stuttgart, 1972

Wilder-Smith, A. E.: Grundlagen zu einer neuen Biologie, Neuhausen-Stuttgart, 1974

Wilder-Smith, A. E.: Die Naturwissenschaften kennen keine Evolution, Basel, 1978

Kreationistische Zeitschrift:
factum – Fakten und Analysen zum Verständnis unserer Zeit – Schwengeler-Verlag, Berneck/Schweiz

BILDQUELLEN-NACHWEIS

Für die Platzbezeichnung der Abbildungen werden folgende Abkürzungen und Kombinationen gebraucht:
l. = links, r. = rechts, o. = oben, u. = unten, m. = Mitte.

Die Zusammensteller dieses Buches haben sich bemüht, die Herkunft aller Illustrationen herauszufinden. In einigen Fällen ist das nicht gelungen. Für Rechtsansprüche kann man sich an den Herausgeber wenden, der sich bereit erklärt, die üblichen Autorenrechte im Nachhinein zu vergüten.

Agfa Gevaert, Knudsen: 58
Heather Angel: 86, 97
Atlas Photo (Paris): 139 r. (Lubrano), 50 o. (Charles Lenars)
Nico Baayens: 65 l. und r.
Museum Berger: 141
CNRS-Paris, Serge Koutchmy: 39
Bruce Coleman Limited: 48, 61 l., 76 o., 79 l. und o. (Hans Reinhard), 80 l., 81 r., 84 l.o. und l.u., 85, 87 o. 96 m. und r., 98 o., 100, 101 l., 107 o., 152 u., 160 l. und. r.
Jack Dabner: 147 r., 150 l., 151, 165
Dinosaur National Monument: 91 r.
Down House: 87 l.
Ellis-Sawyer: 69 u.
Fotomas Index: 23, 32, 61 r.: 72
Giraudon: 14 u.
Hama: 96 l.o.
Hansen Planetarium: 42, 53 o.
Hänssler-Verlag: 138
Robert Harding: 106, 110 l.u. und l.o., 111 l.u. und l.o., 146 o.
M. Holford Library: 33 l. und o., 144, 146 l.
Institute of Geological Science: 43, 46 u. und o., 47 l., 66 o., 78 r., 89, 93 r., 95 l., 103 l. und r., 105 o., 142
Dr. D. James: 163
Kees Jansen: 18 l., 57 l., 78 l.
J. van de Kam: 94
Carl E. Koppeschaar: 13 r., 31 l., 34 o., 44 r., 63, 64, 80 r., 121 r. (via Kijk), 124 l., 168
Kijk: 55
Lab. Groningen: 45 l. und r.
Libby: 49 l.
The Mansell Collection, London: 66 u., 112, 120 l. und r., 149, 154, 169
Photo Melgar: 38 r.
Cees van de Meulen: 155
Prof. Dr. Murchison: 93 l.o.
Museum of National History: 92
Natuurhistorisch Museum, Maastricht, Jan van Eijk: 101 r.
National History Photographic Agency, J.W.C. Murray: 49 r.
NASA, Washington (D.C., USA): 14 o., 62
A. van Nieuwenhuizen: 99 r.
Rob de Nooy: 59 l.
Pedina Litografica: 140 r.
Rapho Paris:, Dr. Georg Gester: 26
Richard Studio: 35, 51, 57 r., 71
Reichsmuseum für Frühgeschichte und Naturwissenschaft, Leiden: 76 l.
Scala, Florenz: 12, 13 l., 18 r., 21, 22, 24, 25 o., 56, 108, 110 r., 122 r., 132, 150 r., 153 u. 161 l., 166 l., 171
Dr. Joachim Scheven: 93 l.o., 102 r., 133 l. und r., 134, 199 l., 140 l. und r.
Cees Scholz: 81 l., 98 u., 99 l.
Peter Schütte: 70
Science Museum, London: 50 o.
Skull: 121 l.o.
Slusher: 36 l.
Photoarchiv Spaarnestad: 52, 113 l., 116 l., 119 r., 121 l.u.
Space Frontiers Ltd. Havant, Hampshire (G.-B.) US Naval Observatory: 41 r.
Striemann Photo: 53 o.
Surtsey: 130
C. Titulaer: 166 r.
Universitätsbibliothek, Utrecht: 15
H. Vervoor: 59 r.
H. Roger Viollet: 11, 19 l.
ZEFA: 10, 68, 126, 128, 136, 157
Übrige Illustrationen: EO (Photographen: Joop v.d. Elst, Dolf Hoving und Jan Bodzinga.)

Bei der Herstellung der Photos bekamen wir die volle Unterstützung von:
American Museum of National History, New York: 90 l. und r., 92, 135 r.
Bowden, Malcolm: 121 l.o.
Britisches Museum, London: 25 u., 29 b., 30 l., 125, 145, 147 l.
Dinosaur National Monument, Vernal: 91 r.
Downe House Estate and the Royal College of Surgeons of England, Downe: 18 m., 19 r., 73, 87 l., 129